浙江省哲学社会科学规划
后期资助课题成果文库

心和管理论

徐井岗　著

ZHEJIANG UNIVERSITY PRESS
浙江大学出版社
·杭州·

图书在版编目(CIP)数据

心和管理论 / 徐井岗著. —杭州:浙江大学出版
社,2022.11
ISBN 978-7-308-22535-9

Ⅰ.①心… Ⅱ.①徐… Ⅲ.①管理学—研究—中国
Ⅳ.①C93

中国版本图书馆 CIP 数据核字(2022)第 064435 号

心和管理论

XINHE GUANLI LUN

徐井岗　著

责任编辑	陈　翩	
责任校对	丁沛岚	
封面设计	周　灵	
出版发行	浙江大学出版社	
	(杭州市天目山路 148 号　邮政编码 310007)	
	(网址:http://www.zjupress.com)	
排　版	杭州林智广告有限公司	
印　刷	广东虎彩云印刷有限公司绍兴分公司	
开　本	710mm×1000mm　1/16	
印　张	21.25	
字　数	300 千	
版 印 次	2022 年 11 月第 1 版　2022 年 11 月第 1 次印刷	
书　号	ISBN 978-7-308-22535-9	
定　价	68.00 元	

前　言

本书是 2020 年度浙江省哲学社会科学规划后期资助课题"基于中国文化的管理学探索:心和管理"(编号:20HQZZ01)的成果,非常感谢浙江省哲社规划办的资助。这是笔者退休前的最后一次申报,也是自选课题"中国本土管理学基础理论研究:心和管理理论"的最后一项阶段性成果,更重要的是,这项资助意味着以中国"心文化""和文化"为基础创建的心和管理理论在一定程度上得到认可。30 余年来,笔者潜心探索,从"人心管理"到"双和管理"再到"人心双和管理",直到确定为"心和管理",这项研究从最初被学术界视为"旁门左道",到获得实践领域的认同与支持,一半是冰一半是火,其中冷暖,唯有自知。几十年坐冷板凳,笔者无数次抵住诱惑,甘苦酸辣咸,百般滋味尝。而今,文化建设倡导夯实文化自信之基,提振民族复兴精气神,中国本土的管理理论终于可以登堂入室了。

其实,这部书稿早在 2017 年就已写出初稿,几经修改,如今,心和管理理论基本成形,"心和管理学——基于'四个自信'的中国管理理论"已获批 2021 年度国家社科基金后期资助项目(编号:21FGLB015)。对笔者、对这项研究而言,意义重大。

本书内容共分三单元,包括八章。

第一单元为第一至三章,阐述心和管理的来源与本质。《易经》是中国哲学思想的起源,也是心和管理理论据以提出的文化基础、思想基础。《易

1

经》里不仅有着中国古老的认识自然、认识社会、认识国家的大数据,还有着中国文化的基本模型——流传千古的中国文化基因。西方用正负表达数值意义的时候,中国早就用阴阳包含了这种数值意义,同时阴阳学说还包含了更广泛的哲学、国家、政权、军事、刑律、外交、经济、教育、道德伦理等。《易经》集中反映了宇宙万事万物发展变化的规律。[①] 所以,以易理思想作为中国管理哲学思想,以阴阳五行八卦模型作为心和管理基本模型,以《易经》为核心的中华传统文化为心和管理之渊源,是有其科学原理的。正因为中国有着悠久的文化历史,先圣先贤的修心文化、协和文化根植在中国人的血液里、骨髓里,深种在中国社会的土壤里,才有文明闪耀、造福人类的天下一家观念、大同世界理想,以及构建人类命运共同体的追求。

第二单元为第四至六章,阐述心和管理的理论体系。涉及三个层次,第一层次是"人心管理理论"。"人心最难捉摸,人心最难把握,人心几乎无法管辖、管束、管制、管窥蠡测。人心不能'管',但行为可以管,用制度、用规章、用法律规范和约束人们的行为;人心不能'管',但心思可以'理',梳理、清理、整理、理解、理顺、理疗",因此,人心管理是"借助《易经》全息理论谋求各种社会交往中主客双方彼此和谐能动、协调共赢的一种管理艺术、管理模式"。[②]其内涵包括欣赏管理、理解管理、感动管理、满意管理、品性管理、心态管理、精神管理、情绪管理等和谐社会管理新思想。第二层次是"双和管理思想","双和"的本义是指主客双方彼此和谐能动、协调共赢。"和"是中国人的心理认定,是中国人的文化血脉。《易经》中就贯穿着"天下和平"的政治理念,《尚书》里也有"协和万邦""燮和天下"的记述,反映着中国古人对协和、和平生活的美好憧憬,对国家安定繁荣的无限期望。第三层次是"心和管理理论",它是笔者综合人心管理理论、双和管理思想形成的中国本土

---

① 吴苏林.品易经(上)[M].乌鲁木齐:新疆青少年出版社,2008:1.

② 徐井岗.人心管理论:基于国学与东方思维的中国管理理论[M].北京:经济科学出版社,2013:28.

管理基础理论。

第三单元为第七、八章,阐述心和管理已有的应用思路与成果及运用心和管理所能产生的巨大价值。这是历史的总结,是关于心和力量的论述。首先,重点总结中国兵家谋略、商业竞争和经商技法中的人心协和应用实践,提出"无为而为、不争而争"的主张。中国管理走心达和的目的是创建人才与组织的清朗环境,更重要的是实现德政的清朗。其次,着重阐述易道谋略、易理智慧应用于治理人心、谋国发展和平天下的实践。柏拉图谋求的理想国与孔子等先圣追求的大同世界,是一种古老的"世界命运共同体";今天,中国向世界呼吁创建人类命运共同体,而这就要借重植根于中国文化的管理理论——万物协和、天下归心为内涵的中国管理理论的诉求。

"心和管理"根植于中国文化、展现了中国文化自信,本书则不仅是提出概念,更要构建心和管理的理论框架与内容体系。

目　录

绪　论

心到,一切都到;心顺,一切都顺;心和,一切都和——心好,才是真的好。故中国文化极其重视炼心、修心,悟道明德的本质是心的宁静、洁净,是从内心里敬道崇德、得道守德,这就是中国"心文化"内涵。人心,属于形而上的问题,"形而上者谓之道,形而下者谓之器"。由这形而上的"道"生一,由一生二,"二"便是"一阴一阳",正向位置或趋势为"阳",反向位置或趋势为"阴"。

世上人与事离不开这阴阳之道,物与理也离不开这正反两面。阴阳协和,万事万物万理便谐和;阴阳失调,万事万物万理便失和。故彼此协和成为中国文化重要特色,也成为中国文化重要内涵;以至于可以这么说,中国文化是讲究和谐的文化,中华民族是追求和谐的民族。"和"归根结底源自人心,人心愿意协和才有可能创建"和"的世界;人心摒弃协和,处事自是霸道、霸权,以霸占他人利益为首要考量。这就是中国"和文化"内涵。

中国自古注重"心文化"之人心修养、"和文化"之协和天下,努力修身养性以达人与人、人与事与物之间的协和,坚决反对霸凌别人、别地、别国的思想与行径。这种文化背景下,物质之"器"不能与"道"相提并论,"道"是思想意识的上层境界,"朝闻道,夕死可矣"!而"器"乃身外之物,是思想意识之下的现实物质。中国文化认为,身外之物可弃,内在心修不可抛;若弃道逐器,便是脱离了本质、背离了本原,必导致阴阳失和,心也便失去了宁静、失却了洁净、失落了德性。

　　管理，是在一定人文背景下进行的，必须以一定的人文条件为基础。不同的文明传承、人文精神带来不同的文化形态和管理表现形式，其形成的学说或体系在各自的系统内有各自的价值，若交换套用到相异的人文环境中，会出现水土不服。所以彼此都是好的东西，放到对方那里就不一定是同样的好；西方相对成熟的管理理论，放到中国职场就不一定适用。西方文化主张先"器"后"道"，适合海洋文化下商业社会的特点，所以西方近500年来凭借航海业、工商业及科技在经济上崛起，出现了一批经济强国，是以世界话语权相应倾斜到欧美。中国文化主张先"道"后"器"，是大陆文明下结合农耕社会特点决定的。把西方经济理论中的管理体系照搬过来，文化土壤不一样、人文精神有差异，管理易出现偏差：逐"器"中忽略了"道"，人们会不再追求更不再痴迷于悟道、明道、得道，于是追求财富的欲望无法用道之修养护卫住了，就像希腊神话中的潘多拉魔盒被打开了一样，所有邪恶都飞出来，挡也挡不住。懂道守德者也心绪乱了、心态变了、心境破了、心魔生了，心德跌落了，出现阴阳失和现象，不是阴盛阳衰，就是阳盛阴衰，达不到致中和了。不顾社会现实，不管文化差异，不论人文环境，生搬硬套商业社会下形成的利益至上原则，放弃求道致和，其结果是心和不再，怪象横生。所以，有必要建立与中国人文精神相吻合的相关学说和体系，包括管理学；可以借鉴、学习、参考西学，但不宜照搬。

　　其实，中国文化的"形而上者"与"形而下者"之说，并不是简单的重"道"轻"器"，只是后人在应用过程中有些曲解了（也许是统治者的管理需要）。这里的"上""下"本来并没有高低之分，只是说明"道"属于思想、精神这些"形而上"的思想与学问层面，而"器"属于器具、财富这些"形而下"的物质层面，两者有先后之分、主次之分，是先"道"后"器"、"道"主"器"辅（西方自古是商业社会，追求"器"之生产、流通之"术"而获得财富；中国自古是农耕社会，追求"道"之修炼、修养而得到心灵升华，以道驭器），而不应该有轻重之分,何况中国文化中还有一个"中庸之道",道器问题自然也需要"中庸"视之。所以,中国古代曲解道器关系后的"重道轻器"固然失之偏颇,应该纠正,但走向只要"器"不讲"道"之极端显然也是不明智的。经济崛起的同时若心德失落,必然出现"生活享受有了、健康安全没了,先进科技有了、人间真情没了,金山银山有了、青山绿水没了"等类似问题。这不仅仅是原本以道为先的中国会出现这些问题,西方社会环境下涉及心灵失落的问题同样存在,只是在守规则的外衣下有些被隐匿了,私人可配枪情况下有些私了了,财富增长情况下有些被有意忽视了。无论是西方还是东方,放纵物欲的结果都一样,都是德性、德心的失落。心病还须心药医,解铃还须系铃人。解决之道在于回归中国文化所提倡的"道",从中国文化中提炼,同时吸收世界上一切优秀文化、适合中国国情而又有一定启示、借鉴价值的内容,充实到中国本土管理体系中。"心和管理",便是依据这一思路,从中国"心文化""和文化"中提炼出来的由中国本土管理文化、管理思想、管理技法、管理理论综合而成的体系。心到则道明,道明则人和,人和才有家和、国和,家和万事兴,国和天下强。

外在的东西不一定具有世界的普适性,只有内在的、本质的、规律性的东西才具备一定的普适性条件。西方的管理体系在西方人文环境下具有科学性、先进性、适应性,但若不加选择地把西方管理模型、模式、技法套用到中国管理领域,水土不服不可避免。中国哲学及中国管理,即使西方学习之、引用之,甚至是修正和充实到自身的理论与体系,不会也不可能全盘套用,因为各有各的文化土壤,各有各的人文精神,各有各的政治诉求。当然,中西方虽然文化根植与人文适应性不同,却也都有一些人类共有的、普适的东西。比如,西方的"守规则、谋利益"与中国的"求和谐、得人心",这是彼此不同的文明传承、文化印痕和人文精神所形成的。中国可以学习西方的守规则(其实中国有自己的规矩,没有规矩何以成方圆),当然中国管理也需要谋利益(合理、合情、合法的利益是必需的);西方也可以学习中国的协和法则、心和之修(尽管某些霸权国家崇尚丛林法则)。当然,中西方各自的管理理论与体系,特定历史条件下其作用力也许会有差异,但同样都是对世界文化、世界文明的贡献。任何一方都没有必要妄自菲薄,更没有必要失落自己的道路自信、文化自信。

海洋性国家,因海洋环绕疆域受限,靠陆地无法达到生活和社交的自给自足,形成两大鲜明的海洋性文化特征:一是物品交换形成商业;二是向海洋谋利形成航海业。商业剥离了人与人之间温情的面纱。商业计算的核心就是利益。任何事物都可以量化、数值化,锱铢必较。航海业激发了对未知海洋中财富的渴求,产生了寻找岛屿发现新大陆的冒险家,形成了直线思维和规则说话的特点;曲线航行意味着浪费生命;船行与入岛须集体先行、规则先行,否则就是拿自己和大家的生命开玩笑。西方由此形成"守规则、谋利益"的人文诉求。

大陆性国家尤其如中国这样的内陆大国,国土辽阔,江河湖塘密布,人们不必挤在一个地方互相抢夺,找到有田有水的地方即可农耕、有山有水的地方即可狩猎、有草有水的地方即可放牧——以水为基本条件,于是江河湖泊之畔便成了人类居住的首选地。也因此,内陆文明又称大河文明,如中国的黄河文明、印度的恒河文明、埃及的尼罗河文明、伊拉克的两河文明(即古巴比伦的幼发拉底河和底格里斯河文明)等。这种以江河为生存基本条件的现实,就有了中国广阔的农村(有农村然后有集镇,进而有城市),不仅呈现农户散、村落小、分布杂状态,而且展示出中国传统的两大鲜明的内陆性文化特征:一是自给自足的小农经济(农林牧各业并举);二是面子观念强的人情网。小农经济形成了"忙时男耕女织、分工合作,闲时呼朋唤友、酒宴小聚"的男外女内文化、餐饮酒桌文化。中国人追求"小桥流水人家"的意境和含蓄内敛的和谐文化;火药,是用于红白喜事时燃放鞭炮与烟花,用于开山炸石建设家园和公共设施如桥梁等;罗盘针,是用于建房筑坟时看风水。奉行海盗法则、具有侵略本性的西方则用枪炮、罗盘针孕育出了一个海盗式冒险业,发展出地理大发现时代的霸权殖民,成就了500年的西方系列经济大国的崛起。而在中国,农耕社会的固定居住方式逐渐形成了宗族祠堂文化,而宗族血缘关系又形成了故土难离或离了也要落叶归根的家乡观念;户、村、镇自然状态导致人情社会、面子社会的形成——"远亲不如近邻","大家抬头不见低头见,谁有了难处,愿意相帮之人越多越有面子,谁说的话越有分量越有面子"……由此,中国逐渐形成了"谋和谐、得人心"的人文诉求。

中西方人文诉求的差异,形成了各有范畴各显内涵的哲学思想、文化底蕴、人文精神。后世的管理理论和管理系统都是建立在各自的哲学根底、人文基础上的,各有各的特色和职场特殊性以及文化土壤、人文环境的适应性。彼此都不适宜照搬照抄,而应该相互学习、参考、借鉴,以本土为核心,适当吸收其他优秀的、适用的文化。中国文化讲究"生",生生不息;西方文化讲究"分",一分为二。在学科体系上,中国以易为源,而生儒与道学,从天竺引入佛学,汉化后得以推广出汉传佛教;儒学以道理教化,道家以道学开悟,佛教以道义觉醒,这三教生发出中华文化千千万万,故易为源,三教为宗,诸子百家为学派,后世不断生出新学问,最终归为国学。西方以学科分类,越分越细,如经济学,而后宏观经济学、微观经济学,而后再分政治经济学、产业经济学、区域经济学、公共经济学、经济管理学……细分细分再细分,分离出管理学,又分成人力资源管理学、财务管理学、生产管理学、营销管理学、物流管理学……显然,中国是学问生发化,西方是学科分类化。从洋务运动开始,中国在原有文化体系基础上逐渐接受学科分类,但分是形式,生才是内涵,许多学科从中国文化宝库中寻找到根源而自成体系。遗憾的是,管理学仍是西式的,分出来了,却没有植入中国自己的魂、中国自己的文化内涵和中国自己的管理理念与方法,"分"而未"生"。国情化呼声下也只是加入国内案例而已,严格说来还没有建立真正意义上的中国管理学。从"人心管理"到"双和管理"再到建立"人心双和管理"理论,进而归纳为"心和管理"概念,就是要解决这一问题(不仅是在形式上"分"出管理学,更重要的是在内涵上"生"出管理学）；建立中国"心和管理学"理论。中国文化修养人心，中国人民追求和谐，中国社会适合心和管理。

心和管理理论建设思路是，先从中国社会人文环境、中华文明思想传承、中国文化基因模型这三个视角论证中国管理的核心在人与人、人与社会、人与自然的彼此双和，直达人心的双和，一切管理须以此为焦点——心和管理之渊源，如图 0-1 中线以上三个模块所示；而后通过人心管理理论体系、双和管理思想体系和易经八卦哲学体系，建立起人心双和管理理论体系——心和管理之内涵，如图 0-1 中线以下三个模块所示。

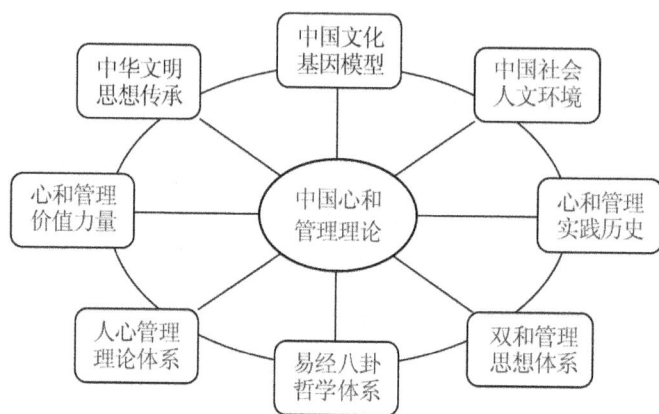

图 0-1　心和管理理论建设的内涵框架

心是一种能量，和也是一种能量，心和，可以体现出巨大的管理价值、巨大的管理力量。这是数千年中华文明的传承与发展的结果，是中国历史发展到今天的实践结果，如图 0-1 中线两端所示。由此构成了生于中国、根植于中国的心和管理理论建设八大模块，构成了以中华管理哲学为重要基础，以人心管理理论为基本脉络，以双和管理思想为目标体系，以易经八卦文化模型及传承发展为传统管理，以百年浴血奋斗实践及学习创新为红色管理的心和管理理论体系。在这一体系中，本书着眼于传统管理。

其一，以"三易六学"、诸子百家为心和管理哲学渊源。易经之"易"，有简易、变易、不易"三易"。管理是从简单的易理(简易)开始,探索事物变化的变动规律(变易),然后总结为固化的道理(不易);新境界基础上大道至简,再经历"简易→变易→不易"循环,这一循环往复过程,渐渐演化出"道与术、取与予、常与变、利与害、方与圆、破与立"六对对立统一哲学思想,此为"三易六学"。先秦诸子百家思想皆与"三易六学"密切相关。

其二,以人心管理八大法则与八卦模型为基本内涵。人心管理八大法则与先天八卦两两对应,组合成八卦管理模型:欣赏管理对应乾卦,目标聚人心;品性管理对应坤卦,目标正人心;理解管理对应巽卦,目标顺人心;精神管理对应震卦,目标振人心;情绪管理对应艮卦,目标稳人心;心态管理对应兑卦,目标悦人心;满意管理对应坎卦,目标得人心;感动管理对应离卦,目标暖人心。八法八分支,综合而成人心管理方法与目标体系,以企业实践为例探索心和管理的"八目""八德"与"八政"内涵。

其三,以双和管理思想展现心和管理根底及其核心。中国文化是王道文化,不是霸道文化。王道文化为"和文化",中国人的宇宙观以"和"为本,伦理观以"和"为善,艺术观以"和"为美。对于中国人来说,信守和平、和睦和谐,是生活习惯更是文化认同,所以追求心和管理是中国职场应有之题、应有之义。"致中和"是中庸思想的核心,"共认同"是和谐文化的核心,"和天下"是中华民族的追求。现代管理须"剖析人性明人心需求,理顺思想达人心双和"。心和管理把人心提到了首位,放到了实现"和"的关键位置,从而建立起识别人才、选拔人才、培育人才、使用人才、留住人才的"人才五行体系"。管理对路、直达人心,则彼此相生而和;否则便是相克,相克者须加以心和管理,化"克"为"生"而最终达致协和。

其四,以梳理人心对症下药为心和管理方法与应用。管理是攻心为上、争取民心,是谋求双和共赢、人心认同。中国职场管理,适用于内陆文明下形成的悟道式管理体系,而不适用于海洋文明下形成的解析性管理理论。管理贵在"走心"。人心双和管理体系,提供梳理人心、谋取双和的管理模型、法则和途径,指导管理实践。它必然以悟道式管理体系为基础,实现梳理人心对症下药管理模式,同时结合当代社会现实、中国职场人文特点,吸收必要的解析性管理理念,构成中华管理新坐标——心好人和,由此构成中国独特的本土管理技法体系。

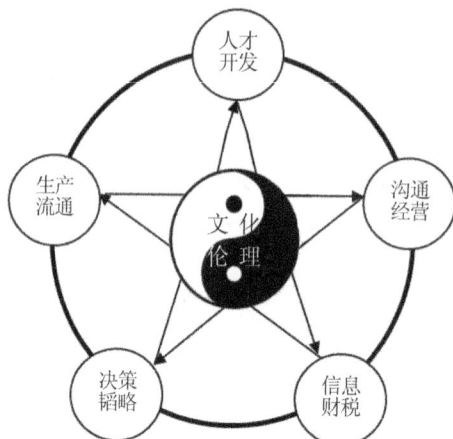

图 0-2 中国心和管理学科体系

其五,以中国文化为根完善心和管理学科价值体系。心和管理可以产生内生性力量,亦可治国平天下,还可让曾经辉煌的泱泱大中华再显风采。以心和管理为中国管理基础原理,可建立心和管理学科体系,如图 0-2 所示。中国文化中的"韬略""谋略",即现在常说的"战略""策略"。回归中国文化,建立起中国韬略学、谋略学,其中易理思想、韬略内涵、和文化理念都属于宏观的韬略层面,而沟通力、执行力、领导力等则是具体的管理战术。此外,人力资源、公务活动、管理文化等,皆是中国心和管理学学科体系之内容。由此,确立中国心和管理学学科内容,分别是决策韬略之道、人才开发使用、生产流通运营、沟通经营智慧、信息财税治理、文化伦理正道六大系列,其中以文化伦理为其他五大学科系列的基础。每一系列又有若干具体学科。易理开学问,管理达心和。

作为中国管理理论的心和管理,同时也不排斥世界上一切优秀文化。管理谋求和谐、获取人心,这一理念是从中华文明的传承与现代中国职场的现实需求中提炼出来的,具有鲜明的"形而上者谓之道"的中国特色。不可否认,"谋和谐、得人心"的管理思想对世界管理文化、世界管理理论也具有一定的贡献价值,"人心顺一切顺,得人心者得天下"的道理具有面向世界的普适性。心和管理也不排除西方逐"器"管理理论,管理需要讲效益、需要得利益,这个过程中,需要定标准、讲规则,这符合人心双和管理"三分管七分理"中"管"的要求。构建中国心和管理学科体系,并不排斥"守规则、谋利益"的人文诉求。

总而言之,心和管理是从中国古老哲学思想、原始文化内涵、源头管理体系中提炼出来,结合现当代社会现实、人文环境、外来借鉴而创立的本土管理理论、管理体系,即立足中国、融通古今、放眼内外。为此,需要明了心和管理理论体系创新建设的以下几个问题。

第一,中国文化传承的内容选择问题。中华国学浩瀚如海,有精华亦有糟粕;文化现象的考古发现有数千年之前的,也有数万年之前的;文明传承被证明的亦至少5000年(中国国家历史也已超过4000年);国学,不仅仅是中国丰富的文化遗产,也是中国人思维模式确立、共性人格养成的源头,还是深邃哲理之融会、智慧精髓之生长的重要国器,是世界文化之重要瑰宝。为避免文化传承过程中出现的选择性解析、功利性取舍和断章取义导致传统内涵的变异、变味甚至变质,建设心和管理理论及体系、选用国学内涵时,遵循三个原则:一是源头原则,即跨越数千年中国文化传承的过程,直奔源头《易经》,其解析以忠实其中的《易传》为要;二是开派原则,即不论中华文化在《易经》之后如何开枝散叶,心和管理涉及的古代哲学思想只选取开宗立派的观点,重点是易学与先秦诸子百家;三是原创原则,即在后世延伸发挥国学内容时,心和管理关注的是那些带有原创性质的学派、流派,如儒学传承下来后再开创新流派的"理学""心学",兵家传承后世所原创的《孙子兵法》等。

第二,现实人文环境的体系适宜问题。不同的国家、不同的民族、不同的地理环境形成独具本土风格的文化特征。心和管理是从东方思维、国学传承中"生"出来的,适应中国的人文环境;同时也是对世界文化、世界管理思想和理论的贡献。心和管理之"管"是管辖、管制、管控、管束、管教至和顺讲理之"管",这是强制性的部分、规则化的部分(硬件);心和管理如何"管"

至"心和",就不能不考虑中国社会的人文环境特征。管理之"理"是梳理、调理、整理、处理、经理至和谐清明之"理",这是内生性的部分、心动性的部分（软件）；心和管理如何"理"出"心和",就不能不考虑中国职场的人文精神追求。所以说心和管理的体系是适宜于中国的,同时对世界不同人文环境下的管理有着启示和借鉴作用。

第三,国外管理借鉴的理念把控问题。建立中国心和管理理论、提出心和管理体系,是立足中国管理哲学的理论创新和立足中国文化特征的体系创建,并不排斥世界上其他优秀文化。借鉴、学习西方管理理论和体系,是题中应有之义,但重点是借鉴、学习并努力融合,而不是套用或照搬西方的。合适的可以充实进心和管理,汉化后将可用的融合进心和管理。归根结底,心和管理是中国风格的、中国特色的、中国模式的。学习和借鉴须把握两点:一是所学习的内容适宜于中国化并对中国管理理论有重要价值;二是所借鉴的部分能够有效融合于心和管理理论体系而无违和感。学习彼,非成彼,乃充实己之学问也。

创建心和管理学说,形成中国管理基本理论,与任何其他创新活动一样,不会一帆风顺。原有体系已习惯,思维定式已固化,改变需要一个过程,更需要承受破茧成蝶的苦与痛。泱泱大中华崛起,恰如中国数千年灿烂文化不断层且多数时候昌盛于世界一样,也恰如中国的改革开放一样,凭借的是中国人自己的拼搏、中国人自身的力量。开放引进外资、向外学习先进管理,不是接受外来的恩赐,而是开展互惠互利的国际合作,甚至是牺牲部分利益获取发展机遇和要素的一种策略,最终目的是服务于中国特色社会主义建设。

提出心和管理理论,创建中国本土管理学,既是这一领域所必需,也是为了争取中国话语权而努力。当然,我们也明白,为了国家治理的需要,针对中国文化的道器观念,历朝历代强化了"道"、弱化了"器",其结果是出现重文轻理、重道轻器现象。又因为中国古代的元气论物质观和"生"学问的研究特点,中国人擅长整体的、趋势的、经验的研究方式,不同于西方国家擅长学科分类并建立各相关学科,开展局部的、解剖的、数量的研究。中西方文化和学问研究,各有各的优势,自然也各有各的短板。互为融通、取长补短,是现代学问研究所必需的。所以,中国管理学探索须在传承基础上创新,既保留整体的研究视角,亦开展学科的分类探索,结合现代中国国情、人文精神和职场环境创建中国管理学。中国经典中有着丰富的思想理论,也有着丰富的操作规程与方式方法,关键在于有没有去发现。以道器论为例,中国文化内涵中,道器之间有着另一个重要变量"术":道而有术,术而成器;道为思想,术为方法,器为成果。因此,道与器、道与术的哲学问题,一直是中国人研究的重要命题。直到现代,中国人也在继续践行着这样的学术思想。

认识中国文化需要明白,阴阳学说五行八卦不是无稽之谈,而可以作为建立中国本土管理模型、管理思想体系的重要支撑。批判者说《易经》是迷信,这是因为他们对《易经》的认识还停留在江湖术士算命、看相、看风水的层面上;说《易经》是伪科学,这是因为他们还没真正搞懂什么是科学、什么是易理。不了解《易经》而人云亦云,不弄懂国学而对之大批特批,这在学术上是不严谨的。人类早期的第一个轴心时期,有三个人物分别成为三个轴心的代表:中国的孔子、希腊的苏格拉底(前 469—前 399 年)、印度的释迦牟尼(那时犹太人世界已有耶稣)。西学中,尤其是社会科学领域,谁也绕不过苏格拉底以及他的学生柏拉图和柏拉图的学生亚里士多德(三者合称"古希腊三贤");在东方同样绕不过去的是老子,向老子求教过的学生孔子(前551—前 479 年,比释迦牟尼小 14 岁),以及孔子的隔代学生孟子。孔子与他的学生们不仅完成了《论语》这部著作,他们还虔诚地为《易经》撰写了号称"十翼"的《易传》以解析《易经》,使近 3000 年后的我们还能读懂《易经》。东西方都是师徒共同创造了影响后世几千年的学说,被公认为世界级的思想大师。中国创建管理学从《易传》中汲取管理文化之根基之营养,与西方创建管理理论引用"古希腊三贤"的学说,道理是一样的,都是对古代文化的传承与发扬,都是对现代科学包括管理学的研究与发展。

今天已然崛起的中国,追求"心和"的文化之根不变,谋求内部和、外部亦和,天地四方皆和。

第一章　心和管理背景

　　动物族群的头领机制,是于力量和智能比拼中让其他动物臣服;动物界每个族群有每个族群的规则,共同点是都在与天敌、与自然的拼搏中找到了最适合的生存方式,从而构成互为依存、互为影响的动物生态链。人类,因有思维和表达能力,成为动物中最有实力、最有智慧的族群,即最高级族群,于是人类自觉地从动物中分离出来。动物族群间是在本能的弱肉强食中形成彼此间的一种天然关系,同一族群里的动物们则是在本能的弱肉强食中认同了强者为头领,简单而直接。显然,弱肉强食是禽兽的野蛮本能,是自然规则。有思想和表达力的人类,思维发达、智慧超群,脱离了禽兽的野蛮性,创造了新的生存方式和人与人的相处方式,这个过程中的一切创造、发明,都是人类脱离兽性走向文明的行为。总而言之,动物的兽性规则为弱肉强食,人类归结为丛林法则;人类文明出现了,便脱离丛林法则并创造文化、约定公德、订立规矩与律法,建立起人文道德和管理法则,致力于实现人与社会、人与自然的和谐共处。

　　人类区别于动物,在于人有心灵、有思想;心的善或恶,由人心修养之高下决定。故人心需要教育,更需要管理。管理重在人心协和,心和则行和,行和即文明。这是中国文化对地球文明的重要思想贡献之一。如果说动物世界的自然规则是用野蛮征服方式和对大自然适应的需要而确立,那么人类社会的管理规则必须是脱离了低级的欲望、野性的本能、兽性的蛮横,是"人文化成"的一种物质与精神文明的展现。在地壳运动中,地球分成了东方与西方、海洋与陆地;在文明演化中,世界分成了国家与国家、民族与民族,形成了东西方不同的文明。国与国有了强弱之分,人类族群有了民族与民族之别,东方与西方有了思想与利益之争。动物界既无智商更无能力文明化,而人类的聪明才智让人类自身的争斗,从冷兵器到热兵器,再到核武器,逐渐升级到有能力来一次史无前例的大灾难,甚至于有能力毁灭人类、毁灭地球。这就引出了人类难以回避的问题:科学技术的发展是助力了文明进步还是助推了原始弱肉强食的回归?人类应该拥有什么样的管理来保护文明成果并让文明更进一步?管理领域给出的回答是,彼此认同、双向协和,即从物本、人本进入心本管理,并谋求天下一家的谐和。据此,本书提出中国本土管理——人心双和管理理论。人心需修养,人间应协和,人类从心灵和行为上彼此双和,让世界大同,谓之"心和管理"。

第一节　中国传统的人文环境

中国不是以利益至上为文化内涵的国家,而是以协和万邦为文明特征的国家。管理一定以特定人文为基础,人文一定有特定地理环境因素。中国特色人文环境,形成"心文化""和文化",因地理特征、民族特征、人种特征等,产生"得人心""阴阳和"的哲学原理与管理内核,昭示中国本土管理的根本特征就在"人心协和"四个字上,其人文内涵天然地表现在农耕社会、大陆文明的背书上:人心思安、人心求稳、人心达和,即追求安稳、盼望和顺。这是中国人民代代相传永远不变的人心之聚、文化之根、民族之魂,也是管理之本。

一、人心思安的家国思想

文明内核一旦成为人文因素根植于民族与国魂里，就成为民族或国家独特的文化基因。无论社会如何发展，科技如何进步，文化基因都不会改变，代代融化于本民族人的骨髓里、流淌在本民族人的血液里，并构成这一文化基因下的哲学根基、管理文化与人文特征。

众所周知，华夏先人缺少海洋的概念，其文明是从黄河中下游起始并发展起来的，故中华文明属于大河文明。华夏先人依山傍水择地居之，以农耕为主要生产和生活方式，体现出大陆文明、农耕文明的基因。从远古开始的部落居民，无论是农家种植还是渔家捕鱼、猎户狩猎或是樵夫砍柴，相对于游牧民族、海洋民族，在生存方式上是一种定居模式。农耕生涯周期长，加之生产和庄稼管理的需要，必须择地而居安定下来。择居的标准，既要向阳（阳）又要有水（阴）——这是原始的阴阳理念在农耕生涯中的朴素反映；把居所要求与耕地特点、种植等农业活动需要结合起来，还需要进一步考虑：既要通风接雨又要防风防雨（风、水），既要有蓄水之泽又要能背倚靠山（山、泽），既要有柴火可烧又要能避雷警醒（火、雷）。而这一切都是万物之父"天"和万物之母"地"所提供的（天、地），即所谓的靠天吃饭、靠地给粮。这样，中国人就认识到阴阳八卦的原始雏形：天、地、水、火、风、雷、山、泽（学问化后称乾、坤、坎、离、巽、震、艮、兑）。正是这种内陆农耕模式生存法则，决定了农业社会依山傍水定居和农业生产劳动的生活方式，适宜日复一日、年复一年在同一地作息，根据四时变化进行播种、管理、收获，而不像牧民、渔民那样四处迁徙。动荡的生活是这种生存法则的天敌，故中国人自古普遍思安，尽心追求安居乐业。

当然，人心思安绝不是不思进取、没有冒险精神。事实上，农耕生产和生活模式，本身就须创新冒险，与自然灾害斗争，仍存在歉收甚至无收风险，更不要说狩猎中的风险；但同时农耕还更需要细心、耐心，须静心侍候田地求得丰收。由此，人们自觉与不自觉地就会敬天——期盼阳光雨露而非干旱水涝，敬地——谋取田肥粮多，而非地瘠产寡，同时也敬神——对于现实中解释、解决不了的现象，统统将之归结为神的旨意。农人定居，"日出而作、日入而息"，在劳动中逐渐形成男耕女织的分工模式和远亲不如近邻的邻里关系。逢年过节敬天敬地敬神敬祖宗，形成了中国本土的宗姓氏族制度。这让世世代代的中国人心思平和下来，崇尚家的安详和美、宗族的制约和庇护。地下水源的利用，让农人、猎人可以"凿井而饮，耕田而食"（先秦《击壤歌》），不在江河溪流之畔也能群而居之，这构成中国农村的典型风貌：小桥流水的村畔、参天大树的路口、傍山靠水的居屋、袅袅升起的炊烟、围井而聚的村妇、田间劳作的汉子、门堂嬉耍的孩子、鸡飞狗跳的家畜，一派温馨和睦的景象。这种村落模式与西方庄园制不一样，也与海边国家的文明方式不一样。中国村落自然和谐，百姓平安是福。人丁兴旺、健康长寿就是最大的愿望。外出闯荡，一定有浓郁的怀乡情结——这便是"乡愁"成为中国文学亘古不变主题的缘由。居所稳定家便稳定，家是劳动后的归宿，是亲人在一起的处所，是自家劳动力和生活的保障，是外出之人深深眷恋的心灵寄托。只要家境尚可，数代便形成大家族，老辈爷奶公婆、上辈爹娘叔伯姑婶舅姨、平辈兄弟姐妹堂表、晚辈侄儿外甥，男女济济一堂，和谐相处、和衷共济。由此可见中国人对"家"的眷顾、对"和"的看重。"含饴弄孙"是中国特色，"四世同堂"是农耕骄傲，"祖屋新居"是农人渴望。

西方海洋文化下的民众，因交往而上岸，因贸易而居所不定，因航海捕鱼而不断变换空间，相对而言对"安居乐业"没有中国人那么强烈。故西方人对家的概念、对家园的依恋远不如中国人那么深切，对房子的渴求也远不如中国人那么强烈。中国人一生的努力、一生的积蓄就是为了建立一个美好的家。为了这个家，可以付出一切，而且故土难离，即使因生活所迫必须远离家乡甚至远涉重洋，心心念念的仍是故乡、家乡的那个家，出门在外为"游子"，浪迹天涯也会常思念"那故乡的风，那故乡的云"；不幸死在异乡也要落叶归根。家便是这个根。有家,才会有子嗣传承,而远方的人永远不会忘记"把根留住"。又因为这个"根",所以中国人特别看重宗族宗祠,以及血脉相传,是以"不孝有三,无后为大"。中国人所作所为,都是为了幸福安定的家、代代传承的根。"古道西风瘦马"说的是"游子"思念家乡、游子成"断肠人在天涯";家就是那"小桥流水人家",小桥下流水哗哗响孕育着勃勃生机,流水边炊烟袅袅升起显示着家园幸福。温馨安宁的家,是中国人孜孜以求的。

中国文化自古就宣扬这种安居理念,"是故君子所居而安者,《易》之序也;所乐而玩者,爻之辞也。是故君子居则观其象而玩其辞,动则观其变而玩其占。是以自天佑之,吉无不利"(《周易·系辞上》)。说的就是君子能有居而获安定,遵循的是《易经》体现出来的一定卦序,喜爱而研玩的是各爻的爻辞。因此鼓励大家做君子,平日安居时就观察卦象研究爻辞,行动时则观察其变化、探索其占卜法,这样上天会保佑你吉祥而没有不利。这是告诉人们,想要获得人生之安居快乐的智慧,就要好好钻研中国文化之源的《易经》,体验"生生不息之谓易"的易理:刚健有为而应时谦退,安居乐业而虚静自守。

国家国家,国稳家才安,"是故君子安而不忘危,存而不忘亡,治而不忘乱,是以身安而国家可保也"(《易经·系辞下》)。孔子在《易传》里就提出"居安思危"的理念和"保家卫国"的思想。中国人,中国文化,都思安。而家安的前提是国家安稳如山,如此方能国泰民安。所以,中国文化里有"小家与大家"的辩证思想,遇到国和家两难问题即忠孝难两全时,一定是国忠排前面,先忠后孝,先国后家。

内陆分散而广阔的户居、村庄模式,使得人们在遇到矛盾冲突时,一般都会自己先行解决,解决不了就吵,吵不过就开打。这个过程中,往往会请当地人情面子大的人——德高望重者调解。能调解成功的就调解,调解不成继续打架,吵累打疲了,自然会要求再调解,而很多事情依靠民间是调解不了的,于是不约而同会求助官府,并期望官府能为自己主持公道。由是,古代层层官府的一项重要工作就是断案。这也是中国民间敬畏官府、敬畏皇家的由来,是老百姓从心底里盼望出现"青天大老爷"的由来;寄托着普通老百姓无限希望的"包公"式人物应运而生,表达出中国人向往公正廉明以保平安的思想追求。而皇权思想的强化,令国君成为老百姓最后的希望,世世代代中国人都希望遇到"有道明君"。

所以,中国古代的家国思想,集中反映为国君爱民、百姓忠君,上下和谐,共同维护好国之大家、己之小家。归根结底,是对"安"——安宁、安定的孜孜以求。

二、人心求稳的田园风格

中国人的心灵深处,有一个田园梦——有田有园,田野里有家园。这种田园,帝王的叫行宫,将相的叫府邸,富商巨贾、地主乡绅的豪宅统称别业、别馆;一个"别"字道出了与普通民居的不一样,因为那已不是普通的草民之"家",而是一个庄园式的豪宅:山庄、农庄、渔庄。这一个"庄"字,导出了中国人心底的渴望:宁静安详、与自然相融的村庄生活,有"采菊东篱下,悠然见南山"的惬意。所以,到今天人们对居所的最高追求就是这样的庄园——自在轻松、无忧无虑。

西方,第一居所的房子叫 house,第二居所叫 villa。villa 是国外独立庄园生活的代称。中国当初将 villa 翻译成三种名称,有的时候叫别墅(园林住宅),有的时候叫庄园(侧重本质),有时还叫城堡(侧重外形)。中国明代,别墅叫法已常见。当别墅多起来时,一个庄园和另外一个庄园连起来就成了庄园区,这是别墅区的原型。中国古代著名的别墅有唐代蓝田王维的辋川别业、清代杭州的金鳝别业和北京的勺园等。苏州园林(现保存完整的60 多处,对外开放的 19 处)有拙政园、留园、网师园、怡园、沧浪亭、狮子林等,是中国古代流传至今最著名的别墅,或见"庭院深深深几许",或见"柳暗花明又一村",或见小桥流水、粉墙黛瓦,或见曲径通幽、峰回路转,或是步移景易、变幻无穷……联合国教科文组织世界遗产委员会第21次全体会议对苏州古典园林作出这样的评价："中国园林是世界造园之母,苏州园林是中国园林的杰出代表。"这是中国人对"家"、对家园艺术的认知。而这种认知的前提是小家大世界,从一砖一瓦、一门一窗、一房一屋、一庭一院、一草一木、一石一溪、一桥一亭、一阁一楼中体现出的对家国的期许、对艺术的追求、对文化的诠释,而最核心、最深处是对家的温馨、富足、安稳等一切美好的愿望。如果所有美好中只能选一个,那一定是安稳。家,一定是所有外出之人最安稳、最踏实的港湾。所以,中国人特别眷恋、眷顾自己的家。

对于家,中国人的内心深处有一个永远不变的认知:有屋有眷才叫家。即有与自己共同生活的家眷和共同居住的地方,才符合"家"的定义。如果有能力改善这个"家"的居住条件,则一定会不遗余力地求大、求高、求宽敞——这就可以理解,为什么中国人喜欢大居室,买汽车也喜欢车内空间大的。如果条件允许,那么一定想要建造或购置庄园(今天叫别墅),即那种建在郊区或景区的供休养或享受生活品质的园林住宅。若是在乡下,就干脆回归自然,在老家择一地,或在原址上扩建出一座庄园。实力弱的建小庄园,实力强的建大庄园——这也就是全国各地的乡间都有古代庄园、豪宅的缘由所在。杜甫的"安得广厦千万间,大庇天下寒士俱欢颜"是一种忧国忧民的大胸襟、大气魄;陶渊明的"采菊东篱下,悠然见南山"是一种恬然闲适的大自在、大逍遥;孟浩然的"绿树村边合,青山郭外斜"是对村落美好的勾勒;辛弃疾的"稻花香里说丰年,听取蛙声一片"是对农家田园生活的赞美;王维的"明月松间照,清泉石上流"是对乡间夜色相融的喜爱……中国农村或是在广阔的田野、山林、江河、湖泊等山清水秀之地,或是在风景宜人的小桥流水之畔,那一个个园林式美丽的"家",袅袅炊烟、岁月静好,是中国人心中的梦想。

田园梦,是中国农耕社会条件下人心求稳的心理状态,无论是古代还是现代,人们的梦想都是有自己的别墅。虽然现今的别墅多见欧美风格,但真正高档的仍然是中国传统的园林,如北京的四合院、苏杭的明清苑,而且这样的园林建筑因为占地比较广,于是越来越稀有,也就越来越珍贵。这种田园式庄园的情结,是对"家"的稳定性期望的延伸,是对中国式美好生活的寄托,也是身份地位的象征。中国人口众多,对土地的制约越来越强;而西方一些大面积国土的国家,人口稀少,只要有钱,买别墅、买庄园都不难。而更为有趣的是,有些城里人把农村老家的房子建成农家院落或别墅,有些人喜欢到农村度假,于是农家民宿成为城里人感受乡野风味的极佳去处。

中国古代的农耕模式使人口大量散落在广阔的农村,城镇也是因为交通运输和农产品交换而逐渐兴起,所以城乡都会形成户村街之间和睦的邻里关系,这不是商业关系,而是人情关系。邻里、村里、乡里、镇里逐渐建立起互帮互助关系;邻人、朋友、亲属之间则会在农闲时节、节庆或喜庆时候呼朋唤友聚一聚,并把最好吃、最好喝的贡献出来,这体现了中国人求稳心态下对团圆相聚和社交的美好追求。

男耕女织式的家庭、社会分工,奠定了农耕社会男主外女主内的社会基础,后世王朝统治加深了这种分工。一句"女子无才便是德",让女性留在了家里,"大门不出,二门不迈",主攻女红;男子外出参与社会活动,挣得家庭生活所需钱财物资。又一句"识时务者为俊杰",让男子在外服从管理——识时务就是听"我"(管理者)话,不听话就是不识时务。显然,男耕女织的社会分工促进了家庭稳定、社会祥和。稳定祥和,是中国人最热切的思想追求。中国人从来就不喜欢战争,从来就不愿意挑起争斗,但同时,为了保障这种稳定祥和,中国人也从来不怕麻烦,谁要破坏这种稳定,也会毫不客气。这就是"客人来了有好酒,敌人来了有猎枪"的缘由。这也是数千年来,仁人志士总会在国家危难之际展现出他们的高风亮节,在民族大义面前展现出他们的铮铮铁骨的原因所在。

田野的豪情与自在,园林的秀丽与洒脱,极为自然地融合在中国人身上。虽然在某个历史的横断面会出现不和谐音,但中华民族主体的精神风骨永远不会变。中国文化的"和天下"能量永远镌刻在堂堂正正的中国人心中。这是田园生活求稳心态所决定的,也是田园风格在国人心中的自然反映,更是田园文化内在本质的必然结果。

三、人心达和的和谐文化

思安求稳的心理状态,最终表现在人心达和。《尚书·尧典》说:"九族既睦,平章百姓。百姓昭明,协和万邦,黎民于变时雍。"意思是让家族和睦了,然后辨明百官的善恶;百官的善恶辨明了,再使各部落协调和顺,天下众人从此也就友好和睦了。《管子集校·兵法》中更明确提出:"畜之以道,则民和;养之以德,则民合。和合故能谐,谐故能辑。谐辑以悉,莫之能伤。"有道有德,民就可以和而有合;人和心合,大家就能够协调一致;协调一致,就可以做到无敌于天下了——中国本土管理理论丛林中有一个流派就叫作"和合管理",其文化根源和管理思想即与此有关。人心达和的人文精神,是中国人民的文化印痕;追求和谐,是中国社会、中国百姓的最强诉求。

人心达和的和谐内涵,在中国古代四大发明中也可见一斑。

1550 年,意大利数学家杰罗姆·卡丹(Jerome Candan)指出,中国对世界所具有影响的三大发明是司南(指南针)、印刷术和火药,并认为它们是"整个古代没有能与之相匹敌"的发明。1620 年,英国哲学家培根在《新工具》一书中说:"印刷术、火药、指南针这三种发明已经在世界范围内把事物的全部面貌和情况都改变了。"[①]1861—1863 年,马克思和恩格斯更是将这些发明的意义推到了一个高峰。马克思在《机械、自然力和科学的运用》中写道:"火药、指南针、印刷术——这是预告资产阶级社会到来的三大发明。火药把骑士阶层炸得粉碎,指南针打开了世界市场并建立了殖民地,而印刷术则变成了新教的工具,总的来说变成科学复兴的手段,变成对精神发展创

---

① 培根.新工具:让科学的认识方法启迪智慧人生[M].陈伟功,编译.北京:北京出版社,2008.

造必要前提的最强大的杠杆。"①来华传教士、汉学家艾约瑟（Joseph Edkins）最先在上述三大发明中加入造纸术，他在比较日本和中国时指出："我们必须永远记住，他们（指日本）没有如同印刷术、造纸、指南针和火药那种卓越的发明。"这个发明清单被后来的著名英国生化学家、历史学家、汉学家李约瑟发扬光大。这些说明，"四大发明"的概念由西方学者提出，之后被中国人接受。

一些人曾弄出四大发明只能算技术、不能算科学的论调，以此来贬低中国四大发明的伟绩和贡献。他们认为，科学是理论、技术是应用。他们所举例子中最著名的是："会游泳是技术，阿基米德浮力定律才是科学；会用杠子撬石头是技术，杠杆定律才是科学。"按照这个说法，中国古代的造纸、火药，需要严密的配方，这个配方应该是一种定律吧？印刷的原理、罗盘的机理，也应该是从技术使用中总结出来的科学吧？所有的理论都是从实践应用中提炼出来的，"科学"只不过是分科而学，然后对分出来的"科"进行更深入的研究，找出其规律的学问。而中国学问从来不分科，只分流派，自然就没有这种所谓的"科学"。所以，说中国古代没有建立科学，那就大错特错；中国火药在隋唐时期就有了，那时西方的"科学"在哪呢？文艺复兴后西方才有科学之说。因此，不能以"四大发明只能算技术、不能算科学"来贬低中国古代发明的伟大功绩。

西方学者研究中国的四大发明时也许并不清楚，中国人是为了谋求社会的和谐、人类的和谐而发明的：造纸术、印刷术直接就是文化的产物，也是记录、传承、发展文化的需要。关于指南针，中国人原先叫罗盘针，是在掌握磁场、北极与南极知识后发明出来的，所以又称司南针。其主要用于祭祀、礼仪、军事、建筑和占卜与看风水时确定方位。也就是说，中国人发明指南针没有任何攻击性本意，只是为了家庭的和谐、群体的和谐、宗族的和谐、社

---

① 马克思恩格斯全集（第47卷）[M].北京：人民出版社，1979：427.

会的和谐、国家的和谐、人类的和谐……至于发明火药,起因于中国人民长期的炼丹、制药,而后民间主要用于制作鞭炮、礼花,用于传统节日、婚礼喜庆、各类庆典、庙会活动等场合。即使引入军事领域,火药也是起到消停战事、安全防卫的作用。当然,在建筑材料领域其也被用于炸山取石。西方学者和一部分"公知",强调黄色火药、黑色火药的差别,以证明西方热兵器时代的火药与中国发明的火药无关,这不仅是无知,还是公然抹黑。任何现代文明成果都不是一蹴而就的,诚然,火药最初发明时的爆炸力不强,其成分与后来用于军事的火药不一样,但能因此抹杀中国发明的火药的价值吗?此为其一。其二,谁都承认中国远古炸石技术极高,要不然哪有那么些石材开发出来用于铺路造桥搭建筑,以及用于石雕石刻艺术。在中国农耕社会,指南针、火药技术的发明都是为了让生活更安定、更和谐。传入西方后,逐渐成为航海业、枪炮业发展的基础技术,才有了大航海时代西方国家地理大发现的荣耀。

人心达和的和谐内涵,还体现在中国重道抑商的和谐意愿。本书绪论提到,在"道""器"问题上,中国文化一直认为是"道"为先"器"为后,后人曲解出现了"重道轻器"现象。农耕社会,谋利性交换被认为是不道德的,人与人之间的关系不能用商业利益计算得清清楚楚,若那样做就是不近人情、不讲面子,是会被大家看不起甚至鄙视的。靠山吃山,靠水吃水。农民的本分是种地,渔民的本分是打鱼,猎人的本分是打猎。靠实实在在的劳动获得的收益被人认可和称颂;低价进、高价出,那不是实在的劳动,属于不务正业、不讲道德、不劳而获,自然会被人唾弃。正因为有这种思想观念,所以中国社会自古有重农轻商、重道轻商现象。其根本在于引导大家凭自己的辛勤劳动过生活,而不是通过买进卖出、投机取巧牟取暴利。人心达和,就是指每个人在自己的位置上做好自己的事,人际和谐了,事务和谐了,社会也就和谐了。墨子认为和合是处理人与社会关系的根本原理,指出天下不安定的原因在于父子兄弟结怨仇,而有离散之心,即"内之父子兄弟作怨仇,皆有

23

离散之心,不能相和合"(《墨子间诂》卷三)。《国语·郑语》称:"商契能和合五教,以保于百姓者也。"(韦昭注:"五教,父义、母慈、兄友、弟恭、子孝。")意思是说商契能把五教加以和合,使百姓安身立命。尽为人本分,无离散之心,各安身立命。这便是中国人达和之朴素愿望。

人心达和的和谐内涵,还体现在古代皇室和亲政策的和谐诉求。和亲,说白了是一种具有政治目的的联姻,双方通过嫁娶来保持和睦相处的关系。当然,史学上对"和亲"存在着不同的看法,这里不作分析评判。但不可否认,中国古代的和亲分为两个敌对政权之间的和亲、为孤立敌国结盟友国的和亲、为借外援平息内乱的和亲、对臣服者的和亲、为笼络边地民族的和亲等类别,其本质都是通过联姻和谐彼此,最终结果不一定尽如人意,有成功也有失败,这跟当时的政治形势、时代背景、主被动情况、参与人的个性等多种因素有关。然而,和亲过程中,缴纳聘礼、贡物、回赐及与之相关的互市等活动非常频繁,必然会促进官方贸易和双方经济的发展。出嫁公主在和亲过程中还带去了先进的生产技术、生产工具和生产工匠以及农作物稻种等,使农耕文明与游牧文明进行了融洽的交流,促进了彼此的经济发展,这些是不争的事实。举世闻名的唐朝文成公主和亲吐蕃松赞干布就是其中的典型代表,经此和亲,汉族文明带入藏族,藏族文化也因此流入汉地。

综上所述,基本可以体现出中国人文环境的特点,也可以初步看出中西方人文精神的差异。而人文是管理的基础,因此管理哲学、管理理论、理论体系不可能天下一统。虽然中国古代没有明细的学科分类,不会创建中国管理学,但不等于没有中国管理思想、没有中国管理的具体技术与方法。中国文化之"四书五经"、先秦文学、诸子百家等经典著作中,有着丰富的中国管理哲学思想。中国古代商家的学徒培养机制中,积累了丰富的管理理念、方式、方法。西方有现成的管理架构、管理理论、管理体系,我们可以学习、参考、借鉴,但重点是建立中国本土的管理学、管理学科体系。这就是"心和管理"提出的历史原因。

第二节　中国管理的内在需求

心和管理提出的现实原因,也在于中国企业管理的内在需求。中国现代的企业管理,起初是指令性计划管理,实行社会主义市场经济后,学校里教的、书本里介绍的,都是开放国门后引进的西方管理学理论。而改革开放中的中国企业,初期的形式、体制多样化,运营的环境、方式和对象与西方大不相同。而且多数中国企业,尤其是中小企业、没有外资背景的企业,在没有管理理论指导或西方管理理论并不那么适应的情况下,只有寻找"能人"管理,"能人"也就是见多识广、反应灵敏的管理者,怎么有效怎么来,于是逐渐出现了管理理论与管理实践各行其道的情况。理论界继续照搬西方并作解释说明,实践领域则在摸索中不知不觉回归到了中国人文环境下的管理理念、管理方式——根植在中国人心灵、骨髓、血液里的文化本源在逼迫中被激活。谋求人心双和以达企业目标的管理理念——心和管理,在实践中一直应用着。

一、层出不穷的管理理念

中国经典中有着数不胜数的管理思想、理念和方法,但鉴于中国学问的形成特点,没有类别化到具体建立分类的管理学学科。所以,在改革开放政策实施以来的一段时期,"中国企业管理一直处在错综复杂的变化之中,传统管理与现代管理相互渗透和交错,同时面临知识时代全新的管理规则挑战,既要补课又要创新,既要破旧又要立新,中国企业管理从茫然走到了一个重要的节点上"[①],这个节点就是管理理论与管理实践亟须融合的节点。

①　徐井岗.中国企业管理史论:物本、人本、心本管理的演变与中国管理理论的建立[M].北京:中国财政经济出版社,2017:4-5.

因为当时管理理论是西方的,管理实践却是中国的。引进西方管理理论的时候,中国企业经营管理者还处在懵懂之中。泰勒(Frederick W.Taylor)提出的科学管理理论、法约尔(Henri Fayol)提出的组织管理理论、韦伯(Max Weber)提出的行政体系以及圣吉(Peter M. Senge)提出的学习型组织理论、哈默(Michael Hammer)和钱皮(Jame Champy)提出的业务流程重组理论、普拉哈拉德(C.K.Prahalad)和哈默尔(Gary Hamel)提出的核心竞争力理论等,源源不断地被介绍到国内。各种理念"漫天飞舞",各种讲座"四处开花",让中国企业界应接不暇。那时候的中国,企业创办高潮迭起,"这是一个创业热情高涨的时代,同时也是一个经营上头脑容易发热的时代;这是一个企业数量暴涨的时代,同时也是一个企业管理懵懂的时代;这是一个改天换地做前人没做过的事的时代,同时也是一个盲人摸象认知看眼前的时代,是革新与守旧、东方与西方、传统与创新、循规与违法共存的时代"①。

在这样的背景下,人们的注意力集中在项目投资、车间生产、市场开拓、广告宣传、销售突破等能够直接带来经济效益的事情上面。对于管理,不需要理论,也没有理论,更无暇去寻找理论,基本上是一种原始、粗放的管理,如:自然管理——企业走到哪步算哪步;能人管理——依赖企业管理者自身的经验能力;关系管理——企业管理者能够运用的一切社会关系。当一些国企管理人员下海,部队退伍军人下海后,出现了国企管理嫁接、部队管理嫁接等情况,这个时候,本土管理未形成气候,但中国自身的管理内涵已经显现。只是那时西方管理掌握话语权,开放引进的一定有"国外先进的管理经验"内容。国外的管理理念、管理模式、管理经验等,都是最时髦的内容。1984年,出现了改革开放后中国第一次创业高潮,企业数量井喷式增加,这年被称为"中国公司元年"。当时的历史背景引发了大量"戴帽子"企业(挂靠政府或集体单位,上缴管理费情况下自营)的创建;1992年,随着邓小平

---

① 徐井岗.中国企业管理史论:物本、人本、心本管理的演变与中国管理理论的建立[M].北京:中国财政经济出版社,2017:104.

南方谈话,大批知识分子下海,掀起新一波创业高潮,引起民营企业数量的再次井喷式增加。这第二次企业数量的井喷,标志着中国从卖方市场开始向买方市场转变,意味着中国管理开始作出实践探索。大批企业生产出大量满足市场需求的各种产品,即市场需求渐趋阶段性饱和,商品紧缺时代过去了,市场竞争出现且迅速趋向激烈,自然,企业间的竞争也激烈起来。知识型、经验型经营者开始关注企业的管理问题,因为无论是产量还是质量,成本还是利润率,也无论是人力还是物力,都需要精打细算了。管理的重要性、管理的价值开始显现,"向管理要效益"的口号铺天盖地。也是在这个时候,西方管理理念全面进入商界、企业界,且各种管理理念层出不穷。只是,中国的经济与管理理论是滞后于实践的。即不是先有管理理论来指导企业管理,而是企业在运营过程中"摸着石头过河",一步一步探索着。

改革开放之初的 20 世纪 80 年代,领导人出访西方国家时带回了一些经济、管理类书籍,作为市场经济与管理的理论启蒙;政府开办了由西方国家专业人士授课的国企厂长、经理培训班,带来了新理念、新理论、新模式,这是西方经济管理理论的直接介入;80 年代初外派的留学人员陆续学成回国,将市场经济条件下的管理理论和企业管理模式介绍到国内。随后,文化交流放开,各种书籍、理念、理论蜂拥而至,各类讲座层出不穷。这本应该是一件好事,可是当时中国刚刚从计划经济中走出来,人们连物价放开都还没有完全适应,难免会感到眼花缭乱、无所适从。管理实践界对如何管理、遵循怎样的理论出现了迷茫无措的情况。高校工商管理领域、国家管理方向研究机构,本应该教授与提供管理理论,但当时的现实是中国本土的管理理论与学科付之阙如。政界、学术界开始解读西方经济学、管理学。为了满足社会紧迫需要,有条件得到海外书籍的,就直接翻译后用作高校、研究院的教材;条件受限的,就把散落在各处的西方理论拼凑成书并出版。中国管理界一开始就相当的无奈:理论,滞后于现实。

本就没有西方经济管理的理论基础,又一下子涌进那么多不知所谓的西方管理理论、思想、流派。企业管理人员这里听个一鳞半爪,那里看个一知半解,最后仍然是不知该怎么管理。于是官员专家、海归专家讲座指导,咨询专家、培训专家鼓吹呐喊,一套又一套理论、模式、模型甚至体系引入企业,轰轰烈烈开始,稀里糊涂收场;炒理念、卖概念,点石成金的点子,轰动市场的策划,热热闹闹、熙熙攘攘之后,重归寂静。这股潮流中,高校的经济与管理类课程越开越多,同时越来越脱离实际,并在 20 世纪 90 年代愈演愈烈。

最后的结果是,理论、实践"两张皮",你敲你的鼓,我打我的锣,各不相干,且渐行渐远。理论界与实践界你说你的,我做我的。"西方特色的管理编程、管理模型甚至是数据实证,往往停留在学术论文的发表和课题申报上,不是着落在管理应用实践上,两者之间的转换因缺少中国式的文化氛围、思维模式,系统不兼容,在管理领域形成了'能出管理成果的一定是远离管理本身,以管理实践为实验室的出不了学术成果'的局面。"①

管理理论、管理理念走马灯似的来来去去、进进出出,对多数中小企业(无外资背景企业)的管理实践却没能起到多大的管理引领指导作用。这也从现实的角度说明,迫切需要有适合中国自己的管理思想、管理理论来指导中国的管理实践。

二、交互共存的企业形式

中国的改革开放,开始时一切都在摸索中。一方面,国内政策松绑,谓之改革;另一方面,打开国门引进外商外资,谓之开放。此后的二三十年时间里,外商独资企业、中外合资企业、国有企业、私营企业等各种企业形式接连出现。海外带来的新管理理念、管理方法,企业自己摸索的管理理念和从

---

① 徐井岗.中国企业管理史论:物本、人本、心本管理的演变与中国管理理论的建立[M].北京:中国财政经济出版社,2017:3.

当时国有企业中总结出来的管理理念,都被引入改革开放后诞生的企业中。各种管理理论、管理体系交错共生,到底哪个是最佳的、哪个是合适的,无法明确。当时有句流行语:"不是我不明白,实在是这个世界变化太快。"没有经历过那个时代的人,很难想象大变革时代的那种日新月异。

"各种理念、思潮、舶来品、奇形怪状的'新生事物'让人眼花缭乱、应接不暇。练摊人登堂入室了,小生意人腰缠万贯了;政策一会儿收、一会儿放,让大家摸不着头脑;富起来的人欣喜中担忧,还在穷的人羡慕嫉妒发恨,各路官场人士迷茫中翘首待盼上头文件。"①这种情况下,各路企业在管理上只能是八仙过海——各显神通。有海外背景的企业自然采用西方管理;能够引进管理思想的企业就融合西方管理;与海外不搭边的企业,自己摸索的、寻找国企挂靠的,不一而足。这是因为"管理现实中,许多民营企业已采用中国文化的管理理念和思想,而中国一直没有中国管理理论,没有中国管理体系。这就出现管理指导与管理实践'两张皮'现象。实现中国梦,必须创立中国管理,用中国管理指导中国民营企业的继续发展"②。就管理视角看,各种管理形式的企业交互出现,互相之间没有一个统一的可让各方共同认可的结论;当时,企业界的现实是,有本事的各显神通,有背景的比拼靠山,本事不强靠山不硬的,就"退出江湖"。那个年代,三分之一的企业活着,三分之一的企业半死不活,三分之一的企业死了。再强大的西方经济理论、管理理论,也改变不了这种现实。

在这种无奈与迫切中,创建中国本土的管理理论、管理体系就更显得刻不容缓。纵观中国现代历史,1949—1978年是中华人民共和国成立后的第一个30年,这是经济打基础的30年(包括建立中国工业基础),也是消灭私有制建立国有企业体系的30年(即建立国有化体系);1979—2008年是中国改革开放、经济腾飞的30年,也是私营、民营企业成为中国经济重要组成

---

① 徐井岗.中国民营企业改革与发展实践[M].沈阳:辽宁教育出版社,2016:87.
② 徐井岗.中国民营企业改革与发展实践[M].沈阳:辽宁教育出版社,2016:236.

部分的 30 年(改革开放 30 年)。这 30 年中,最初出现的,是中国民间最原始的"企业"形式——"作坊式""小摊式"的个体工商户。别小看这"不入流"的个体户,它在中国改革开放史上是必须予以浓墨重彩描述的。后来的许多企业家都经历过个体户阶段。个体户是全国可以独立进入市场的市场主体中数量最多的"企业"形式,说它是中国企业的摇篮也不为过,说它是推进中国民众走向富裕的桥梁也不为过。但从管理上看,个体户的管理其实是家庭管理的翻版,可以称它为"家长制",也可以称它为"直线制"。与个体户同时成长的,还有很多企业形式:那时的国有企业有央企、省企、县企等不同类型;集体所有制企业也有省级、地级、县级、乡镇级甚至村级集体企业;承包制出现后,又有承包企业、转包企业,以及同时挂靠国企、事业单位、集体单位的"红帽子企业"。私营企业出现后,海外独资企业、中外合资企业、中外合作企业陆续出现,然后民营企业概念出现,形式有私人民营、国有民营、集体民营、事业民营,甚至于一度出现过机关民营(机关单位开办,民营模式经营,后政策要求一次性全部停办)。企业形式已经不是简单的多样化的问题,而是各种性质交杂,享受着各不相同的企业政策。待遇最高的自然是"三资企业",享受"超国民待遇",最低的当然是私人企业、个体户。在这种企业性质繁多、企业类型混同、企业形式多样化的社会现实中,没有哪一种管理理论可以统领这些各不相同的企业,大家对眼花缭乱的管理思想、管理理论也就各取所需。很多企业稀里糊涂地倒在选择不慎当中。管理学界"研究成果"频频出现的时候,管理实践领域却一片狼藉。那些在混战中脱颖而出的企业,从来都不是照搬西方理论,更不是听从管理学"拼凑家"们提供的理论进行管理,而是在实践中摸索,以中国文化为内核,逐渐探索出自己的管理模式,总结出自己的管理思想。这中间尽管吸收了西方理论的养分,但内核和主体,是企业自身的,是中国特色的。

到 2009 年,经历过打基础的 30 年和改革开放的 30 年后,"第三个 30 年开始了,应该是中国企业脱胎换骨的 30 年,是企业助推中国走向世界强国的 30 年"①。这时候，虽然中国本土管理研究已出现丛林萌芽之态，但企业管理要么停留在"换汤不换药"的状态，要么出现"挂羊头卖狗肉"的情况，要么就一个国学知识点展开联想，要么是非管理学界的人士解读的所谓"中国管理"，自始至终没有形成中国专属的、具有本土特色的、相对成熟的管理理论。中国企业只能以存在水土不服的西方管理理论为指导，这显然与新时代不相适应，跟不上中华民族伟大复兴的时代需要。

所幸的是企业界自身已经在寻求符合中国国情、融合中国传统文化、体现东方风格的管理理论，并且已经在运用阴阳五行八卦原理、《论语》《尚书》《大学》《中庸》等书经和《老子》《庄子》《管子》《墨子》等诸子百家思想管理自己的企业。

三、回归本土的管理思维

如前所述，由于当时的特殊情况，中国管理理论界只是引进西方理论，未经中国化、未作分析、未作适应性选择便直接套用，无法达到预期是一种必然的结果。一方水土养育一方人，一方人形成一方文化，自然而然形成这一方独有的人文环境、人文精神。

中国企业界最终发现那些层出不穷的舶来理论，可以参考、学习，却无法照搬套用在具体管理中，应用的结果也必然是出现不适应。归根结底，还是得企业自行摸索。摸索的过程自然受本民族的思想文化传统的影响，很自然地就把中国传统中的一些有生命力的、优秀的东西呼唤回来了，并将老传统、新思维结合实际形成适合企业自身发展的管理体系。中国真正的企业家，擅长以具有中国元素的管理为根基，吸收外来管理文化中有价值的部分充实到企业的运营管理当中，实践自己的理念，建设本土的管理文化，形

① 徐井岗.中国企业管理史论：物本、人本、心本管理的演变与中国管理理论的建立[M].北京：中国财政经济出版社，2017：194.

成独具中国风格的管理模式。凡是成功的企业,一般都不会简单地照搬西方管理理论,比如"傻子管理""华西管理""万向管理""娃哈哈管理""联想管理""华为管理""阿里管理""海尔管理""横店管理"以及"特区管理""开发区管理""温州管理""义乌管理""苏南管理""无锡管理"等管理模式[①],都是在中国化管理方面从实践中摸索出了重要成果,形成自身特色,尤其在心和管理思想的具体实践方面颇有建树。对于西方管理,其也不排斥,只要有用就学习借鉴。

这就是中国企业在自力更生、艰苦奋斗与古为今用、洋为中用过程中发展起来的中华管理新思想,是创建中国本土管理新理论的实践先驱。"傻子管理"创立者年广久,少时随父逃荒要饭做小生意,没有读过什么书,根本不知道什么管理学、营销学。他历经"三起三落",赶上改革开放的大好形势,成为个体户经营的代表。"华西管理"创立者吴仁宝,一个地地道道的农民,以一个有远见的企业家眼光开创了"天下第一村"的荣耀,使之成为社会主义新农村建设的典型代表。"万向管理"的创立者鲁冠球出身仍然是农民,在农村铁匠铺做锻工,以承包公社农机修配厂起家,靠中国农民、中国工人的勤奋吃苦精神成功创业。他总结出来的"两袋投入"(脑袋、口袋)概念、"随机管理"模式,与西方管理学并无关联……

随着改革开放力度的加大,海外涌进来的西式管理理论、模式越来越多,国内原有的管理思维受到冲击,且力度越来越大,以至出现管理思想混乱的情况。进而,在理论界,西方管理一统江山;在实践界,中华管理被压制。世纪交替时中国企业界经历了不可避免的观念阵痛、思维阵痛、理论阵痛……痛定思痛,理论界有识之士开始回归中国本土管理理论的探索,只是影响力不大,丝毫撼动不了西方管理理论为主流学术的地位。而企业界逐渐从混乱中拨云驱雾,回归中国管理思维本原:"发展才是硬道理""不管白

---

① 徐井岗.中国企业管理史论:物本、人本、心本管理的演变与中国管理理论的建立[M].北京:中国财政经济出版社,2017:5.

猫黑猫,能抓住老鼠就是好猫",这个经济模型、那个管理工程都不重要,重要的是企业能发展。

在理论探索方面,学界初期是在引进的西方理论中开展管理研究,"但许许多多成长起来的中国企业,是在中国古代、近现代企业基础上的一种突破性、创造性发展,具有当代特点的同时带有明显中华文化一脉相承的传承特点;中国企业管理也必然具有纵向历史传承和横向世界性融合的纵横风格,以及国情化创新特色"①。就是说,在中国"心文化"与"和文化"基础上,结合中国现实和世界大势探索中国管理新思维。即在中国人文环境下的新思维,其主要涉及"人心"与"双和"问题。

"管理的对象最终都指向人。人是由心引导着自己的言与行的,所以一切组织管理的重点难点最终都是指向'人心'。"②可是,人心可以管理吗?人心能管住吗?"人心管理不是要管住人心,而是要理顺人心……人心管理的目标达成了,和谐社会则不远矣。"③显然,人心管理的重点在于"理","管"是"理"的基础。"一般情况下中国人只有在情义感动、恩德施授等情况达到了心理认同的时候,才会产生忠诚的思想和行为,所谓'士为知己者死','滴水之恩,涌泉相报';只有在心灵觉察和体悟到某种思想、文化、理念的时候,才会对具有这种思想文化象征意义的物像产生崇敬和心服感,即所谓的觉悟。"④这种觉悟,才是引导人自我管理所要实现的目标,也是组织管理所要实现的目标。没有管理者和被管理者自身的觉悟,什么样的管理理论、管理体系都是空的。显然,中华管理新思维,着眼于中国文化根柢、着眼于华夏文明传承、着眼于中国职场现实。而人的主观能动性,来源于人心,即人的内心思维、人的内在灵魂、人心的本然性和文化基因的根植性。管

---

① 徐井岗.中国企业管理史论:物本、人本、心本管理的演变与中国管理理论的建立[M].北京:中国财政经济出版社,2017:7.

② 徐井岗.人心管理:生产力之新崛起[M].香港:中国教育文化出版社,2006:2.

③ 徐井岗.人心管理:生产力之新崛起[M].香港:中国教育文化出版社,2006:20.

④ 徐井岗.人心管理:生产力之新崛起[M].香港:中国教育文化出版社,2006:240.

理,会管物、管财、管流程,也会理物、理财、理流程,然而这一切,皆由人来实现。人,才是管理所涉及的根本。人的根本、人区别于动物的根本,是人有思维、人有思想。物也好,财也罢,其管理皆以人为根本,而人以"心"为根本,"心"以"和"为要。所谓管理理念、管理哲学、管理思想等,归根结底,都指向"人心",都指向"双向协和"。

回归中华管理,不是复古,而是延续与发展中华优良传统、中国优秀文化,并在此基础上,结合现实情况,借鉴西方学科创建思路,形成具有浓郁中国特色的管理思想、管理理念、管理理论及其相应体系。这是现代中国管理人应该做的。解放思想、更新观念,不在于喊喊口号,而在于换一种思路、换一种思维、换一种思想,立足中国本土文化基因和实际情况,在理念、观念上回归中华管理新思维。这就是心和管理理论创建的现实背景。

人心梳理,谋求通畅,这只是人心管理所要达到的一个方面。这显然不够全面,所以才有"心和管理"概念的提出,因为通过管理要实现人心和谐,最重要的是与各关联方双向共同的和谐,这就是人心双和。中国本土管理仅有概念当然也不够,需要建立起一套相应的理论体系,需要形成一个对应的管理系统。撇开数千年文化传承中的变化,中国文化之源头有一套相当完善的理论系统,这就是《易经》理论中的系统,其中的五行系统是借用自然界原始的五种自然物象的相生相克原理组成的系统;八卦系统则采取自然界中互为关联的八个自然现象组成的全息系统。心和管理体系基于《易经》原理,同时结合了中国人文特点,因而具有科学性。

第三节　本土管理的开发研究

中国本土管理研究,在 21 世纪初出现了多流派现象,《中国企业管理史论:物本、人本、心本管理的演变与中国管理理论的建立》一书将之视为中国管理理论丛林的萌芽①。该书提到的主要有席酉民的和谐管理(2001)、苏东水的东方管理(2003)、齐善鸿的道本管理(2007)、黄如金的和合管理(2007)、曾仕强的中道管理(M 理论,2007)、成中英的易经管理哲学(C 理论,1995)等。世纪交替时,笔者提出"人心营销"概念,到 2003 年确定为"人心管理",并开始撰写"人心管理理论"三部曲的第一部《人心管理:新生产力之崛起》(中国教育文化出版社,2006),中间插入"人心管理突围"三部曲第一部《民企老板管理突围》(上海三联书店,2005)的写作,作为当时企业管理最重要的培训教材。2007 年初,笔者创办经济管理研究所时开始将双和思想引入,研究所直接取名为"双和",此后出版的著作中有了"人心双和"理念。2013 年,笔者出版《人心管理——基于国学与东方思维的中国管理理论》,又将国学与管理结合,形成八卦管理模型。2017 年,笔者出版《中国企业管理史论:物本、人本、心本管理的演变与中国管理理论的建立》,明确提出"人心双和管理"理论,强调"心和"是管理最终的追求,心和管理是中国本土管理之密钥。为保持理论研究的一致性,这些成果中很大一部分仍以提"人心管理"概念为主,实际上其内容已经是"心和管理"。

本节简要介绍中国本土管理研究中的和谐管理、东方管理、和合管理等。

一、和谐管理的提出与研究

"和谐理论"是席酉民(中国大陆第一位管理工程博士)在其博士学位论文中提出的。作为西安交通大学的管理学教授、博导,他带领西安交通大学和谐管理理论研究团队对这一课题展开了深入的研究,他们起初提出了和谐管理的基本思路:"问题导向"基础上的"优化设计"与"人的能动作用"的

---

① 徐井岗.中国企业管理史论:物本、人本、心本管理的演变与中国管理理论的建立[M].北京:中国财政经济出版社,2017:7.

双规则的互动耦合机制。

席酉民等还指出,和谐管理可视为"组织围绕和谐主题的分辨,以优化设计和人的能动作用为手段提供问题解决方案的实践活动"[①]。但后来他们还是转向与人本管理相联系的研究——和谐管理,它是企业以人为本管理思想在管理实践中的具体体现。"和谐源于中国古代丰富的管理思想和文化,是强调'利''义'的对立统一和'和谐'的哲学。和谐管理模式不但要营造'人和'的气氛,还要最优化地达到'刚柔并济'的管理。""和谐管理的研究是本土化的管理创新,是借鉴引进西方管理科学的最新成果和结合中国管理现象、问题展开的具有中国特色的管理范式研究。"[②]

席酉民等认为,和谐管理是组织为了达到其目标,在变动的环境中,围绕和谐主题的分辨,以优化和不确定性消减为手段提供问题解决方案的实践活动。和谐管理的内容包括企业与环境的和谐、企业与社会的和谐、企业与市场的和谐、企业与政府的和谐、企业与职工的和谐等。企业和谐管理是倡导企业经营者以和谐理念统领企业发展的一种管理哲学,是旨在全面提升企业价值的一种管理方式,是以关系管理为对象的一个管理子系统,是重在落实企业伦理和社会责任的一种管理手段。和谐因素正以一种稳定的不断增长的力量融汇于管理实践之中,影响着现代企业的活力和发展水平。和谐因素作为现代管理价值选择的核心要素,贯穿于管理过程中的计划、决策、组织、协调、控制等各个环节,渗透到管理的一切领域,在企业管理实践中担负着导向激励、均衡协调、内聚自约等功能。

和谐管理研究的主要力量是西安交大的研究团队,成果也主要体现为团队成员的论文以及团队成员所带的研究生的硕博士论文。所以,和谐管理尚处于探讨之中,未形成定型的理论体系,概念界定也不尽一致。席酉民

---

① 席酉民,肖宏文,王洪涛.和谐管理理论的提出及其原理的新发展[J].管理学报,2005(1):23-32.

② 王大刚,席酉民.和谐管理理论研究评述[J].生产力研究,2007(6):141-145.

等2013年在《和谐管理理论：起源、启示与前景》一文中总结说："该理论根植于中国组织发展的经验，以系统理论、有限理性学说、中国的传统智慧及对组织内耗的系统剖析为基础，其理论视角与支柱提供了解决组织与管理问题的新框架，从而为组织实践与研究提供了理论参照。……和谐管理理论尝试基于东西方文化优势整合来发展更具解释力的理论，这种努力有助于中西方组织与管理理论知识的交融，符合当前国际新趋势的要求。每个社会的商业实践都有其特定的优势与劣势，对管理者与管理学者而言，要求是相似的，就是发现他们如何按照每个文化都能理解、识别与受益的方式，从而有选择性地使用不同文化的思维方式与定位。"[①]

显然，和谐理论强调了"中国的传统智慧"，但是没有以中国文化为根基创建中国本土管理理论及其体系，也就是承认中国管理智慧，未承认中国管理体系；如果说承认一部分，那也是"组织内耗"的智慧，或者叫"阴谋"更妥当一些。从这点分析，和谐管理理论侧重于把中国智慧拉到管理理论体系中，作为一种管理文化融入西式管理。其管理思维的根本，不是从管理思维角度回归中华思维模式，而是寄望于在西方管理思维的基础上增加一种基于不同文化的管理思维与定位而已。换句话说，和谐管理仍然属于西方管理理论与管理体系，只是思维方式上增加了中国式思维模式作为一种参考。因此，"和谐管理"没有从根本上实现中国本土管理在思维模式上的独立自主、自力更生。

另外，和谐管理的一个立足点是中国文化、中国哲学，但着力点放在"有助于中西方组织与管理理论知识的交融"，而不是从中国本土管理思想的角度旗帜鲜明地提出管理的独立性命题，也就难以建立起中国管理的理论基座、理论体系。归根结底，和谐管理的重点是向西方管理理论和体系靠拢，其内涵在本质上脱离不了西方管理理论的藩篱。

其实，中国文化中的"和"远不止"和谐"所涉及的意义，管理之"和"也远

---

① 席酉民,刘鹏,孔芳,等.和谐管理理论：起源、启示与前景[J].管理工程学报,2013(2):1-8.

不止"和谐"的意义。和平、和顺、和好、和睦、和悦、和善、和畅、和缓、和暖、和润、和静、和通、和蔼、和煦等都是"和",温和、柔和、缓和、祥和、中和、随和、调和、融和、相和、谐和等也是"和"。"和"的内涵太丰富了,没有一个专门的词可以涵盖之。但目标为"和",必然需要协商、协调、协同、协洽。所以,心和管理中用一个专门的词语来表述人心谋和、趋和、成和的状态:协和。这样,相较于和谐管理,心和管理强调了人心问题的同时,突出了协和管理的内涵、宗旨、技法和特性。

真正的和谐,是心灵的交融,是内心的和谐。人与人之间的内心谐和了,所做的事、所讲的理、所行的路径,皆通畅谐和了。这便是心和管理的深意所在:人心须协和。

应该肯定的是,和谐管理的研究,在一定程度上让人们看到了中国文化的魅力,认同中国管理有着深厚的理论渊源,与其他的本土管理研究一同弘扬了中国管理文化和中国管理思想。

二、东方管理的提出与研究

浙江省社科联原主席、浙江工商大学原校长胡祖光教授于 1994 年出版了专著《管理金论——东方管理学》,"东方管理"之说由此而起;1998 年,胡祖光教授又出版《东方管理学导论》;2002 年,胡祖光教授再出版《东方管理学十三篇》,对东方管理学按用人、治法、纳言、决策、组织、激励、指挥、处事、考核、变革、修身、廉政、教化 13 个管理的重要事务来进行论述。"东方管理"亮相管理学界。

比较遗憾的是,胡祖光因年龄或身体原因逐渐淡出学术界,除留下几部专著外,没有后续。真正将"东方管理"发扬光大的是复旦大学教授苏东水和他领衔的研究团队。1997 年,苏东水教授在世界管理大会(在复旦大学举办)上作了题为《面向 21 世纪的东西方管理文化》的报告。1999 年,复旦大学东方管理研究中心成立,该中心是全国第一个明确以东方管理学术思想和实践活动为研究对象的科研机构。2003 年,全国第一个"东方管理学"二级学科博士点、硕士点在复旦大学设立,并在 2005 年开始招收博士和硕士研究生。复旦大学在东方管理研究中心、"东方管理学"二级学科博士点、硕士点的基础上,整合复旦大学科研优势,成立了复旦大学东方管理研究院。苏东水教授在"东方管理"领域的主要著作包括《东方管理文库》18 卷、《中国管理通鉴》4 卷、《中国管理学》、《华商管理学》、《东方管理学》、《管理学——东方管理学派的探索》等。基于苏东水和他的团队的努力,一些宣传资料说"东方管理"的创立者是苏东水教授,也无不可。

关于"东方管理"的内涵和要点,第十九届世界管理论坛暨东方管理论坛观点综述中有表述:"在本次东方管理论坛上,苏东水教授为大家详细介绍了东方管理理论的五大原创性思想:一是提出管理的哲学要素为'道、变、人、威、实、和、器、法、信、筹、谋、术、效、勤、圆'等 15 个要点。二是提出管理的精髓:'以人为本、以德为先、人为为人'的'三为'思想。三是提出管理的内容为'三学'(中国管理、西方管理、华商管理)、'四治'(治国、治生、治家、治身)、'五行'('人道、人心、人缘、人谋、人才')。四是构建东方管理理论体系,提出了融合古今中外管理精髓,创新了中国管理科学理论体系的'五字经'——学、为、治、行、和。五是提出'三和'思想,认为中国管理科学的主旋律及其目标是实现'人和、和合、和谐',构建'和谐社会'。"[①]

另外,该综述文章还指出:东方管理学研究发展的成就,集中体现为对世界管理学知识体系的突破和创新。具体说来,体现为"五个一"。一是创立了一个学派——管理学的东方学派。二是创立了一个新体系——"三学""三为""四治""五行""三和"以及"十五哲学要素"。三是创立一系列论坛——1996—2016 年连续召开了 19 届世界管理论坛暨东方管理论坛。四是创立了一个新学科——东方管理学科。五是涌现出了一批精英——由学

---

① 赵晓康,杨宇弘,袁慧婷.新常态下的东方管理理论思维与实践创新:第十九届世界管理论坛暨东方管理论坛观点综述[J].管理世界,2016(7):168-171.

术精英,以及将东方管理思想运用于实践的政府管理者和企业经营者组成的 200 多人的学术团队。应该说,苏东水教授和他的团队在中国本土管理理论方面做了大量工作。

心和管理学研究者认为,"东方管理"概念,是中国研究者在学术界的亮相,它似乎在向世界说明:管理理论不再是"西方管理"一统江山,还有一个重要内容就是"东方管理"。在"东方管理"体系中,无论是胡祖光提出的 13 个管理的重要事务,还是苏东水团队提出的 15 个管理的哲学要素,都彰显了中国传统文化和中国传统智慧。东方管理论坛则很好地传播和升华了"东方管理"理念,深入推进了中国本土管理研究。

与"东方管理"研究同时出现的还"中国管理学""华商管理学""东方管理学"等名称,"东方管理"的内涵与外延反而不明晰了,或者说被弱化了;"东方管理"不能简单地理解为"华商管理""中国管理",东亚日韩、南亚印度等国的管理,都在东方,用"东方管理"等同"于中国管理",容易引起争议。且不说环绕中国周边的这些东方国家的文化意识问题、管理理论的归属问题,单从文化传承来说,印度文化等都应该是"东方文化"。作为以特定人文内涵为背景的管理理论,"东方管理"概念从其内涵与外延上说,应该不是真正意义上的中国管理。

当然,"东方管理"明确提出了构建东方管理理论体系,这是值得肯定的。只是所说的"新体系"仅仅是把一系列内涵罗列到了一起(其中有一些是重叠的),事实上还没能成为一个学科体系。从所提的中国管理、西方管理、华商管理"三学"内涵亦可知,"东方管理"研究者是将中国管理思想与西方管理理论融合,没有独立创建中国本土管理理论的意图。东方国家不像西方各国那样在政治体制、经济环境、文化传承等方面具有一致性、一体性,因此,"西方管理"的概念可以成立,但不等于"东方管理"的概念也能成立。

"心和管理"是立足于中国文化的管理理论,它独立建立起以心为本、以和为核的管理理论及其体系,融入中国管理的哲学思想、理念观点的同时,既有原理解析,也有理论构建,更有技法阐述,并且试图建立起以心和管理理论为中心的中国本土管理学学科体系。

在这点上,本书是一个突破性的研究。

三、和合管理的提出与研究

和合学由中国当代著名哲学家张立文教授创建。"和合"是中国思想文化中被普遍接受和认同的人文精神,它纵贯整个中国思想文化发展的全过程,积淀于各个时代的名家各派思想文化之中,体现着中国思想文化的首要价值和精髓,也是中国思想文化中极具生命力的体现形式。

2006年,黄如金出版《和合管理》一书,提出和合管理就是立足于中华民族5000年的历史文化扬弃,以中国和合哲学思想为基本指导原则,以中国传统的和合管理为历史借鉴,贯彻"古为今用"和"洋为中用"的原则,结合今天中国改革开放和市场经济深入发展的实际,同时吸收西方管理理论和管理实践中的有益内容,通过借鉴中外管理思想和管理实践之精华,从而创新发展出具有中国特色的管理科学。

和合管理坚守在进行历史的扬弃中的无为无不为、刚柔相济、中庸之道等辩证思想,认为中庸之道不应简单地被视为"和稀泥"和保守。中庸的本义是一种不偏不倚、刚柔相济、执中行权、与时屈伸的哲学方法和领导艺术。孔子把中庸之道看做思想方法的极致,《论语·雍也》曰:"中庸之为德也,其至矣乎。"所谓"张而不弛,文武弗能;弛而不张,文武弗为。一张一弛,文武之道也"(《礼记·杂记下》)。《诗经》曰:"左之左之,君子宜之;右之右之,君子有之。"这实际上道出了适时应变、刚柔相济、能屈能伸的修身处事的方法。

所以,和合管理的精髓就是"和气生财,合作制胜"。"和",即和谐、和睦、和平、谐和、中和;"合",即合作、联合、结合、融合、组合。"和""合"联系在一起组成了一个充满哲理性的概念,传达了和睦共处、和气生财、合作聚力、协作制胜的管理理念和管理方法之要义。"和"是"合"的基础和出发点，是方法和前提，和睦共处才能和气生财；"合"是"和"的选择和结果，是手段和途径，协同合作才能取得最佳经济效益。"和气生财"的管理目标，以及"不战而屈人之兵"等管理策略的实现，都必须依赖于和合管理之实践。和合学提出儒学生命创新的五大原理：一是尊重生命的和生原理，二是和平共处的和处原理，三是共立共荣的和立原理，四是共达共富的和达原理，五是滋润心灵的和爱原理。儒学经和合学的转生，达到人和天和、人乐天乐、天人共和乐的境界。

总之，和合管理不仅是具有丰富的历史和文化内容的管理理念，而且是具有完整体系的管理理论和具有高超技巧的管理艺术。和合发展战略，有利于联合一切可以联合的力量实现稳定、持续发展；和合人力资源开发，有利于调动各方面的积极因素实现真正的人本管理；和合市场营销，有利于整合各种有用的市场力量顺利实现市场目标。坚持"以人为本"与"和合"理念，才会获得双赢，才能克服现代公共管理理论和经济管理理论及其实践中的缺陷，才有管理科学的创新发展。

心和管理学研究者认为，和合管理强调了"和气生财，合作制胜"的中国本土管理内涵，并且旗帜鲜明地对西学中的管理职能提出了质疑。这是一个了不起的进步。因为一直以来的中国本土管理研究，都不想、不敢或不能对"西方管理"内涵提出质疑。"和合管理"得到很多方面的认同和支持。其从中国传统文化传说中"和合二仙"的角度，提出自然和合、社会和合、组织和合、家庭和合、朋友和合等概念，在"和合管理"的大概念下，诞生了和合战略、和合人才、和合营销等分支。

可惜的是，和合管理仍然只是一种理念、一种思想，没有建立起独立的中国管理理论体系和学科体系。

除上述研究外，中国本土管理研究比较有名的还有齐善鸿提出的"道本管理"、曾仕强探索的"中道管理"、成中英研究的"易经管理哲学"等。上述研究均抓住中国传统文化中的某一个点,进而提出一个管理新概念、新思路,但并没有建立起中国式的管理学科或理论体系。另外还有一些零零散散的提法。著作如于东辉《人心管理——中国式管理新思维》(东方出版社,2005),其从人性化管理视角提出中国本土管理新思维,但只是提出一种概念,并非搭建一套理论体系,而且其内容通俗,不是纯粹的理论性研究。论文如李强、胡宝荣《人心管理:社会管理的重中之重》(《河北学刊》2012年第5期)、王云《〈管子〉"人心管理"思想的科学人才观》(《中外企业家》2007年第11期)、郑雅萍《人心管理:社会管理新诉求》(《领导科学》2014年第23期)、谭小芳《刘备、曹操与人心管理》(《中小企业管理与科技》2012年第35期)等,这些研究未能成一个显明的流派。其他还有少量基于《论语》《管子》《冰鉴》等书和王阳明"心学"的解读性研究。总体来看,研究散而少,着眼于从一个点引出一种管理思想或管理概念。

正是在研究者的共同努力下,中国本土管理研究才渐成理论丛林的萌芽状态。但尚没有形成研究的合力,没能创建中国管理理论。其中一个重要原因,是没有抓住中国管理的根本——"人心",没能从"以心为本"视角提出符合中国国情与中国职场文化的管理思想、管理理论。不提"心"的管理而直接提"和"的管理,就如树无根、楼无基。因为"和"的本质是人心,"和"的起点与归宿也都是人心。这是本书提出"心和管理"、创建"心和管理理论"、建立"心和管理学"学科体系的原因所在。

第二章　心和管理渊源

中国文化源远流长，又以哲学思想见长，后世学问生发再多、学科分类再细，依然可以在中华经典文献中找到源头、找到依据、找到学术支撑。更何况心和管理思想本就是从中国传统的"心文化""和文化"中挖掘、提炼出来，与现代国家意愿、民族特性、人民需要结合创新发展而成的。拂去蒙在《易经》上面厚厚的迷信尘埃，剔除后人演化过程中附加或曲解的非正统易理，回归诸子百家思想体系的核心本质，"心"与"和"两个关键词就凸显出来，中华文化从诞生的那一天起就紧扣着"人"，包括人的生存、人的成长、人的思想、人的行为、人的期盼、人的追求等；就紧扣着"和"，包括和生原理、和平愿望、和合理念、和美追求、和达目标，以及和气生财、和睦共处、和爱共乐、和衷共济等。

中国的先贤十分清楚，涉及人的事情，其核心在于人之心灵，即心的思考、心的倾向、心的认定、心的认同。中国文人所谓的修身养性，是修心，"吾日三省吾身"是从内心反省自身言行。修心反省的目的，是让自己的心中所思及反映出来的言行都能与各关联方保持双向共同和谐，心和管理理论将其称为"双和"。"双和""人心双和"的概念虽然跟随心和管理理论提出，但其内涵古已有之。简言之，人心双和管理即心和管理，是在中国文化的土壤上生根发芽、成长壮大起来的，其渊源必然也在中国文化基因的传承之中。

第一节　百经之首的心和内核

中国文化的百经之首，无可争议的是《易经》。《易经》所表现出来的哲学内涵、自然原理、天地气象等，宏观地解释了宇宙运行变化与万象更新原理，微观地阐述了人文奥妙深理和人生变动趋势，对中华文化发生发展、中国人的人格养成与相对固化起到奠基作用。其中阴阳、五行、八卦，更为后世各学问的产生发展和中国人的生存方式、成长方式、社交方式、职场方式和事业方式等的形成奠定了极为重要的基础。

世人都知道"易有太极，太极生两仪，两仪生四象，四象生八卦"，但非专门学习或研究者却难以说清其意。老子说："道生一，一生二，二生三，三生万物。"那么两仪能否生出三，万物从何生来？道家认为"无极"是老子说的，"太极、四象、八卦"是孔子说的。由此总结说："老子有一气化三清，羲皇一本散万殊。"[1]于是"无极生太极，太极生两仪，两仪生三才，三才生四象，四象生五行，五行生六弥，六弥生七宿，七宿生八卦，八卦生九宫，九宫至十圆。十又生阳，阴即合，阴阳合成十二周天"。显然，太极化合万物，生生息息，周而复始。将这些内容结合在一起并数字化，无极为0，太极为1，0—9的易理大数据意义如上所述昭然显示；而后，九九归一至十圆，又生阴阳而成十二周天，10、11、12之数由此显现。故古代计量"十二"为"一打"，"十二"是一个很重要的数字，有十二地支、十二生肖、十二时辰、十二个月，就连古代皇帝王冠上的摆穗也是十二个。易理数化现象中，隐含着心和管理内涵，下面从不同侧面、不同的图式对此作分析说明。

---

①　段正元：《师道全书》卷1《大同元音》。转引自：韩星.段正元的太上元仁[M]//金泽，赵广明.宗教与哲学(第4辑).北京：社会科学文献出版社，2005：383.

一、易象的"生"之心和内涵

许多现代人,一听《易经》、一看卦象、一读爻辞,便觉头晕眼花,大脑里本能就给出"迷信"的判断或大呼:"太涩太难太痛苦了,搞不懂!"艰涩难懂是正常的。其一,远古卦象初现时尚无文字,是先哲圣人贡献给人世的第一部也是拥有至高地位的"无字天书";不明卦象就无法看懂这些被后人称为"鬼画符"的卦图。其二,卦辞爻辞出现时,是文字刚刚出现的中古时期,先人惜字如金,每一字所要表达的意义何其多,所以古汉语里有那么多通假字(或叫假借字),自然不可能像现代语言那样洋洋洒洒地介绍;远古文字,初创时表意艰涩,有的后来不用或少用,有些在《康熙字典》中都查不到,故而读不出、看不懂实属正常。其三,后人看原著不懂,历朝历代的文豪、大儒就努力撰文予以解读,导致各种解释五花八门;江湖术士为了谋一口饭吃,衍生了算命、看相、风水堪舆等职业,玄化过程有意无意曲解了《易经》的本义,使得现代读者很难搞清看什么书才是正统。

幸亏孔子和他的弟子们对《易经》十分推崇,在不改原著一字的基础上,写出 7 篇解析文章流传后世,其中 3 篇分上下篇,故共有 10 篇而称"十翼",意思是有了这 10 篇文章,再看《易经》就像是插上翅膀那样可以自由飞翔了——这就是后世流传的《易传》。一般认为,易之卦图、易之本经加《易传》之 10 篇,构成《全本周易》。

解释卦象卦理、爻辞爻理有《易传》,看卦解爻,则需要了解卦爻之由来(见图 2-1)。宇宙原本为无极状态,无极生太极,是指从混沌状态进入开天辟地时代。太极思想起源后,代表图符用一杠显示,表示"一画开天",太极生两仪,即阴阳。于是,天为阳,地为阴,天地之间有了阴阳。这就是说,宇宙原始的状态就是一种不分彼此的"和",阴即是阳,阳即是阴,阴阳和合。

其中,阴仪用中空之一杠(虚心)表示,阳仪用中实之一杠(实心)表示,这"杠"古称"爻",中虚空者为"阴爻"、实心者为"阳爻",代表着时空万物皆

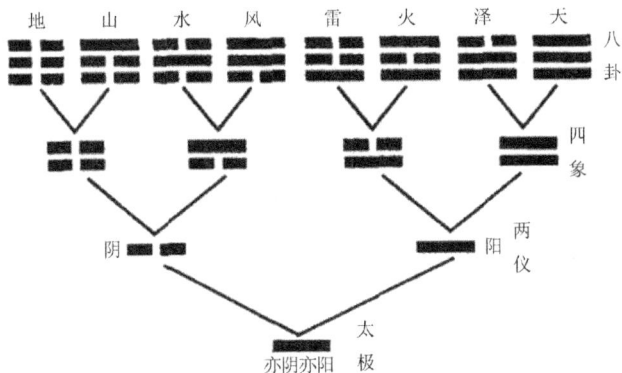

图 2-1　卦爻生成原理

分阴阳，世界有了日夜、公母、黑白等两仪。当时还没有文字，八卦图示的符号，已经可以表示深刻的意义，所以有研究者认为八卦符号是汉字的起源。

阴阳让宇宙不再单一而有了两仪，两仪相协、阴阳相和，宇宙间一切生命及事物就稳定，太极之元为一，一生二，两仪协和而生三、生万物——这就是天地相协而育万物、阴阳相和而生子孙的由来，也就是乾坤相协则风调雨顺、阴阳相和则万事顺达的由来。万物公母相配而生后代，所以人世间有男有女、有老有少。男女谐和、长幼有序为发自内心的"和"。正是因为对世界的这些原始认识不同于西方的神话说、耶稣说，才会有不同于西方的中华文化出现。

两仪生四象，即将阴阳两爻排列出两个阴爻、两个阳爻（如图 2-1 往上数第三行第一爻所示），分别在上方再加上阴爻、阳爻（如图 2-1 往上数第三行第二爻所示）。于是就有了四象：阴爻生出太阴 ☷（老阴）、少阳 ☳ 两爻，阳爻生出太阳 ☰（老阳）、少阴 ☴ 两爻。少阳为阴中有阳，少阴为阳中有阴，于是有了四时对应（凌晨、正午、傍晚、子夜）；四季对应（春、夏、秋、冬）；四方对应（东、南、西、北）；四种物象对应，晨（东）为木、晚（西）为金、正午（南）与子夜（北）分别对应火与水。晨作夜归（白天劳作晚上休息）为和，四季劳作为和，四方皆顺为和，四象合理为和……花有梅、兰、菊、竹四君子，音有平、上、去、入四声，书有楷、草、隶、篆四体，文房有笔、墨、纸、砚四宝，经典有经、史、子、集四部……还有四书五经、四海升平、四海承风、四时充美、四方辐辏、四方之志、四海一家、四海鼎沸……"四"在中国文化中代表和美、和顺。

四象生八卦，将四象每一象单独列出各一分为二。每一象两个相同之象之上再加阴阳各一爻排列，得三爻之卦图（如图 2-1 最上面一行卦爻所示）。一象生二卦，四象便可生出八卦，此为先天八卦之由来。分别代表八种自然现象：天地山泽水火风雷，赋以学名即为乾坤艮兑坎离巽震。此八卦涵盖宇宙万事万物万理，可衍生六十四卦，每卦六爻则共 384 爻。乾卦与坤卦相错，离卦与坎卦相错，震卦与巽卦相错，兑卦与艮卦相错——八卦因相错而"对"，万物因相应而"和"。乾对坤（天对地），坎对离（水对火），艮对兑（山对泽），巽对震（风对雷），既两两相对，又两两应和，八卦因此组成了一个全息系统。这种研究成果的表现方式，其实与西式模型异曲同工，也是假设这八个自然现象代表着万物生发的基础，它们之间互相联系又彼此对立，互为交错又相互应和，组成一个以卦图表示的模型，每一卦代表相应的内容，每一爻也有相应的意义；卦与卦、爻与爻、卦与爻之间，变化无穷，牵一发而动全身。这与西方用数理模型表示各相关元素之间的关系、用希腊字母代表相应的内容的表述方式，可谓异曲同工、殊途同归。只是西方用数理方式表示，中国用卦象方式表述。

用今天的知识来解释，八卦不过是采用了排列组合的方式而已。重点是，八卦方式是用数学中的排列组合方法形成的，意味着中国祖先约在8000 年前的伏羲时期就已经纯熟运用了这种数学方法——以"生"为特征的排列组合方法（数学法）。

六爻卦，代表人生成长的六个哲理或者说六种境界、事物发展的六个层次或者说六个阶段，分为上下两个卦：一、二、三爻构成下卦，为初级哲理、基本境界,或者为初级阶段、基础层次,三爻和则此阶段协和发展;四、五、六爻组成上卦,为上级哲理、高层境界,或者为高级阶段、上流层次,此三爻和,即高级层面协和发展。六爻皆和则万事可成。可见,心和文化,自中国文化诞生之日起便深种其中;心和管理,自人类开化之时便开启密钥。

这里需要说明一点,从孔子编纂"六经"到给《易经》写《易传》开始直至今日,由于古籍资料的散落,后人解读和传承可能存在出入,所以心和管理尽可能采用最早最原始的注疏、解析,若采用其他解释,也尽可能用公认的结论或原创的解析。若学界无定论,或尚有存疑,则按心和管理学研究者的理解和解读表述。

二、中国的"中"之心和深意

明晰了"无极生太极,太极生两仪,两仪生四象,四象生八卦"后,就可以发现在这生生不息中"生"出了五个数字,转换成现时通行的阿拉伯数字就是"0、1、2、4、8"五个数字。而众所周知,基本数字是十个个位数,还有奇数"3、5、7、9"以及偶数"6"。那么,易道易理中有没有这五个数字? 若有,这五个数字各有怎样的内涵?

作为心和管理理论探索,这里研究的重点是这后五个数字的文化意义中,有没有"心和"之易道、"管理"之易理。为此,心和管理理论研究过程中,思路逐渐明晰,即可以从易理的两个角度进行探索:第一个角度是从中国文化乃至宗教图腾之代表的"太极图"之象意中探索,第二个角度是从了解"中国"之名的"中"之文化意义中把握。

太极图,古代因其形象又称为"双鱼图"(见图 2-2)。其中,黑鱼部分表示"阴",白鱼部分表示"阳",两鱼相连的那条曲线,既是阴阳两仪的分割表示,也是阴阳两仪的关系表示(阴中有阳、阳中有阴,和谐共生)。老子的《道德经》将其解释为"冲和",曰:"万物负阴而抱阳,冲气以为和。"意思是背负阴,怀抱阳,阴阳二气,互为激荡至谐和。元气论物质观、哲学观便是由此而来。阴阳理论也强调阴气与阳气之间的变动与关系,阴阳代表两种相对而又互为变动的事物,比如天和地,阳为天,阴为地。天地之间的重点,在有生命之灵物;花草树木皆有生命,但那是根植于大地的相对静态的生命;飞禽走兽亦有生命,但那是没有智慧的相对动态的生命(尽管有灵长类动物,但其灵性不足以认识世界、改造世界)。万千生命中,有思想、有智慧能认识和改造世界的,只有人。也就是说天地之间的灵物之代表,非"人类"莫属。这样,"天、地、人"是这个世界的三大要义,由此构成了中国文化之天才、地才、人才"三才"学说,如图2-2(a)所示。

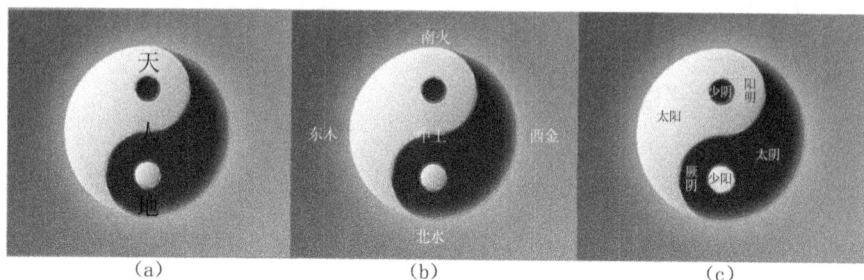

图2-2 易理居中意义示意

两仪的天与地之间,有"中"之"人"而构成"三才学"(数字之"3")。太极图之四方位置,乃四象,为东(少阳)、南(太阳)、西(少阴)、北(太阴)四方位;同时对应木、火、金、水四种物象。太极图之"中"即四象之"中",即为大地之"中",其物象便是大地之"土"。故东木、南火、西金、北水之中,谓之"中土"——所以有"中土人士"为"中国人"代名词的文化现象出现,如图2-2(b)所示。这样,"五行"学说之"木、金、水、火、土"构成了数字之"5"。而"中国"之"中",就成为中国人在文化基因中的DNA。

在太阳、少阴、少阳、太阴四象之外,另有双鱼图的"鱼头"之顶。黑鱼顶为"阴"之极致点,名曰"厥阴";白鱼顶为"阳"之极致点,名曰"阳明",如图2-2(c)所示。从所处位置上看,大地之"土"位中,"阳明"位上,"厥阴"位下,分别代表天上地下;少阳、太阳、少阴、太阴依然是东南西北四方位,由此构成"天地四方"六个方位,六方弥合则天地四方稳。将这个原理应用到人生领域、社会领域、管理领域等的上下左右内外六方弥合,即与上弥合——上级、上层,与下弥合——下级、基层,与左右弥合——平级、同事,与内外弥合——客户、关系方。这就是易理之"六合"学说(数字之"6")在实践领域的应用。

图 2-2(c)之六合图中,原"土"之中心点与六合点七点连线,恰好形似"北斗七星",由此有了易理之"北斗七星"学说(数字之"7")。同理,八卦代表东、西、南、北和东南、西南、东北、西北八个方位,加上中心点,将九个点画成格子图,于是形成了九宫格(数字之"9")之学问(与河图洛书一致)。九宫密码学、九宫机关学、九宫数读学等就诞生了。至于 18 世纪瑞士传过来的大小九宫合一而形成的数学游戏,是否与易理九宫有关,未曾考证。

至此,3、5、6、7、9 的易经数据意义就出来了,与前面的 0、1、2、4、8 一起构成了 0—9 十个易数,其代指意义:0 为无极,1 为太极,2 为两仪(阴阳),3 为三才,4 为四象,5 为五行,6 为六合,7 为七星,8 为八卦,9 为九宫格。十个易数中,最常见的是阴阳、五行、八卦(2、5、8)卦理应用,无极、太极(0、1)更多的是哲学意义,三才、六合(3、6)则与人才管理相关,而四象、七星在古代用于星象学多一些。

在易理基础上,这里再对"中"之文化意义作补充说明。《诗经》有云:"民亦劳止,汔可小康,惠此中国,以绥四方。"这是目前考证结果最早出现"中国"一词的文字,只是这里的"中国",意为"国中",尚不是指"国家"。战国诸子百家的文章如《孟子·滕文公上》云:"兽蹄鸟迹之道交于中国……陈良,楚产也,悦周公、仲尼之道,北学于中国。"《庄子·田子方》云:"中国之君子,明乎礼义而陋乎知人心。"……这些文献中所提"中国"就有国家的意思了,与后世的"中原"差不多(地域不及后世中原广,相当于今山西、山东、河南、河北一带)。就当时而言,"中原之国"在人们看来已很大,这是"中国"作为国家意义的起始。"中原之国"自然是居之正中,四方延伸出去而组成的国之疆域。

所以，古代中国人一直认为自己居于世界之正中位置，传承下来成为一种文化，一切事物都会"居中"考量，这也是中国人认为最重要的"道"文化中有"中庸之道"的原因所在。所谓"中规中矩"就是遵守规矩，即居于规矩之中方为合理、正确。

"中原之国"因民族文化传承别称"华夏"，两者结合而有"中华"之称。中土、中原、中国、中华之"中"，为万物万理之中心。出现"天圆地方"的概念后（这一认知的形成亦与《易经》有关，后文提及），自然中国处于这"地"之"方"的正中。经历春秋战国的思想辉煌，到秦汉时期，中国真正成为世界文明之中心，更进一步印证了四方皆是未开化之地的认知。《左传·庄公三十一年》有"凡诸侯有四夷之功，则献于王，王以警于夷。中国则否"的说法，这证明春秋前期，"中国"一词已经与"四夷"对举。《礼记·王制》云："中国夷戎，五方之民，皆有性也。……中国、蛮、夷、戎、狄，皆有安。"所以后来有"东夷""南蛮""西戎""北狄"之说，此四夷在当时来说确实没有中原那么开化。

因为"居中"的原始意义，中国的文化基因必有"中"之内涵。华夏文化起源的河南一带，至今仍然用"中"或"不中"代表行不行、是不是、好不好、可不可等意。不了解"中"的文化意义，不了解"中"的意义根深蒂固于国人血脉里，就不算真正了解中国、不算真正理解中国人，概言之，没有"中"的概念深植，就不是真正的中国人。"数字易经"有了这"中"的意义，才有三才学、五行说、七星阵、九宫格的中国文化创造与传承。更重要的一点是，这"中"，不仅仅是居中之意，还有融合而和之意，即中华文化之源，便镌刻了"和"。

正因为"中"的思想观念在中国人的心中根深蒂固，《易经·系辞上》说，"天下之理得，而成位乎其中矣"，即人懂得了天下之大道易理，就能在天地间居于适中妥当的位置。这应该是"中庸"之道的最早解释：掌握易道易理（天下之理），居位于适中妥当处。

顺带说明，"华夏"一词，《尚书正义》注："冕服华章曰华，大国曰夏，及四夷皆相率而使。"唐代孔颖达在《春秋左传正义》中说："中国有礼仪之大，故称夏；有服章之美，谓之华。"华是指汉服，夏指行周礼的大国，故中国有礼仪之邦、衣冠上国之美誉。中国人一直深信不疑的是，知礼懂道、守礼明理，才是真正意义上的文明。

三、卦爻的"和"之心和本质

卦有卦图之象，即卦象。卦象所示的意义，谓之卦理、卦义；原始卦为三爻一卦，易卦为六爻一卦，每一卦都能揭示出一定的自然规律、社会规律、人生规律与事物发展规律。

基础读卦涉及两个视角：一是整个卦象所显示的卦理卦义，无论过程怎样变动，最终归向协和；二是每卦由三爻或六爻组成，"爻"这一字本身就是符号演变的，本义为日月之光交会投射。易理意义是指阴阳两仪之符号，阳爻阴爻是每个卦象的组成内容；卦有卦辞，爻有爻辞，这"辞"便是对每一卦、每一爻解释的言辞、文辞。一卦三爻或一卦六爻，每卦代着事物发展的一种规律，或人生变动的一个进程，或哲理形成的一个过程；卦中的每一爻，则处在人、事、物、程序等所表现出来的过程、进程、规律中的某一个层面或某一阶段。卦辞解卦、爻辞释爻，每一卦有每一卦的内涵，每一爻有每一爻的意义。由爻组成的卦，也呈现两个特点：一是吉则有谨慎要求，凶则有解厄之道；无论吉凶，为人处事皆不可过分，过则一定厄运降临，一如抛物线原理，到达顶点之后必然跌落。二是无论过程怎样，卦象所表达的结果一定是"协和"，是人与人的协和、人与物的协和、人与社会的协和、人与自然的协和，即趋吉避凶，而后向"和"，所谓"革命反正"（《易经·革卦四十九》）；即使某卦解厄改运有难度，也可与其他卦相关后而成事，这就是卦之否极泰来的深意所在。

图 2-3　八卦交错对应

易道谋和，天地人"三才"和，木金水火土"五行"和，天地四方"六方"和，易之八卦亦如此，故《易经·说卦传》曰："天地定位，山泽通气，雷风相薄，水火不相射，八卦相错。数往者顺，知来者逆，是故《易》逆数也。"八卦对错相和，来往顺逆相和（见图 2-3）。伏羲的先天八卦，就是讲了一个"和"字，其智慧的伟大之处，也就在"和"字上。

所谓"天地定位"，乾为天，坤为地，天在上，地在下，虽相隔遥远，却心意相通，遥相感应。恰如"三阳开泰"的地天泰卦所指，"天地交而万物通也，上下交而其志同也"，由于天地阴阳二气上下交感，于是天地之间便有了芸芸众生，天地和，三才和。这里我们可以十分明确地了解到，中国文化之初就是人类与天地相协共和——人与自然相和。

所谓"山泽通气"，兑为泽，艮为山，山怀抱着水，水环绕着山，山水依依，情意绵绵；虽一刚一柔，一高一低，一静一动，却也唯其如此，才构成了世间最和谐的山水画卷。显然，山水相对只是表象，互为通气相谐冲和才是本质。中国文化不反对相冲，也不反对争雄、争美，但争是为了不争，冲是为了相和。和，才是通气之本质。

所谓"雷风相薄"，震为雷，巽为风，雷借风势，风传雷声，恰如杜甫在诗《大雨》中所说的"风雷飒万里，霈泽施蓬蒿"，一场风雨过后，万物草木得到了雨露的滋润，污泥浊物被冲刷洁净，世间万象更新。更有"坐听风雷起空谷，卧看四面野云生"（宋·席羲叟《风雷大作》），就连心中久久不散的阴霾也得以荡涤清爽，坐看云起云落，心中波澜不兴。心和，是最高境界。这种文化意义应用到管理之中，雷震之以警醒人心，风顺之以理解人心，雷风相薄去旧迎新，清爽天地风和雷惊，风雷协和天地新。

所谓"水火不相射"，坎为水，离为火，水火虽不相射，但相容。世人都说水火不容，就一般现象而言确是如此，然而有一个极为风雅的汉字"淡"，明明白白道出了水火交融的境界。水火中和，一切便淡了，烈焰变温火，冰雪成温水，天地氤氲，水火交融，荣辱与共，祸福相依。这一道理恰是中国文化的核心要义。水可以冰冷、可以滚烫、可以强盛、可以浩大，因时因势而变通之，但万不可一直都过冷、过烫、过强、过大；火可以浓烈、可以凶猛、可以势巨、可以狠绝，因境因情而变动之，但万不可永远都过浓、过猛、过巨、过狠，合适的时候须水火互为中庸之。然后，一切便变淡了，水淡了，火淡了，心境便也淡了，淡然的心境才有冷静的思维，才有温暖的关爱。故中国文人追求"君子之交淡如水"，中国情景讲究温暖、温馨、温情、温顺、温和，讲究恬淡、雅淡、淡然、淡泊……管理的意义，便在这水火融和之中清晰起来了。

"八卦相错"，一切便协和。"相错"即相反相合，错而有和。"数往者顺"，往者为去往，由近及远，由一而至无穷，由一念而入无限美好，一如"春种一粒粟，秋收万颗子"（唐·李绅《悯农》），自然无往而不利、无往而不顺。

"是故《易》逆数也。""数"为往，"逆"为归，有去有来，有始有终，花开花谢，日升日沉，这是世间亘古不变的规律，是天地万物得以循环往复、和谐共处的根本法则，也是"伏羲八卦"的宗旨，是《易经》的灵魂——和。"一阴一阳之谓道，阴阳互根而能'和'"，整部《易经》就是用大千世界万事万物"变动不居，周流六虚"的"永远在变而又永远不变"的规律，来阐释并演绎着人世之中、天地之内，乃至宇宙之间的和谐之美——现实如四季的更替，虚幻如六道的轮回。"万物各得其和以生，各得其养以成。"（《荀子·天论》）国与国和，家与家和，人与人和，心与心和。人不和无以安，心不和无以静，家不和无以宁，国不和无以兴。

第二节　东方思维的心和模式

同样是农耕文明，同处东方的印度模式却与中国模式存在差异；同样是海洋文明，同处西方的西欧模式也与美国模式存在差异。即使在欧洲，英国文明与德国文明也有差异，荷兰文明与意大利文明也有差异。差异是客观存在的，不以人的意志为转移，更不以霸权者的意志为转移；文明有差异，人文环境自然有差异，那么，思维模式有差异也就在情理之中。中国作为一个大国，古时候政治、经济、文化等对世界的影响巨大，尤其对周边国家影响巨大，甚至一些亚洲国家在历史变迁过程中，或与中华同根，或与中华文明融合，亚洲一些国家的文字、文化与风俗习惯都保留着中华文明的特性。

所以，这里的东方思维主要指受中华文化熏陶的区域所形成的共性思维特点、共性思维模式。在农耕文明、游牧文明、海洋文明的碰撞中，中国人原有的以易理传承和儒学教化形成的思维模式，悄然发生着一些改变，但这种改变并没有动摇中国文化与东方思维的根基，也没有撼动农耕文明下形成的以"谋心和"为基本要求的思维模式和心理定式，反而是对"谋心和"思维模式进行了充实和提高。

一、农耕文明的思维模式

农耕文明是由农民在长期农业生产中形成的一种适应农业生产、生活需要的国家制度、礼俗制度、文化教育等的文化集合。中国的农耕文明集合了儒家文化及各类宗教文化，形成了自己独特的文化内容，但主体包括国家管理理念、人际交往理念以及语言、戏剧、民歌、风俗、各类祭祀活动等。农耕文明是世界上存在最为广泛的文化集成。这里有三层意思与本部分涉及的内容相关。

其一，适应农业生产、生活需要——农耕文明的天然条件，也是最基础的部分。

"靠山吃山，靠水吃水"，说的是渔樵耕读的因地制宜；另外，农耕者还需要靠"天"吃饭——合适的降雨量。按照现代科学说法是，400 毫米等降水量以上的区域才适应农业生产、生活需要。农业生产要按季节翻地、播种、养护、收割，这就需要稳定的居所，也就是定居模式。满足这样条件的，在中国的版图上有两条线，一条是东西走向，沿"长城线"；另一条是南北走向，称作"黑河—腾冲线"①。这两条线以南、以东区域，年降水量皆 400 毫米及以上，满足农耕对雨水的需求；以北、以西地区年降水量不足 400 毫米，不能满足农耕对水的需求，人类无法定居，只能游牧，并不断寻找水草丰美之处。

华夏文明就是在雨水充足的黄河中下游，即"天下至中的原野"——中原、江南和南方沿海地区发源的，形成以渔、樵、耕、读为代表的农耕模式，其社会关系是宗法制②的，官场擢升是科举制的，文化教育是儒学化的……而长城线以北、黑河—腾冲线以西地区，或游牧或狩猎，是部族的、有血缘关系的、有着多元信仰和生活方式的非儒教中国区域（如蒙古族信仰萨满教、维吾尔族信仰伊斯兰教、藏族信仰藏传佛教）。这些地方在古代中国被称为东夷、南蛮、西戎、北狄，为未开化之地。所以，讲农耕文明，理论上不包游牧狩猎民族的文明，但事实上，在历史变迁中，游牧文明、狩猎文明充实和发展农耕文明，农耕文明也影响着游牧文明、狩猎文明。只是农耕文明辐射人口多、区域广阔，其文明的强大基因不会被改变，核心内容也没有被变更。前面提到过的先秦民间《击壤歌》所描绘的，农耕文明崇尚"日出而作，日入而

---

①　由中国地理学家胡焕庸(1901—1998)在 1935 年提出的划分中国人口密度的对比线，从黑龙江省爱辉(1983 年改称黑河市)到云南省腾冲，大致为倾斜 45 度基本直线。所以又叫"胡焕庸线"。"黑河—腾冲线"不仅是人口的分界线、地理的分界线、气候的分界线、历史的分界线，还是一条文明分界线。

②　宗法制度由氏族社会父系家长制演变而来，是王族贵族按血缘关系分配国家权力以便建立世袭统治的一种制度。其特点是宗族组织和国家组织合二为一，宗法等级和政治等级完全一致。起始于夏商周。

息,凿井而饮,耕田而食",深植着应时、取宜、守则、和谐观念。理想的家庭模式是"耕读传家",以"耕"维持家庭生活,用"读"提高家庭地位,"学成文武艺,货与帝王家"(元朝无名氏杂剧《庞涓夜走马陵道》"楔子"),即"学而优则仕"。

低价进、高价出的商业交易,与农耕劳动的勤恳踏实不相符,在生产力低下的古代,被认为是不劳而获的小人行径而不入正道。农耕社会讲究尊老爱幼、勤劳勇敢、艰苦奋斗、勤俭节约、邻里相帮等,表现在思维方式上就是含蓄、内敛、懂礼、讲道。

其二,国家制度、礼俗制度、文化教育等的文化集合——农耕文明的社会化反映。

古代华夏民族属地为中国,同时还有华夏、中华、中夏、中原、诸夏、诸华、神州、九州、海内等代称,是民族与区域概念,而非国名或王朝名,如西周王朝、秦皇朝。"秦"是一个分界,秦以前,没有"皇朝"只有"王朝";秦统一六国,结束诸侯争霸,建立帝制,才有了"皇朝"。所以,战国时期的秦国是"王朝",秦始皇时的秦朝是"皇朝"。自秦以降,凡统一疆域而称帝者的朝代都称"皇朝",如"汉皇朝""唐皇朝""宋皇朝""明皇朝"等(因中国之大而加上一个"大"字,如大唐、大明等),因其帝制又称"帝国";那些区域小国、分封诸侯国、藩属国、附属国或割据政权,无论统治者是称帝还称王,一般都叫"王朝"。汉、唐、宋、明等是国号,不以中国为国名;中国之意是"位于中央之国"。所以古代国际社会以 China 代称中国——瓷器源于中国。明清时候,西方传教士东来,把明清两朝称为"中华帝国",简称"中国"。康熙二十八年(1689)订立的《中俄尼布楚议界条约》中,第一次把"中国"作为主权国家的专称,而不是以"大清国"或"清皇朝"谓之。"中华民国"也简称中国。"中华人民共和国"更以中国之名亮相世界,明确世上只有一个中国。

由此说明,在古代,"中国"是从文化角度来定义的,无论朝代如何变化,中国之根不变,中国文化把几千年的中国历史、华夏民族史串联起来、传承下来。正因为此，中国人自古以来就非常尊崇文化，连国家制度都以文化的名义建立，如以礼治国、以孝治国的制度；而礼俗制度，又以文化的方式确立，如圣贤文化、礼教制度、民俗文化等，具体到广大农村的基层管理，允许地方采用礼俗化管理，比如乡绅管理、宗族管理、祠堂管理等；文化教育，则是以华夏文化为内容，如中国古代的蒙学教育、私塾教育、太学教育等。

从历史角度看，汉时中国政治开明、经济发达、文化影响力大，而周边国家和地区都没有发展起来，所以汉王朝统辖着朝鲜、越南（当时称安南）、大理等附属国、藩属国（朝鲜、越南的民族服装都与汉服有着千丝万缕的联系）；到唐朝时，朝鲜、大理已有所发展，山高皇帝远，朝廷就不大好统治了；宋以后，越南地区也出现难以统治的情况。但是，聚族而居、精耕细作的农业文明孕育的内敛式自给自足的生活方式、文化传统、农政思想、乡村管理制度等，在这些地区仍然留存着，中华特色的农耕文明也在这些地区绵延不断、长盛不衰。漫长的古代历史中，某种游牧民族建立的文明会因为无法适应环境的变化，随族群的消失而消失，然后又出现新族群继续游牧。这种情况下，游牧文明的影响力相对有限，只有在战争获胜的情况下在占领地才会产生些许影响力，一旦政权溃败即随之散去。

农耕者的生活方式有农忙农闲之分，农忙时互帮、农闲时共聚，这就形成了人情社会、面子社会、酒桌文化、待客之道等。所以言语不可得罪人，"逢人只说三分话，不可全抛一片心"，孔子也说："可与言而不与之言，失人；不可与言而与之言，失言；知者不失人，亦不失言。"（《论语·冲和》）闲谈莫道人是非，静坐常思己之过。受此影响，在中国社会，直线思维、狂放直言，往往是不受肯定的。

其三，集儒家文化及不同宗教文化为一体——农耕文明人文特征的养成。

中国传统文化以易为源，一分为三。这"三"，狭义是指儒道佛三家：儒学渐渐成为历朝历代之国学，道学成为中国原创宗教，佛学引入中国经汉化后发扬光大。广义的"三"就是众多，包括先秦诸子百家。在中国，儒学宗教化，道教儒学化，道佛不分家，儒道佛三位一体化，成为一种文化景观。所以，有研究者在《论中国传统文化的"一分为三"哲学思想》一文中提到，儒家的无过、无不及的中庸之道，道家的无为无所不为的守中精神和佛家的取中道之不偏不执非有非无的境界，以及儒佛道三位一体所构成的天人合一的基本价值取向和伦理道德，无不包含着丰富的"一分为三"的辩证思维。[①]这种辩证思维，以"中"为本。

儒家讲中庸。孔孟之道的核心思想是中庸之道。孔子认为，过、不及与中庸构成了事物的三分；"过"与"不及"都不符合中道原则，而且"过犹不及"。子曰："吾有知乎哉？无知也。有鄙夫问于我，空空如也。我叩其两端而竭焉。"（《论语·子罕》）"叩其两端"即从正反两面入手，以期弄清楚矛盾的两个方面，最后明了问题的症结所在，解决矛盾。

道家言守中。"中"即是"道"。"道"也是适度。所谓适度，是指一定区间里的数量与质量的统一。即：不能左右，不能上下，不能进退，等等。老子说："天地相合，以降甘露，民莫之令而自均。始制有名，名亦既有，夫亦将知止，知止可以不殆。"（《道德经·知止》）万物兴作就产生了各种各样的名称。各种各样的名称经制定，就须有个限度。凡事适度，才可以避免危险，生生不息之谓德。所以老子告诫弟子："我有三宝，持而保之。一曰慈，二曰俭，三曰不敢为天下先……故能成器长。"（《道德经·不徒》）能慈能俭而不敢列于天下人之前，才是合适的。

佛教取中道。释迦牟尼认为，贪欲是人生之苦最深层的原因，由贪欲的遮蔽而令人无明进，平生许多的烦恼，因此解脱修持之第一要务在于戒贪欲，反对纵欲享乐。但他又反对苦行，主张"舍此二边，有取中道"[②]。他强

---

① 周德义.论中国传统文化的"一分为三"哲学思想[J].南华大学学报（社会科学版），2002(1):15-20.

② 中国佛教文化研究所，点校.中阿含经（下）[M].北京:宗教文化出版社，1999.

调,极端放纵、追求自己的肉体欲望是邪恶的;但一味自我虐待、毁形残身,只能加深痛苦,对修道无益。正确的方法是取其中间,专心修道,而不把心思放在纵欲或者禁欲上,消灭一切贪欲、无明和烦恼,最后达到与宇宙同一的精神境界。

由此可以发现,儒、佛、道三者是相通的、相连的、互补的、一体的,如同一个有机整体,缺一不可。儒道两家是关于现世的、生的、立身的哲学,佛教是关于来世的、死的、身后的哲学;儒家是积极的、向前的、入世的哲学,佛道两家是消极的、向后的、出世的哲学;儒佛两家是更加重视群体的、社会化的哲学,道家是更加关注自我的、个体化的哲学;等等。尽管差异显著,但三者共同构成了中国传统文化的基本的伦理道德、人文精神和价值取向。而这些正是中国人成其为中国人的思想理论基础和言行实践的特征。经过文化现象的萃取提炼,不难发现,"天人合一"是中国传统文化的基本精神。而西方文化的基本精神是"天人对立""天人分离",西方人喜欢用一分为二的思想来解释和处理社会事务,认为非此即彼。这就形成了中西方思维的重要差异,中国人是"变通"式、"道统"式思维,西方人是"排他"式、"利益"式思维。

二、外族影响的思维模式

这里所说的外族,涉及两个层面,一是中原之族的外族,指那些古代未被华夏民族的政权所收服的周边族群,如契丹、突厥、匈奴、蒙古、大金等,大多是游牧民族;那时候中原等同于中国,所以这个"外族",只是相对于中原汉族而言,从中华民族上说仍然是"中国"范畴。二是中华民族的外族,就是现代意义上的"外国",指非中华民族范畴的外国之族。为了说明的方便,前一个意义用"外族"表示,后一个意义用"外国"表示。作为文化影响,外族的游牧文明和外国的海洋文明或者外国的游牧文明、农耕文明等,在交流过程中,多多少少会有一些影响,这是不同文明互鉴的结果,但并不改变中华农耕文明之本。

关于"外族",也要明晰两点：一是春秋战国时期的"各国"、五代十国时的"各国"不是外族，而是东周诸侯国、战乱自立国；二是曾统治中国元朝的蒙古族、统治中国清朝的满族，就当时而言为非汉族（非汉家江山），但就中华民族而言不是外族。

首先理解"春秋战国"之名的由来。西周采用的分封制，所封之地称为"诸侯国""封国"或"藩国"等，有君主，称"王"，如诸侯王、藩王等，各诸侯服从周天子，为周朝纳贡守土，但在封疆内有自治权。诸侯国内还会对卿大夫再分封，卿大夫再将土地和人民赐予"士"管理，形成"天子→诸侯→卿大夫→士"的贵族阶层，等级森严。周朝以分封制统一和强盛了国家，但也埋藏着巨大的隐患：诸侯坐大，尾大不掉。西周从公元前1046年开始，统治到公元前771年时，各种社会矛盾总爆发，直到周幽王被杀，西周灭亡。第二年（前770年）各地诸侯拥立周平王，迁都洛邑（洛阳），史称东周。然而，这时候的周天子对诸侯国的掌控力已大大减弱，虽然名义上"天下共主"，事实上各诸侯争霸局面形成，从公元前770年一直延续到公元前221年共计500多年。史官又将东周时期划分为两个阶段：一是根据鲁国编年史《春秋》的记载，将公元前770年至前476年称为春秋时期；二是根据西汉刘向所编订的《战国策》的记载，将公元前475年至前221年称为战国时期。春秋与战国的分水岭，是公元前453年韩、赵、魏三家灭掉智氏，瓜分原"春秋五霸"排名第二的晋国。战国时，征战中逐渐形成齐、楚、燕、韩、赵、魏、秦七个诸侯国，为"战国七雄"，最后，秦并六国。秦始皇大一统后，就果断废除分封制，实行郡县制。可见，春秋战国只是中国社会的一个政体分裂时期，各诸侯国仍然是东周属地，而非"外族"。

五代十国，是唐朝灭亡后的一段大分裂时期。"五代"为唐朝之后的五个朝代后梁、后唐、后晋、后汉和后周；"十国"是指那个时代的十余个割据政权，史学家在《新五代史》中称其为"十国"。显然，五代十国亦非"外族"，只是分裂时期的地方政权,仍属中华本国。事实上,中国历史上出现过多个分裂期,但无论是史家还是官方,对分裂时期各个地方割据政权(包括少数民族地方政权),都一以贯之地认定是中国内部纷争。有人混淆民族特点,故意把元朝、清朝说成是中华民族已经两次灭亡,这是有意把汉族与各少数民族对立起来,既不尊重历史,也有意图分裂国家之嫌。这里从三个角度作进一步分析。

其一,国家传承。秦始皇建立大秦帝国时,已经把河套地区和岭南、闽越地区纳入版图,面积超过 340 万平方公里。西汉时将河西走廊纳入版图,并于公元前 60 年设西域都护府,统辖天山以南葱岭以东的西域诸国,将新疆地区纳入版图。那时东蒙古高原为东胡后裔乌桓、鲜卑分布地;大漠南北为匈奴地,青藏高原为诸羌地,东西南部则为哀牢夷地,总面积 609 万平方公里。此后一直到南北朝,青藏高原、大漠南北、西域各国以及高句丽、挹娄、扶余等,各少数民族属地,无论是建立地方割据政权还是形成独特民族形态如匈奴、突厥、鲜卑等族,与当时变迁过程中大大小小的汉室王朝都互有来往,为融入中华民族奠定了重要基础。隋朝正式将海南岛纳入中原王朝版图。唐朝已将漠北地区和东北地区纳入版图,管理着东至朝鲜半岛,西达中亚咸海,南到越南顺化一带,北包贝加尔湖的广大地区。为了有效管理突厥、回纥、靺鞨、铁勒、室韦、契丹等,唐朝设立了安西、安北、安东、安南、单于、北庭六大都护府,控制了河西、陇右及西域北庭的部分地区,同时管辖着漠南、漠北、西域等大片领地。唐高宗龙朔年间,唐朝国土面积达到 1237 万平方公里,加上附属国,达到 1800 万平方公里(一说 1576 万平方公里)。宋时国土面积缩减,原因在于这个时期先后出现了几个并立的民族政权——辽、金、元等,而这些政权仍然属于大中华范畴,所以史书也好,后人的评价也好,说的是"宋时民族矛盾尖锐"——属于中国内政。最后,元统一了中国,也就是元把分裂的几个政权统一起来了。元朝将青藏高原纳入版图,此时国土面积达 1372 万平方公里。明朝重由汉室王朝掌握,国土面积也达到 997 万平方公里。明末郑成功收复台湾,清朝于 1684 年设立台湾府,而且把原大金国加入进来,面积达到 1316 万平方公里。显然,从国家传承视角看,元朝的蒙古族、清朝的满族,在元清之前就是中国的;也就是说,无论是中原汉室建国,还是鲜卑民族建国,或是蒙古族、满族建国,都是中华民族的国家,这点永远不变。

其二,民族传承。民族是在文化、语言、历史上区别于其他族群的,经长期历史发展而形成自己特色的稳定共同体。中国有 56 个民族,其中汉族是第一大族群,当今约 12.86 亿人口,占全国总人口数的 91.11％;各少数民族约 1.25 亿人口,占全国总人口数的 8.89％。汉族的发展,与中国几千年汉族政权的统治有关。元朝是蒙古族政权,清朝是满族政权,所以被一些有心人捡起来说"崖山之后无华夏,明亡之后无中国",这种无知源于对中华民族的传承不了解(当然可能还有政治等其他原因)。首先,"民族"这个概念,古代是没有的,近代才出现,日译西书时,用汉语"民族"这个词的词义对应于西语"ethnic group"和"nation"等。这也就是说,古代没有"民族"之说,自然也没有"汉族""少数民族"等称谓。秦汉以前通称"华夏""诸夏",秦朝时候称"秦人",汉朝当时也习惯称"秦人",后改称"汉人"。到唐朝称唐人、宋时称宋人。由于汉、唐两个朝代特别伟大,对世界影响力也特别大,汉人、唐人的称呼传播也就最为广泛。国内就逐步形成"中原汉人"一说对应于其他民族,而中原汉人坐江山的时间最久、朝代最多,汉人又非常注重正统,所以往往会对非汉人统治持以反抗、抵触态度。事实上,秦人、汉人,包括唐人,都不一定只有汉人,只是当时没有族群划分,也就没有"少数民族"一说而已。中华本来就是一个民族大融合的国度(1901 年,梁启超在《中国史叙论》一文中提出"中国民族"概念,第二年,正名为"中华民族")。一方面,少数民族或出于历史的原因逃难、躲乱,或出于生活的原因迁徙、游牧,而在人迹罕至处定居,久而久之有了自己独特的生活方式、地域风俗和文化特征,于是形成一个族群。如苗族是蚩尤的后代逃难迁居到贵州大山里的,客家人是中原汉人战乱中南迁后在漫长历史中形成的族群。另一方面,土著居民积淀起区别于其他族群的文化而形成少数民族。如藏族起源于雅鲁藏布江流域中部地区的一个农业部落,是两汉时西羌人的分支,汉族就是由先羌分化而来,在黄河流域发展,后来由炎帝、黄帝发展了华夏文明;再如维吾尔族,其先祖与匈奴有着血缘关系。匈奴先祖是"夏后氏",蒙古族、突厥族、契丹族等北方民族其实都是匈奴的后裔。显然,这些民族本就是华夏的一分子。中国北方还有个居住在东北地区的"肃慎族系",后世的女真和满族皆出于此族,因为东北自古是中国的,所以满族本就是中国的。因此,从中华民族传承角度理解,清朝的满族统治者虽非汉人,但绝不能说清政府不是中国政府。

其三,文化传承。春秋战国时期,中国文化百家争鸣。汉朝独尊儒术后,道家、兵家、名家、法家、纵横家、医家等也没有消亡,只不过儒学成为正统。数千年来,农耕文明形成的"耕读传家"从来没有改变,儒道思想也从来没断绝。华夏文化虽是以儒家为代表,但诸子百家仍然是其重要内容,而且兼收并蓄,百花齐放。可以说,中国文化是全方位的文化。汉族往海外移民时自称华夏人,由此产生"华人"一词(最初专指汉族)。随着华夏文化扩展到全国,"华人"的概念也渐渐扩展到受中华文化影响的周边少数民族身上,成为全体中华民族之人的代称。前面提到过,"黑河—腾冲线""长城线"以南、以东地区为华夏文明发源地和核心区。随着汉武帝派张骞出使西域,开辟了以首都长安(今西安)为起点,经甘肃、新疆,到中亚、西亚,并连接地中海各国的陆上通道所形成的陆上丝绸之路,以及形成于秦汉时期,发展于三国至隋朝时期,繁荣于唐宋时期,转变于明清时期的最古老的海上丝绸之路的开通,汉族文化不可避免地受到了外族文化、外国文化交流的冲击。于是,农耕文明的单一性被打破,中国西部和北方的游牧民族的文化、欧亚各国的海外文化随着商业交流而进入。草原的辽阔、海洋的无垠,自然带来不一样的视野;游牧民族的粗犷豪放与好勇斗狠,海洋民族的船坚炮利与商业算计,都开始与农耕文化相融。然而,一个不争的事实是,古代中国,外族、外国的文化只可能有条件、有限度地被吸收,不会改变中华儒家文化为主、百家争鸣的文化现实。

中国愿意吸收世界上一切优秀的文化。吸收是为了学习人家的长处，而中华之根不变、民族之魂不变。所以，中国有着漫长的海岸线，理论上讲应该与西方海洋性国家有着共通之处。但实际是，沿海岸线的省份，基本上仍然是农耕文明为主。如果说有着有限的吸收，吸收进来的部分也仍然是中国化的。中国南方沿海地区，从广东到福建，一直到浙江，比如说汕头人、闽南人、福州人、温州人、台州人、宁波人，他们是地地道道的海边人、海岛人，但他们骨子里镌刻着的仍然是汉族文化印痕，因为他们的祖先是从汉人发源地迁居过去的。要说与海洋民族有相通的地方，也就是这些地方的人特别会做生意、爱冒险，而且有一种愿意出去闯的劲头。如闽南人、潮汕人、客家人下南洋，宁波、温州人跨海做生意。他们中的很多人是渔民身份，也出海捕鱼，具有一种海洋民族的性格，但他们同时可能又有耕地，他们到海外闯荡只是为了赚钱，赚了钱是要寄回家的，发达了是要回家光宗耀祖的，就是在外身故了，也是要落叶归根的。善做生意的他们也许具有海洋民族的共性特点，但他们骨子里仍然是农耕文化的传人。

这样，在中国版图上看，从西北到东南，依次有游牧文明、农耕文明、海洋文明，其中，核心是农耕文明、主体是农耕文明。农耕文明的重要特色，就是追求稳定、崇尚和谐。

三、思维方式固化与传承

一个国家、一个民族，若历史悠久，文化底蕴就厚重，后人做学问，无论哪个领域，都可以在本国、本民族的文化海洋中，挖掘到相关的源头、原理、哲理。国家、民族、文化的历史，从各个层次、各个角度证明着中国的博大以及中华民族文化底蕴的深厚。作为某一个历史阶段、作为一种特例或个案，也许会有文化糟粕，也会存在让人诟病的地方，但大浪淘沙，留存下来的、保持旺盛生命力的，便是光辉灿烂的文化瑰宝、文明珍奇。

正是千年万年的史证,确定了中国文化基本特征和精神内涵的正义性、正确性、真理性,形塑了中国人的思维特点、思维方式。比如《易经》中展示的宇宙观、天人合一思想、阴阳五行模型等,使中国人在看待问题时具有大局视野,会综合考察问题的多个方面以及它们之间的相生相克等情况,是多听多看多思索,心中有悟后才表达出来。久而久之,形成了中国人综合思考、含蓄深沉、多向思维的特点,并且渐渐固化为一种优秀而合理的曲线思维模式。这是东方古国的文明特色。

再比如,中国文化有宽广的胸襟,海纳百川,一般不排斥宗教,也不会过于迷信宗教,能够包容不同宗教的不同文化内容;一般不会囿于某一教派或某一学派而故步自封、坐井观天,也不会出现宗教之间互相的大辩论①(往往是本教派之内鼓励大辩论,比如佛教内部的"辩经"、道教内部的"论道"等),更不会如西方宗教那样具有强烈的排他性。在中国人看来,"儒家治世、佛教治心、道教治身",三教合一各有价值,对三教的圣人可以同时同地顶礼膜拜。这导致中国人的思维中,不完全是对宗教的虔诚,很大一部分是对人伦亲情的重视和依赖,因而逐渐固化成中国人家庭本位的宗法集体主义文化,上下有序,内外有别,君臣、父子、夫妻关系定位明确(三纲五常中的"三纲")。

又比如汉字所体现出来的汉字思维、母语精神。汉字以象形为基础、表意为主体,几千年来没有中断,对中国人的思维、阅读和书写,都产生了巨大的影响,形成了汉字特有的文化特点(重气节、尚实用)和思维模式(重协和、

---

① 古代官府为政治目的强行要求佛道辩论不在此列。比如元朝为打压道教组织的宗教辩论:第一次是1254年,蒙哥汗让阿里不哥在和林主持了一场宗教辩论会。佛教乘机与伊斯兰教、基督教徒联合,对道教进行批驳。这实际上是一场针对全真道教有贬低倾向性的辩论会,全真道教迫于压力,只能以沉默表示不服与反抗。辩论会后,道教不得不在寺观、财产、经文等方面,对佛教做出一些让步。第二次是1258年春天,蒙哥汗再次命忽必烈在开平府大安阁举行一场规模空前的佛道大辩论,规定双方各17人参加辩论,失败一方的17人要皈依对方宗教。结果自然是道教失败,忽必烈派使臣将道士17人带到龙光寺削发为僧,焚毁道教"伪经"45部,道教237处道观全部奉命归佛教所有。此后终元一朝,佛教始终对道教处于压倒性优势。

求稳定）。汉语母语教导人们为人要方方正正,做事要求真务实,经商要以义取利(如生产出来的产品要经久耐用)等。另外,中国文化要求有崇和讲合的和合精神,不但要人与人和合,也要人与自然和合,追求中庸之道。

体现出中国人文化传承与思维固化特点的例子举不胜举。中国文化的美、中国文化的深远、中国文化的强大,只有真正的中国人和深爱中国文化的人才能读懂、才能悟明。

第三节　诸子百家的心和本质

中国历史长河中,有一个时期可以被形容为"既是最好的时代,也是最坏的时代"。因为这个时期,群雄齐起、战火纷飞,逐鹿中原、风云激荡;因为这个时期,周王权衰落,各诸侯称霸,执斧钺而有争雄之志,掌宝玺即有问鼎之心;因为这个时期,"诸子争鸣,百家蜂起,握圣言故思仁育兆庶,知先贤则忧统御华夷"。这就是春秋战国时期,中国文化的一个黄金时期,人类思想的一次大爆炸时期。这个时期,名士纵横捭阖,宿将战场争锋,涌现出了大量为后世传颂的典故:庄生梦蝴蝶、墨子破云梯、商鞅入西秦、孙武克楚国、苏秦说襄王不得用、荀子居兰陵郁郁而终……这个时期英雄辈出、学术纷呈,"阴阳纵横说东周、并六国,舆图一展,运乾坤于舌上;有孔墨老庄论齐身、平天下,礼坏乐崩,挽狂澜止逆施"①。

这个时期的学术派别之总称,后世冠以"诸子百家"。"子",是当时对人的尊称;"诸子",为各学派创始人或代表;"百家",指学派之多。据《汉书·艺文志》的记载,数得上名字的学派一共有189家(据《隋书·经籍志》等记载,"诸子百家"实有上千家),涌现出4324部著作。但流传最为广泛的是法家、道

① 大型古风音乐剧《诸子百家》介绍,见爱酷网:http://www.ikoo8.com/video_play/XODk1MjA2OTI0.html。

家、墨家、儒家、阴阳家、名家、杂家、农家、小说家、纵横家等十家。后去"小说家"，余九家即被称为"九流"（上、中、下三个九流，是指从事各行业的职业名称，与学术九流有一定联系但不等同）。这里选其中的六家阐述心和管理思想。

一、儒道心和思想及发展

儒、道、佛并称中国"三教"，其排名多数时候是儒、道、佛。但在唐朝，以道家为先，儒家为次，佛教为末。故"老子天下第一"[①]，而孔子只能屈居第二而称"孔老二"（反孔者言）。佛教来自印度，"三教"排名变来变去，只是儒道两家的变化，即便在元朝强行把道家压在佛教之下，居首者还是儒家，佛教总是排名第三。

儒，《说文解字》解释："儒，柔也，术士之称。"这术士，在中国古代社会，指专门为人料理丧葬事务的神职人员。他们精通所在地区多年形成的丧葬礼仪，但职业地位低微，收入菲薄，既无固定的财产与收入，还要看主人的眼色行事，故而形成比较柔弱的性格。这便是儒的原初含义——柔。当礼上升到礼教，礼仪逐步提升、规范为庄严神圣的重要程序，这些从事礼数工作或教育的儒士，终于成为社会结构中一个比较特殊的智者阶层。当有了更上一层楼的可能时，他们中的一些人期望成为政府的典礼官，或是助人君、顺阴阳、明教化的君子儒。所以孔子告诫弟子："女为君子儒，无为小人儒。"（《论语·雍也》）即希望自己的弟子能成为君子儒，而不要成为小人儒。由此可见，"儒"原本是以教习礼仪的文人姿态现世的，成为一个智者集团、一个学术流派后，仍然以崇尚礼仪、礼节、礼数为其基本特征，推崇《周礼》。其代表人物有孔子、孟子、荀子等。中国先贤认为，有礼、讲礼，是文明进步的

---

① 在老子之前无人昭示比天还大的秘密——道，因此"老子天下第一"。后人举大拇指虚点自己口称"老子"，源于此。至于称父亲为老子，是父亲对自称"老子"者的狂妄的教训："我才是你老子!"久之，一些方言中便称父亲为老子。故自称"老子"者，是狂妄之人、无修养之辈。

最重要标志,否则就只能是残酷的弱肉强食。百家诸子,虽然在思想上参与争鸣,但都承认西周确立的"周礼"是极好的。但到东周,由于战乱,由于争权夺利,"礼崩乐坏"了。

儒家学说创始人是孔子(名丘,字仲尼,鲁国人),后世尊为"万世师表""圣人"。他主张人人安分守己,互相关怀,恢复周礼,达至一个大同世界,这就是"克己复礼"的由来,并给了这种理想一个非常重要的概念:"仁"——"安上治民,莫善于礼"(《礼记·经解》)。"仁"包括伦理观、政治观、教育观、宇宙观等,概括了儒家思想的核心内容——仁义道德。儒家之伦理观:伦理道德的总纲是"仁"。"仁"即"爱人",君主要体察民情、爱惜民力,反对苛政;实践仁德,需要"忠""恕",所谓"夫子之道,忠恕而已矣"(《论语·里仁》),"忠"是尽自己的本分,"恕"是推己及人;提倡以"礼"约束人的行为,以"乐"陶冶人的性情。儒家之政治观:主张以礼义治国,恢复西周时期的德治。而社会各阶层人士应尽本分,以达"君君、臣臣、父父、子子"(《论语·颜渊》)的和阶局面,这就是正名思想。儒家之教育观:主张"有教无类"(《论语·卫灵公》),教不应分贵贱贤愚;提出"因材施教"之理想的教学方法,"求也退,故进之;由也兼人,故退之"(《论语·先进》);提倡"温故知新"及"举一反三"的学习方法,"不愤不启,不悱不发;举一隅不以三隅反,则不复也"(《论语·述而》)。儒家之宇宙观:对鬼神之说抱着"存而不论"的态度,"六合之外,圣人存而不论;六合之内,圣人论而不议"(《庄子·齐物论》);孔子主张"敬鬼神而远之"(《论语·雍也》),却又十分重视祭祀祖先。

孔子去世后,儒学曾一度削弱,孔子之孙子思的再传弟子孟子成为其时大儒。孟子,名轲(字子舆,又字子车、子居),在母亲的教育下("孟母三迁"),用功读书,学成以后以孔子的继承者自任,招收弟子,游历列国,宣扬"仁政""王道"主张,以"性善说"论述"仁",说"人性之善也,犹水之就下也。人无有不善,水无有不下"(《孟子·告子上》),并强调"人之异于禽兽者,几希"(《孟子·离娄下》)。他认为人性本善,具备了恻隐、羞恶、辞让、是非四种善端,加以发扬,便可成就仁、义、礼、智的德行。他还将孔子"仁"的思想贯穿于政治,提出仁政理论体系,发展孔子"为政以德"的思想,倡导"民贵君轻",强调人性善,重视人性自觉、自律。孟子因此被后儒奉为"亚圣"(孔子为"至圣")。

孟子以后最大的儒学大师是荀子(名况,字卿,赵国郇邑人,战国后期著名思想家)。荀子而是将儒家学说融会贯通、加以发挥,在人性论上提出了与孟子相反的观点——"性本恶",认为人与禽兽无异,"人之性恶,其善者伪也"(《荀子·性恶》),若顺从人的本性而行,必会引起纷争。他主张通过教育改变人的本性,通过"礼治"维持社会秩序,为善去恶。针对自律,荀子强调他律,主张隆礼重法,用礼的教化和法的惩罚来约束人的行为。荀子思想开明,鼓励弟子独立思考,因此,他的弟子也就重视实践、不拘泥于一家思想。他的弟子李斯与韩非认为,在动乱时代,应强调法治。他们帮助秦统一天下,成为战国后期法家的代表人物。

儒家学说所倡导的"仁、义、礼、智、信",被历代统治者及学术界所尊崇,成为中国传统思想的核心及道德的主流。而这些理论,基本上来源于《易经》。《易传·说卦》云:"和顺于道德而理于义,穷理尽性以至于命。"同时指出:"昔者圣人之作《易》也,将以顺性命之理。是以立天之道,曰阴与阳;立地之道,曰柔与刚;立人之道,曰仁与义。"这里的"立人之道,曰仁与义"就是"和顺于道德而理于义"的具体表达;"和顺于道德"的"道德"就是仁与义,而"理于义"也是"仁与义"之义,以道德为中心而已。在《易经》里,"仁"的范围更广:包括人要多和善——"积善之家,必有余庆;积不善之家,必有余殃"(《易经·坤卦》);人要讲谦德——"地势坤,君子以厚德载物"(《易经·坤卦》);人要讲礼——"物畜然后有礼,故受之以履""履而泰,然后安,故受之以泰,泰者通也"(《易经·序卦》);人要讲诚信——"中孚以利贞,乃应乎天也"(《易经·中孚》);人要中和(《易经》的和合观);等等。

道家,直接脱胎于易学,"一阴一阳之谓道""形而上者谓之道"(《易经·

系辞上》),"道"几乎贯穿于《易传》,仅《系辞》篇直接论道的就有:"《易》之为书也,广大悉备。有天道焉,有人道焉,有地道焉……三才之道也""天地设位,而易行乎其中矣,成性存存,道义之门""知周乎万物而道济天下""知变化之道,其知神之所为乎""六爻之动,三极之道也"。还有前面说的立天之道、立地之道、立人之道:"天地之道,贞胜者也;日月之道,贞明者也。天下之动,贞夫一者也""阳一君而二民,君子之道也;阴二君而一民,小人之道也"。……还不包括"道"字虽没出现,道之义却满篇的许多论述。

老子与庄子的道家学说,合称老庄道学;黄帝与老子的道家学说,合称黄老道学。道家观点认为,"道"是一切事物的根源,且循环不息。道家强调凡事均无须强求,应顺应自然而达"道"境。道家核心在于精神上的超脱,不在于形驱,只求逍遥及心灵上的开放。

老子姓李,名耳(字伯阳,谥聃),主张"无为",行动上也是以自隐、无名为本,在留下《道德经》(原称《老子》)之后,便无所踪影了。《道德经》一书上下五千言,书中宏论"道"的形而上的学术意义、时空内的人生智慧意义,提出宇宙起源于一种"有物混成且独立自存于自然"的宇宙观,提出世界存在与运行原理是"反者道之动"的本体论思想。对于存活于这个宇宙之中的人类而言,应学习的"道"就是存活于人间的处世智慧——既有超脱人世的思想理念,也有直入俗世的生存法则。老子在《道德经》中提出众多政治、社会与人生观点,主张无为而治、"小国寡民"(《道德经·水德》)。

庄子名周,字子休,宋国蒙人。他生活贫困,淡泊名利。楚王闻其贤德,曾派使者赠以千金并请他做宰相,被他拒绝,且终身不复仕,隐居于抱犊山中。著书十余万言,为《庄子》一书,别称《南华经》,"作渔父、盗跖、胠箧,以诋疵孔子之徒,以明老子之术"(《史记·老子韩非列传》)。书中大多以寓言形式探讨"道"理。庄子提出的"内圣外王"思想对儒家、对整个中国思想界影响深远。他研究易理,洞悉其中奥妙,强调"《易》以道阴阳",所提的"三籁"(天籁、地籁、人籁)思想与《易经》三才之道相合。他的"道"是天道,"天"

就是自然,而"人"是人为的,人须顺应天道,因为人为的就有可能是"伪"的,故又提出要摒弃人性中"伪"的杂质,与天地相通。"通"者悟道也,表现出来就是德,庄子认为,德的要义是求真不伪。

道家之宇宙观:"道"是无形及不可见的,是超时空的绝对精神,是宇宙最高本体及一切事物的根源。道家之政治观:春秋战国时期,战争不断,民生困苦,人们必须放弃逞才、逞智、逞强、逞力,回归朴素、无知的境界,以"无为"治理天下,天下才能和平安定,最终回归"小国寡民"的原始社会。道家之人生观:万物都有对立面,物极必反,因此,人们必须"见素抱朴,少私寡欲"(《道德经·朴素》),柔弱、不争、顺应自然,抛弃一切礼教的枷锁,才能避免灾祸。总而言之,老庄道学有三大特征:其一,主张自然的真,反对人为的"伪",即不主张满口大慈悲、大智慧、大觉悟的假道德,而强调回归自然,扔掉那些愚弄人的幌子。其二,"人法地、地法天、天法道、道法自然",即必须德行合一,以己推人,自化,人人化则天下化。其三,不是简单的出世之学,而是强调以出世的精神做入世的事情。

二、法墨心和思想及发展

儒学教化人心,道学顺应自然,皆达心和。法家以定纷止争达心和;墨家以兼爱非攻达心和……有研究者认为,《易经》的哲学思想,同样是法家思想的源头(包括变动不居宇宙观、和谐思想),《易经》的政治统治观念是法家思想的价值渊源,《易经》中记载的大量犯罪与刑罚为法家对刑罚的适用提供了理据。[①] 法家代表人物有韩非、商鞅、李斯等。

商鞅姓公孙,名鞅(号为商君;约前 395—前 338 年)。初未被魏惠王纳用,便向西入秦。秦孝公不愿施行儒家的仁政德治,而笃信霸道。商鞅重战

---

① 钱继磊.试论易经与先秦法家思想的渊源关系[J].华中科技大学学报(社会科学版),2012(6):53-61.

尚武，主张在重农抑商前提下，制定严酷刑法，重刑厚赏。其主张恰与秦王一致，得以在秦国实行了两次变法，比较彻底地废除了旧制度，实行了新制度，使秦国很快强盛起来，成为战国时期第一强国。后来的李斯亦沿用商鞅之法，助秦始皇一统天下。历史上对商鞅的负面评价一直不绝，司马迁说其天资刻薄，《旧唐书》称其为酷吏（曾一日处决囚犯七百人，血流渭河），贾谊说"商君违礼义"；还有观点认为"商鞅的严酷刑法是造成秦朝快速灭亡的重要原因"（《盐铁论·卷二·非鞅》："商鞅以重刑峭法为秦国基，故二世而夺。"）。相比较于韩非，商鞅、李斯的重法，有违天和。商鞅后来遭到贵族保守派的诬陷，在其战败死于彤地后，还被秦孝公的继任者秦惠王处以车裂极刑。

韩非（前280—前233年），韩国公子，口吃而不善于言辞，好著书，终成为法家思想的集大成者。韩非与李斯同师事于荀子。韩非痛恨治国不修明法治、不实行富国强兵，反对重用那些没有实际经验好发空论的人。韩非著述的最重要贡献，在于创立了"刑名法术之学"（今天的说法就是"刑学""法学"），或者直接说"刑法学"，而这一学说的重大特色是"归本于黄老"，即"法"为表，"道"为本，以道得人心，以法得协和，这是韩非将法家思想集大成后形成的最重要的理论基础，并以君主专制为基础提出法、术、势结合的思想。韩非的著述得到秦始皇的称赞，但他的"道法相宜"这一重要的理论成就，就不为秦始皇采纳而被湮没，后世亦不关注。《韩非子》55篇论文中，既有《解老》《喻老》等集中表述了韩非的学问观点的篇章，也有《孤愤》《五蠹》《说难》《说林》《内储》等叹世事之难、人生之难的篇章。其鞭辟入里，对社会冷峻犀利观察后的万千感慨，全在笔下。

李斯（约前284—前208年），法家思想的实践者，秦朝首任丞相，协助秦始皇废除分封建立郡县制，提出"书同文字"从而统一文字、统一度量衡、统一货币等。秦攻韩时，韩王派韩非出使秦国。李斯深知韩非辩才了得，担心嬴政被韩非计谋所蒙蔽，故建议秦王：既然韩非有才而不能为秦所用，不如诛之。秦王以为然，于是将其抓捕入狱，李斯差人送韩非毒药，逼其自杀（此为李斯被后世诟病的重要方面）。最后，李斯自己也被赵高陷害，受"五刑"（墨、劓、刖、宫、大辟）而亡。

　　法家的三位重要代表，都不得善终，也是值得人们深思的。比较而言，商鞅、慎到、申不害三人分别提倡重法、重势、重术，各从一个角度阐述，各有特点。韩非却将三者紧密结合起来，认为法是健全法制；势指君主权势（独掌军政大权）；术则是驾驭群臣、掌握政权、推行法令的策略和手段，主要是察觉、防止犯上作乱，维护君主地位，最后达到人人归位，上下和谐。韩非是该学派最重要的代表。显然，法家主张"以法治国"，并提出了一整套的理论和方法：重视法律，反对儒家的"礼"，反对贵族垄断经济和政治利益的世袭特权，要求土地私有和按功劳与才干授予官职；法律的作用就是"定分止争"，（也就是明确物件的所有权）、"兴功惧暴"（鼓励人们立战功，而使那些不法之徒感到恐惧，兴功的最终目的是富国强兵，取得兼并战争的胜利）["夫法者，所以兴功惧暴也；律者，所以定分止争也"（《管子·七主七臣》)]。法家反对保守的复古思想，主张锐意改革。他们认为历史是向前发展的，一切的法律和制度都要随历史的发展而发展，既不能复古倒退，也不能因循守旧，主张"不法古，不循今"；提出"时移而治不易者乱"（《韩非子·心度》)，把守旧的儒家讽刺为守株待兔的愚蠢之人。这一切为后来建立中央集权的秦朝提供了有效的理论依据。

　　心和管理理论认为，法家思想对秦统一六国起到了重大的甚至是关键性的作用。但有两个细节必须注意：一是对韩非的处置，秦始皇是后悔了的，派人赦免他，可惜来不及了，令到时韩非已死；二是商鞅、韩非、李斯虽然都被处死，但他们的法家思想仍为秦国所重用，没有因人死而法变。历史不能假设，但在思想领域设想一下亦无不可：如果韩非当时未被杀，他的唯物主义思想、"道生法"观点会不会有可能中和了霸道刑法的暴烈？秦国那么强大，却只存续14年便土崩瓦解（秦二世只有短短3年），而接班的大汉帝国享国 405 年。不能不去想这与治国指导思想有关联：秦朝治国，重用法家，重刑暴虐，焚书坑儒；汉朝治国，罢黜百家，独尊儒术（这时的儒学已掺杂道家、法家、阴阳五行家的一些思想，准确说是儒道合一之"儒"）。显然，秦朝在没有从经济上把国家带入盛世的情况下，一直用"重典"，导致民不聊生，社会奋起反抗。事实上，《周礼》对此的说法是："大司寇之职，掌建邦之三典，以佐王刑邦国，诘四方。一曰，刑新国用轻典；二曰，刑平国用中典；三曰，刑乱国用重典。"（《周礼·秋官司寇》）对此"三典"，人们只是关注了最后一个，忽略了国家新建之时其刑法要用"轻典"，国家平稳之时其刑法要用"中典"。一唯"重典"，结果就是秦朝的短命。西汉初年，朝廷推崇黄老之术，采取轻徭薄赋、与民休息的政策而有"文景之治"；西汉中期，汉武帝内用中典、外抗匈奴而成为中国历史上最伟大的皇帝之一；西汉后期重典不成而被绿林赤眉推翻。刘秀光武中兴，汉明帝、汉章帝继续执行宽松治国和与民休息的开明政策，推行德政中整肃吏治，出现"明章之治"；汉和帝刘肇继续励精图治而成"永元之隆"。这才有西汉 210 年、东汉 195 年的国祚。

这里，"黄老之术"就是韩非所说的"道"，也是"轻典"的意义所在，不同时期用典轻重不一，要根据具体情况具体分析。归根结底，用重典是为了实现和平，用"轻典"是为了达到协和，用中典还是为了和谐，得民心者得天下。这是心和管理之本源、本质。

春秋末战国初思想家、学者墨子，出身平民，曾为宋国大夫，自诩"上无君上之事，下无耕农之难"（《墨子·贵义》），是同情"农与工肆之人"的士人；曾师从史角之后，传其清庙之法；又学于儒者，习孔子之术，称道尧舜大禹，明于《诗》《书》《春秋》，因不满儒家礼乐烦苛，于是弃周道而用夏政。墨家的核心思想是"兼爱""非攻"，前者是无差别的博爱，后者是反对攻占别国，所以他是典型的"和平主义"者；墨子广收生徒，强调"尚贤""尚同"，提倡选任贤才，消除阶级观念，使天下大治；墨子提倡"天志""明鬼"，即以天道衡量所为，一切按章办事（墨守成规之本义），以"神鬼"警惕而不枉杀生命；墨家的经济观是反对奢侈的生活,主张节俭,提出"节用""节葬""非乐"。有研究者认为,《易经》中的节卦"是墨家节俭、节用、节财思想的最早渊头……节,无论是作为一种道德规范,还是作为一种社会制度,还是作为天地宇宙的原理法则,同后来墨家所讲的节用、节葬、节财、利民思想都是相贯通的"①。

有一点是墨子区别于当时诸子百家的一个极为重要的方面,那就是对科学的重视。当时没有"科学"一说,但墨子以其力学、几何学、代数学、物理学、光学等方面的重大贡献,无愧于现代的一个称呼——"杰出科学家"。举例来说,墨子提出的"力是改变物体运动状态"的原理,与牛顿(1643—1727)的第一定律相同;奠定欧洲数学基础的"几何之父"欧几里得(晚于墨子一个多世纪)所提出的倍、圆、正方体的定义等,墨子早在公元前就提出来了——不仅总结了点、线、面、体、圆等概念,还发明了十进位制。今天的小孔成像、光影成像、杠杆原理等,在墨子的时代已经发明。所有这些,还只是墨子伟大科学成就的冰山一角。中国人可以毫不犹豫地说:墨子是世界科学家的鼻祖。现代量子科学领域,把量子卫星取名为"墨子号"就是为了纪念墨子。唯一遗憾的是,墨子在科学领域的贡献未得到古代统治者的赏识,虽未完全被埋没,却也是后继乏人。

三、兵医心和思想及发展

按照春秋战国时期各家的影响力排名,似乎也应该阐述名家、阴阳家、纵横家等。但限于篇幅,加之阴阳家的思想在涉及易理时已有提及,医家理论是以五行学说为基础理论,纵横家与兵家有着必然的内在联系,因此,本部分重点选兵家、医家简单论之。

据研究,"《易经》在西周至春秋时期的军事活动中发挥着不可忽视的作用",这得益于《易经》在战争社会观、战争规律观、作战指导观等方面所取

---

① 孙熙国.《周易》古经与墨家思想[J].易经研究,2001(4):48-59.

得的理论创获,对之后兵家诸子的理论都产生了积极且直接的影响"。① 兵家代表有孙武、孙膑、庞涓等。

孙武,字长卿,春秋时兵法家。曾以《孙子兵法》13篇见吴王阖闾,经伍子胥的推荐,被任命为吴将,率吴军攻破楚国。他认为"兵者,国之大事","知彼知己,百战不殆",强调全面地分析敌我、众寡、强弱、虚实、攻守、进退等矛盾双方,并通过对战争客观规律的认识和掌握以克敌制胜。他还提出"兵无常势,水无常形,能因敌变化而取胜,谓之神"(《孙子兵法·虚实篇》),强调了战略战术上的"奇正相生"和灵活运用。这些兵家思想基本反映在《孙子兵法》一书中。该书成为中国最杰出的兵书,深受世界各地所重视。

孙膑,孙武的后代,大致与商鞅、孟轲同时代,为战国时兵法家。他曾与庞涓一同学习兵法,庞涓任魏国将军时,忌其才能,把他骗到魏国,处以膑刑(即去膝盖骨)。后经齐国使者秘密载回,被齐威王任命为军师,协助齐将田忌,设计大败魏军于桂陵、马陵。他继承和发展了孙武的军事理论,把"道"看作战争客观规律,提出了以寡胜众、以弱胜强的战法,主张以进攻为主的战略,根据不同地形,创造有利的进攻形势,重视对城邑的进攻和对阵法的运用。

中国兵家理论认为"不战而屈人之兵,善之善者也",输赢的最高境界是"和",中庸之和的"和"。战是为了不战,争是为了不争,战争的最终结果是"谋和"。正是这样的理论,才有纵横家的一席之地。纵横家的代表有苏秦、张仪以及鬼谷子。鬼谷子的谋略理论集中在后人整理的《鬼谷子》一书中。其知大局、善揣摩、通辩辞、会机变、全智勇、长谋略、能决断的谋士之纵横术要求,充分说明了其学术思想在于以纵横捭阖之谋略理论,凭三寸不烂之口舌,谋取最终之和的目的。这里重点要看到的是,纵横家的成就不仅是权谋术,更重要的是协和论。

---

① 张涛,孙世平.《易经》经传与先秦兵家[J].理论学刊,2014(9):112-118.

医家,源于"神农尝百草"。当然,在神农之前先民一定已经知道草药可以治病的道理和现实案例,但因没有记载资料,无从证明。而医家的"三阴三阳理论""五行理论"来源于《易经》;《易经》与《黄帝内经》关系密切,这基本上无争议。战国时期,出现了一个集医学大成、理论与实践皆极为丰富的人物——扁鹊,成为医家代表。扁鹊(前 407—前 310 年),秦氏,名越人,号卢医。扁鹊以实事求是的态度研究医学,长期在民间行医,走遍齐、赵、卫、郑、秦诸国,从中汲取民间医疗经验,总结出望色、听声、写影和切脉(即后来的望、闻、问、切四诊法)的中医诊断技术。他治病"随俗为变",到邯郸时专治妇女的疾病、到洛阳时专治耳聋眼花四肢痹痛、到咸阳就专治小孩的疾病……扁鹊带着他的弟子周游列国,济世救人,行程 4000 余里,成为精于内科、外科、妇科、儿科、五官科等科(当时其实不分科,需要治哪方面就治哪方面),医、药、技都非常全面的医家,用今天的话来说就是"全科医生"。他在技术上应用了砭刺、针灸、按摩、汤液、热熨等法,精通外科手术(已能应用药物麻醉动手术)。因其在医术上炉火纯青、医学上成就巨大,当时的人们借用上古神话——黄帝时神医"扁鹊"名号称呼他,后人则尊他为医祖、医圣、中医奠基者。公元前 310 年,秦武王伤了腰部,太医令李醯也医不好,而扁鹊三下五除二就医好了。李醯嫉贤妒能,派人在崤山设伏,刺杀扁鹊,其终年 97 岁。

中华医学由扁鹊而诞生,可惜他写的《扁鹊内经》《扁鹊外经》(载《汉书·艺文志》)两部医书未能流传下来,均已遗佚(《难经》系后人托名扁鹊之作,但其中所记医术也有人认为是扁鹊所创或与扁鹊有关)。但扁鹊有九大弟子传承了他的医术和医学。医家在民间,史书所记不多,遍布华夏大地则是不争的事实。自两汉起比较著名的医学、药学大师主要有淳于意、华佗、张仲景、葛洪、孙思邈、李时珍等。

西汉淳于意,因曾任齐太仓令而被称为仓公,钻研黄帝、扁鹊医书。他诊断疾病都会详细记录病案,其医术师从公孙光,《史记》把他与扁鹊合并立传而有《扁鹊仓公列传》，记载了他的 25 例医案，这就是中国医学史上第一部医案《诊籍》。东汉华佗，与董奉、张仲景并称为"建安三神医"，精通内科、妇科、儿科、针灸等科，尤擅外科，精于手术，被誉为"神医"。所留医案，《三国志》中有 16 则，《华佗别传》中 5 则，其他文献中 5 则，共 26 则。发明的麻沸散，开创了世界麻醉药物的先例（比欧美全身麻醉早了 1600 多年）。华佗弟子众多，其中有著名的药学家吴普，著有《吴普本草》。差不多与华佗同时代的还有一位著名医学家，叫张仲景。他广收医方，写出了中国第一部临床治疗学巨著《伤寒杂病论》，确立了中医辨证论治原则，为中医临床原则和中医灵魂所在（宋代还在《伤寒杂病论》残简中整理出了杂病方面的内容，以《金匮要略》刊行于世）。东晋葛洪，精晓医学和药物学（同时还是中国古代著名的道教学家、化学家、炼丹家），在急性传染病方面成就极深，为世界免疫学先驱。他著述颇丰，其中医学药学方面最著名的有《金匮药方》100 卷、《肘后备急方》4 卷、《抱朴子内篇·仙药》，另外还有《肘后救卒方》和《玉函方》，可惜大多亡佚。唐代孙思邈，著名医学家，一生致力于医学临床研究，精于内科且擅长妇科、外科、五官科等科，著有《千金要方》（又称《备急千金要方》《千金方》），为中国历史上第一部临床医学百科全书；他还是针灸术大家，著有《明堂针灸图》，其针灸穴位前所未有。另有《千金翼方》30 卷，是他在晚年所作，该书是对《千金要方》的全面补充。后人尊称他为"药王"。明代李时珍，著名医药学家，编著《本草纲目》，共计 192 万字（其父其子及弟子均有协助）。该医书是到 16 世纪为止中国最系统、最完整、最科学的一部医药学著作。李时珍还有《奇经八脉考》《濒湖脉学》传世。

总之，兵者，以战止战，"武"便是止戈之意，战争的目的是谋求和平，才会有"不战而屈人之兵，善之善者也"，"故上兵伐谋，其次伐交，其次伐兵，其下攻城"（《孙子兵法·谋攻篇》）之说。而中医原理便是相生相克而至协和，这对"心和"理论的贡献直接且明晰。

第三章 心和管理文化

　　"管理"一词源自中国；"management"一词源自英国。将 management 翻译成中文后，两者才产生了关联。在彼得·德鲁克（Peter F. Drucker）1954 年出版的《管理的实践》（*The Practice of Management*）一书中，"管理"开始作为一门学科被提及；而管理学科真正在内容上实现系统化，是在 1973 年出版的《管理：任务、责任、实践》（*Management：Tasks，Responsibilities，Practices*）一书中。几年后，中国改革开放，菲利普·科特勒（Philip Kotler）的《营销管理》（*Marketing Management*）、彼得·德鲁克的《管理的实践》等书逐渐进入中国。中国本土管理研究也在学习西方管理学的同时悄然兴起了——从历史长河角度说，中国差不多同时期就进行了管理学研究。而且，有着远不止 5000 年文明历史的中国，在文化诞生时就已深植着人心和谐的文化和心理追求的内容。今天提出"心和管理"概念，只是数千年文明沉淀后的"薄发"。中国本土管理学与其他新兴学科一样，都可以从古代典籍里找到理论依据，找到先贤的阐述与见解，甚至找到先贤的理念应用、实践成果。西方管理理念与方法同西方近现代工业革命紧密相关。中国管理思想与方法历经几千年沉淀，不仅内蕴深厚，而且在人的管理方面既有价值又见深度；在财与物的管理方面，中国管理理论部分吸纳了西方工业革命带来的优秀成果。

　　另外，中国学问的研究范式是站在时空的高度、哲学的深度、治国平天下和预见未来的经纬度,进行整体的、宏观的、高远的和韬略视角的研究。汉语独特的象形、表意能力,可以用寥寥数语清晰表达出极为深奥的思想内涵和理论见解。一个词、一句话便有着丰富的哲学意义和思想内涵。这与西方解剖式分类、数字化精确考证,着眼于局部的、中观与微观的、数据证明的研究范式是不同的。而且西语是表音文字,只能客观呈现,无法借助西语自身表情达意,而数学语言最适合这种研究范式。不了解中西方研究范式的差异,也就无法真正读懂、理解中国文化,也很难读懂心和管理。

第一节　管理哲学之易数文化

迄今为止,中国最古远、沉淀时间最长而又延续至今仍充满生命力的文化源头、文化成果,无疑是前无古人、后无来者的无字天书《易》,相传为伏羲所画八卦图符(三爻卦);后来文字出现,西周文王等将原始八卦演化为六十四卦(六爻卦),并给每一卦卦象撰写了卦辞,给每一爻确立了爻义、撰写了爻辞;上述内容构成了《易》的本经。加上孔子及弟子撰写的"十翼",也就是说明和解释易理的《易传》,才是后人看到的全本《周易》。孔子等将其编纂为"六经"之一(之首),自此《易》称《易经》。这里"周"的意义有两种说法:一为"周朝",二为"周普"。前者因古代惯例,周朝的书通称周书,如《周礼》《周语》等,《周礼》云"西周所用之书则冠以'周'字,名为《易经》";也有认为是因周文王之功而称之。后者认为上古圣书不可能以朝代命名,而应是该字之本意,郑玄《易赞》云:"'易经'者,言易道周普,无所不备。"为求统一,本书用《易经》书名。

显然,作为中华文化之源,《易经》是一部影响深远的传世伟作,其无极太极的哲学思想、阴阳五行的哲学思想、六合八卦的哲学思想等,无疑是心和管理理论所要探索的管理文化内涵。本书第二章第一节已从中国学问"生"而生生不息、"中"而中庸大道角度探索了0—12《易经》数字的一般原理。本节将探索其中的 0、1、2、3、4，而 5、6、7、8 在下节详述。从中探究数字易理，挖掘易数管理之道，以便加深对中国文化本源的理解。

一、无极与太极哲学思想

如前所说，中国的宇宙物质观是元气论。以此为中国认识论之源、中国文化之源，故中国的先贤先祖提出了"无极生太极"的原理。无极，字面意义是没有边际、没有极致；哲学意义就是一种无边无际、无形无象、不可穷尽的状态。一个不可置信的事实是，这竟然与西方最有影响的"现代宇宙学"学说殊途同归（不知道这种理论是否受到中国元气论的启发或影响）。"现代宇宙学"学说认为：约 150 亿年前，宇宙还未诞生，处于一种没有前后、没有左右、没有上下、没有中心、没有边界的混沌状态（这其实就是老子所提出的"无极"状态）。该学说认为，宇宙由大约 140 亿年前发生的一次大爆炸形成。宇宙起源于一个体积无穷小，质量、密度和能量均无穷大的奇点。一切都是从大爆炸这一瞬间开始的。也就是说，宇宙的一切，包括空间和时间，都起源于一次大爆炸。在大爆炸之前，一切均归于无，没有空间，没有时间，没有宇宙。这就是"大爆炸宇宙论"（The Big Bang Theory）。而这个大爆炸的一瞬间，用中国元气论解释，就是无极生太极的那个瞬间。

北宋周敦颐根据道士陈抟[①]《无极图》，在其《太极图说》中把道家"无极"概念引入易学中加以改造，并作了新的解说。全祖望《周程学统论》："无极之真，原于道家者流。"《太极图说》以无"极"为先天地而存在的实体，提出"无极而太极""太极本无极"的命题，有"有生于无"之意，以"无极"作为万物

---

① 陈抟（871—989），字图南，自号扶摇子。生于唐末，亳州真源（今河南鹿邑县）人，举进士不第，隐居华山为道士，人称"陈抟老祖"。擅长气功，尤长于书法（无作品传世）。在陈抟以前未见有"太极图"，亦未形成太极文化形态及其理论体系。自陈抟创绘出《太极图》《先天方圆图》《八卦生变图》等一系列《易》图，并发表《太极阴阳说》后，才出现了宋代大儒周敦颐的《太极图说》、张载的《太和论》、邵雍的《皇极经世》，以及程颢、程颐、朱熹等的《易传》，从而才有中华独有的太极文化形态和一系列理论的形成。

之本源。"无极之真,二五之精,妙合而凝。"周氏用无极观念,是取其虚静的性质,以静止为无极的本性。太极的运动,来于无极的静止,归于无极的静止;太极的运动是暂时的,相对的,而无极才是永恒的。周氏构筑了一个宇宙发生演变过程:无极→太极→阴阳二气→五行之气→万物和人类。这显然是说,无极为原始的无边际无穷尽的虚静,这是道家"道"的本义。

《庄子》云:"夫道⋯⋯在太极之上而不为高;在六极之下而不为深;先天地而不为久;长于上古而不为老。"(《庄子·大宗师》)道,在太极之上都算不上高,在六极(上下天地四方)之下也算不上深,比天地还早就存在了也算不上长久,比上古还要久远依然算不上老。这就是说,老子提出的这个"道"是最为高深、久远的,是无限的;开天辟地之前、之后都是无限的,时间、空间皆如此,不会局限于任何一个确定的时间、任何一个具体的区域。故"无极"之原始就是"道"之元初。"是道也,其来无今,其往无古,其高无盖,其低无载,其大无外,其小无内,其外无物,其内无人,其近无我,其远无彼。不可析,不可合,不可喻,不可思。惟其浑沦,所以为道。"(《文始真经·筹》)这是与老子同时代的先哲关尹子说的。关尹子,实则名喜,曾为关令。先是受老子教诲而开发智慧,修证大道,后著《关尹子》九卷,被尊奉为《文始真经》(教内称《无上妙道文始真经》)。而且,老子《道德经》五千言,也是应他的邀请而撰。他在道教中地位崇高,为历代文人推崇,号文始先生,又称文始真人,"文始",文明之始、文化之初也。这一切都说明,无极之道,为初始本心。

无极生太极,是说无极是太极的根源。如果说无极是没有边际的极致,那么太极就有了边际、有了极致。因为,"从字面上说,'极'是顶点、尽头、极限的意思,'太'是高、大的意思,'极'字上加上'太'字构成的词,表现了无以复加的极限、极点的观念"[①]。无极是无边际的混沌状态,太极是有极致的,也就有了宇宙的混沌状态。从这个角度说,可以把"太极"理解为宇宙大爆炸之后至地球形成之前(现代科学认为地球起始于 45 亿年前)的混沌状态,

---

① 杨成寅.太极哲学[M].北京:学林出版社,2003:1.

这时候天地未开、混沌未分阴阳。

老子有云："知其白,守其黑,为天下式。为天下式,常德不忒,复归于无极。"(《道德经·常德》)知道什么是白(明亮、光明),守住本心不堕入黑(黑暗),这就是立身天下的基本定式,这样就能保持永恒的德性不发生变化。这样做可以回归到初始的无极状态,即人之本心、初心的朴素纯洁。这里的知白守黑,可以进一步延伸出知雄守雌、知进守退、知荣守辱、知强守弱等。显然,知白守黑的定式,是阴阳理论的起始,道学最初的对立统一,即无极生太极(0→1)、太极生两仪(1→2)之源头。综上所述,太极从无极限到有极限,是世界的本源,是大道的起始;而太极之道,就是阴阳,知白守黑;太极具有无极性、创生性、变动性的特点。杨成寅指出:"太极的无极性包括无形性和无限性……太极之外,别无他物……太极成就事事物物,但本身却活动不已,反复辩证地处于未完成的状态";对于创生性,"从未定至确定,是创生性的本义……实有世界的创生使太极分身,同时又保持其不可分化的一体性。因此,太极创生之力绵绵不绝"。[1] 变动性则体现在物极则变,变则化,所以变化之源是太极。

中国古代哲学,不仅把"太极"视为宇宙之"本",而且也视为人世之大道。万物统一于"太极","太极"隐含着对立统一的因素。万物归一,多元统一,天人合一,天道人道统一,世间万物构成了一个大系统,生化发展,衍生演进,与时俱进。

从这里可以看出中国先贤研究学问时的眼界之辽阔、立意之高远、思考之深邃。虽然那时候中国文化中没有"哲学"一说,但2500年前的古希腊人创造的 Φιλοσοφα/ Philosophia 一词是"爱智慧"的意思,将哲学作为智慧之学定义。从这个角度说,苏格拉底、柏拉图、亚里士多德们,与中国的老子、孔子、庄子、墨子们分别在西方和东方开始了智慧之学,也就是哲学思想的探索,他们成为世界哲学思想的先驱——这与当时中国有没有这个名词无

---

① 杨成寅.太极哲学[M].北京:学林出版社,2003:10.

关。今天,西方的学问研究离不开古希腊先贤的思想传承和继承者的发扬光大,中国的学问研究也需要春秋战国哲人甚至更早的先贤的思想传承和继承者的发扬光大。

如果说,西方的(古)原子论,是开启认识世界大门的一把钥匙,那么,中国的元气论,是开启认识世界大门的另一把钥匙。这把钥匙的价值,不要说西方人,就连中国人自己也还没有完全挖掘出来。它所包含思想的深邃程度、蕴藏内涵的广厚程度,几乎不是人们可以想象到的,这也是中国学问靠"悟"的原因所在,悟多悟少全在自己的悟性,里面的学问深不可测。从数字上看,只是从 0 到 1,而从内涵上说,是从无极到太极,里面的"道",一代又一代学问家穷经皓首,也只悟出九牛一毛。更何况,此"道"有容乃大,并非死水一潭。

二、阴阳之两仪哲学原理

前文说到太极生两仪(1→2),两仪为阴与阳。关于阴阳,西方人很难理解,因为他们听不懂"阴气重""阳气损",理解不了"阴虚""阳盛""阴阳失调"这样的中医用语;也没法理解阴盛阳衰、阳盛阴衰的事物发展规律;更没法读懂阴阳互体、阴阳化育、阴阳对立、阴阳同根的关系,自然也就理解不了中国的阴阳理论,以及动静、内外、升降、增减、冷热、明暗、正反、正负、刚柔等反映阴阳原理的现象。不仅西方人不理解阴阳理论,就是一些现代中国人,听到"阴阳"一词,首先就会联想到"阴间""阳间""阴宅""阳宅",年纪大些的还会想到民间的"神棍""神婆""阴阳师"等。即,"阴阳"很难摆脱与鬼怪、算卦、看风水等迷信之事之物的联系。产生这一现象,既有历史原因,也有现实原因。

历史原因是,在中国古代漫长的历史长河里,读书人少之又少,民众对文化有着一种无上的崇敬甚至膜拜,自然对有文化的人分外敬重。普通百姓为生计奔波,没有条件读书写字学文化,自然也就不能真正接触《易经》这样的书籍,最多听听说书,听听有文化的人讲述;文化人对于书籍、知识尤其是《易经》的崇拜,直接影响着民众的认知。百姓对生活中许许多多的自然现象、人文现象、社会现象是无法解释的,请教那些有文化的人,那些文化人其实也语焉不详,于是想出了一个词——"天意",把那些解释不了的、无力逆转的全部归因于"天意"(即使在现代,人在无法决定某事的时候,也会听"天意",比如扔一枚硬币,用落地时是正面或反面来替自己作决定)。由此,窥测天意的行当就逐一出现了,祭祀、占卜、堪舆、看相、算命、捉鬼、跳大神等。神道、鬼道随之兴起,并渐渐勾画出神、人、鬼三界:天上有个神仙居的宫殿叫"天宫",西方宗教传入后又称"天堂";地下有个了结善恶处叫"阴曹地府"或"黄泉",佛教传入后又称"地狱"。那时候的文化人重道,对自然科学的现象也解释不清,于是神仙界、人间界、地府界三界(道教在教义中明晰化)之说盛行,与阴阳说对应的就有了阴间、阳间之说。而官府发觉,让民众相信"天命",其实也不是一件坏事——非常便于管理,尤其是到了西汉,朝廷听从董仲舒的建议,干脆把儒家宗法思想与阴阳五行说杂糅,把神权、君权、夫权糅合到一起,提出"天人感应"和"大一统",尤其是提出"三纲五常"理论,让人人各在其位、服从管理。君王开心了,因为他的权力是上天给的,谁都不能反对,否则便是违逆天道。这种情况下,那些窥测天意的行当顺势发展,只需谨记"皇权是天定神给的"这一点。而《易经》,恰恰具有预测未来的功能和体系,是一部奇妙的未来学著作。在占卜故事、看相传说中,常有如下情节:官场落魄者,除了读书别无所长("百无一用是书生"),于是就把窥测天意的行当进一步深入,为获得人们的信任而有意将窥测天意的过程深奥化、玄乎化、神秘化。于是,迷信之风盛行。渐渐地,阴阳五行八卦在民间脱离了学问的高堂,坠入玄学的泥淖。

玄学,本是魏晋时期到宋朝中叶之间出现的一种崇尚老庄的思潮。"玄"起源于老子《道德经》,书中说道乃"玄之又玄,众眇之门"(《道德经·观妙》;"眇"通"妙")。而玄学思潮产生并盛行于魏晋,此后一直流行到宋朝,直至被理学取代。玄学本来不是迷信之学，其要求解放天性，打开束缚的人心，讲究从天而欲、洒脱自然，是道家学问的一种新的表现方式。但一些江湖术士、牛鬼蛇神，弄了一些似是而非的阴阳秘术、奇门遁甲行招摇撞骗之事。事实上，其与真正的中国玄学文化关联不大，甚至毫不搭边。佛学传入中国之后，结合起来创设了一个"神鬼世界"。"道家学说"事实上被"道教教义"替换了，致使宗教式玄奥化出现。比如"竹林七贤"本来推崇的是"清朝饮醴泉，日夕栖山冈"（阮籍以凤凰自拟）的高洁志趣，但分派系发展，本来"越名教而任自然"，贵无派却将其发展到极端，继承当时"名士"思想中颓废的一面，嗜酒极欲，追求表面形迹上的放达。这种放浪形骸的拙劣模仿完全窒息了玄学贵无派在思想上的创造力，使它走向没落。多种原因的交织，使绚烂深奥的中国玄学被渐渐埋没甚至弄臭了。事实上，只要拂去玄学尘埃，剥离迷信外衣，中国文化有着许许多多的精华内涵，有着极其伟大的文化贡献。而被斥为"迷信之书"的《易经》，数千年来成为中国人的经书，就是因为它所包含的哲学思想、智慧原理和无限可能的预测价值，有着深刻的科学道理以及深厚的知识体系。以阴阳为例，其内涵如果用另外的词来表达，很多人可能就理解了。比如，用正负，正为阳、负为阴；再比如，把"太极生两仪"用"一分为二"来表述。但事实上，阴阳要比正负所表达的数值意义深远、广泛得多；"一分为二"的"二"只是简单的数值意义，不如"两仪"那样具有相反、相对的意义，更重要的是，"生"与"分"的差别，不仅仅是词义的差别，"一生二"是生生不息，"一分二"只是将整体分成两个部分。所以准确地说，中国文化中的"阴阳"，要比"正负"的意义、"二"的意义更加深奥，它说明宇宙间一切事物都是由互相对立又互相依存的两个方面构成的。阳代表事物具有正向的、阳光的、活跃的等诸多属性的一方面，例如，动、刚强、活跃、兴奋、积极、光亮、无形的、机能的、上升的、外露的、轻的、热的、增长、生命活动等。阴代表事物具有反向的、阴冷的、静止的等诸多属性的另一方面，例如，静、柔和、不活跃、抑制、消极、晦暗、有形的、物质的、下降的、在内的、重的、冷的、减少、肉体等。当两件事物发生一定联系时，就存在着阴阳。例如，天为阳、地为阴，日为阳、月为阴，火为阳、水为阴，男为阳、女为阴，白天为阳，黑夜为阴……万事万物皆有阴阳。

总结起来，由一而二，数字表述简单冰冷；太极生两仪，世界瞬间丰富多彩起来，其中可悟的知识、道理和技能天载海量。一分二，只是将母体切割成两部分；一生二，便生出无限可能、无穷未来。世间万物万理，如何避得开这"生"而阴阳，以及阴阳中的一切变动！阴阳的奇特、阴阳的奥妙、阴阳的丰富，几千年来人们一直在探索，无论是它的哲理性，还是它的自然性，都让中国一代又一代思想者着迷，也让普通民众着迷。生活中处处可见阴阳原理的应用，天气有阴阳、环境有阴阳、光线有阴阳、温度有阴阳、心情有阴阳、性格有阴阳、生理有阴阳、计谋有阴阳、人寿有阴阳、历法有阴阳……阴阳理论渗透在中国人生活的方方面面、汉语表达的方方面面，只是人们习以为常、见怪不怪罢了。

阴阳具有的相互制约、相互依存、此消彼长、相互转化的特点，正是中国古代辩证唯物主义哲学思想的基本内容。当西方提出"均衡理论"时，中国的阴阳学说里早就有了阴阳平衡的理论。达到阴阳平衡便是和谐，但这种平衡又不是绝对的，所以和谐不可能是永恒的，总在发展变化过程中，要么阴盛阳衰，要么阳盛阴衰，而且阴中有阳、阳中有阴，阴阳"冲气以为和"。就此而论，西方经济学中的弹性理论，似乎与阴阳原理有着内在关联。

阴阳相和是中华民族的智慧精华，而在抽象理念和现实具象中，阴阳的位置是不断变化、周而复始的，万事万物的运转都符合阴阳的规律和结构。就像人出生（聚合），然后死亡（消散），这就是阴阳的规律，而人体内阴阳失衡或阴阳所在的位置不对，人就会生病。可以说，阴阳学说深刻影响了中国人的世界观和人生观。

三、三才和四象管理哲学

两仪生四象,这是众所周知的;两仪生三才,可能有人不甚了解。当然,三才、四象,都是从阴阳生出来的,体现了中华民族的处世观、人才观、自然观等。其中演绎出来的一些神话鬼怪之说,剔除其糟粕、挖掘其精华,仍可以给我们许多启示与理论借鉴。

先说三才学说。三才,由两仪而生(2→3)。阴阳的初始意义,是指开天辟地后出现的太极之气生而为天地二气,人,为天地之间最为灵动、最为智慧的生物,故《易经·系辞下》说:"有天道焉,有人道焉,有地道焉。兼三才而两之,故六。六者非它也,三才之道也。"这就是天、地、人三才由来。天、地与人类和谐相处才有这世界的美好、社会的公道。所以天地之间,必须有灵动、灵气、灵性的人,才组成完美世界。

三才学说,包含着许多的中国文化内涵,如天地人之道,天道以之诚,地道以之信,诚信之道便是天地之道;天地之间还有人伦八德,即作为人要守住基本的伦理道德——孝、悌、忠、信、礼、义、廉、耻,这就是人道。这天地之道、伦理之道,遵守了,就是天诚、地信、人德都具备了;违背了,那就是欺天、害地、缺人德。天与地和、地与人和、人与天地和,天地人三和,是中国"和文化"的本质体现,是中国文化追求的至高境界,也是中国文化求道明德的具体体现。这一"道"与"德",直接决定了中国本土管理的哲学基础、文化倾向、伦理道德,也直接指明了中国管理的方向:人心得和。

在中国文化的传统理论中,天地人的"道",还可以表述为:天有"天干",代表天机道;地有地支,代表地脉道;中有藏干,代表人间道。中国预测学里的"命数"就是由这"三才之道"组成的,如果天命不能变,而地脉道(地理环境)变了,个人努力了(人间道变了),就有三分之二改变了,就高出天命天机道的三分之一,人的命数就会改变。所以,在中国文化背景下,能喊出"人定胜天"的口号。天机道优秀者,后人称为天才;地脉道优秀者,后人称为地才;人间道优秀者,后人称为人才。《易传》解释为通阴阳者为天才,明柔刚者为地才,守仁义者为人才;宗教化者则认为神仙为天才,鬼怪为地才,人中英杰为人才。显然,三才学说内蕴于中华传统文化。

融入了西方的解释后,三才学说演变为:有天赋、资质卓越者为天才,经过后天拼搏努力而成就卓著者为人才,地才一词则甚少使用。有人认为,天生有才为天才,后天努力成才为地才,人中龙凤为人才,此说亦无不妥。有一点可以肯定,三才学说在《易经》出现之前还只停留在天、地、人各行其道的水平之上;《易经》出现后,人们终于发现,人可以向天、地学习,人道可以与天道、地道会通,通过法天正己、尊时守位、知常明变、知白守黑,以开物成务,建功立业,改变命运。而这,也应该是"人法地、地法天、天法道、道法自然"(《道德经·混成》)的本义。

这也就说明,三才学说是"天人合一"思想的基础。"天人合一"的观念最早是由庄子阐述,后被汉代董仲舒发展为"天人合一"的哲学思想体系,并由此构建了中华传统文化的另一重要体系:宇宙自然是"大天地",人则是一个"小天地"。如前所说,人和自然在本质上是相通的,故一切人、事均应顺乎自然规律,达到人与自然和谐,即"天人合一"——与先天本性相合,回归大道、归根复命。

"数字易经"中,由2生3,但数字本身是"生"不出来的,转换为易道易理之后,其道理才能"生"。所以,《易经·系辞上》在说明"一阴一阳之谓道"后,继续说"继之者善也,成之者性也。仁者见之谓之仁,智者见之谓之知。百姓日用而不知,故君子之道鲜矣"(《易经·系辞下》)。显然,承继天道法则的是"心善",依天道成就事业的是"人性",以人之本心善性而成就事业者才是天地之间的真正人才。天道法则的具体内容,则是仁者见仁,智者见智,寻常百姓日常生活中经常应用天道法则却不知道这就是天道法则,所以天地之间的君子之道也很少有人懂得并理解。事实上,天地之道与人间大道包括君子之道,都融合在一起了。这才是"天人合一"的真意。所以,三才学说告诉我们,人类应遵循天地之道走人间正道。而这,恰恰是以中华人文内涵为根基的中国管理的基点。

再说说"四象学说"。四象,两仪所生(2→4),其生成原理,其实是运用了二进制排列法。切割图 2-1 的下半部分,即可明了两仪生四象原理,如图 3-1 所示。

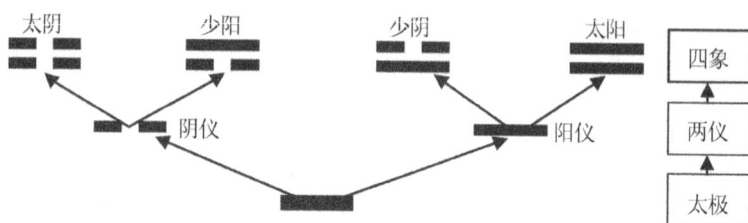

图 3-1 太极生两仪、两仪生四象示意

太极本是元气混然一片,一生二而出现阴阳二气,二生四象成太阴(老阴)、少阳、少阴、太阳(老阳)四象。太阴、少阳是阴仪上面分别再生阴爻与阳爻,太阳与少阳是阳仪上面分别再生阴爻与阳爻,如此一排列,组合出四象(八卦也是据此原理而生)。如果这样说明还不太能理解,那么可以更通俗一点:把黑夜理解为"阴",把白天理解为"阳",把一个昼夜分成二十四个时段,两个时段为一个时辰,那么子时(子夜零点)的时间点为"太阴",午时(正午 12 时)的时间点为"太阳";黑夜到白天交界的时间点(卯时 6 时)便是"少阳"(阴中有阳),白天到黑夜交界的时间点(酉时 18 时)则是"少阴"(阳中有阴)。一天之中,便由太阴到少阳(0—6 时),由少阳到太阳(6—12 时),由太阳到少阴(12—18 时),由少阴到太阴(18—24 时)。一年四季天然气象也可以据此推论,由冬天到春天,由春天到夏天,由夏天到秋天,由秋天到冬天。四象的意义和应用范围由此拓展开来。

大约秦汉以降,四象学说逐渐与古代天文学关联,把远古星宿信仰中的青龙、白虎、朱雀、玄武结合进来,青龙代表少阳,白虎代表少阴,玄武代表老阴,朱雀代表老阳;并与东、西、南、北方位关联,分别代表四个方向上的群星

（也称四神、四灵）；同时出现"东方为苍龙象，北方为玄武象，西方为白虎象，南方为朱雀象"之说，而传统的方位是左为东、右为西、前（上）为南、后（下）为北，于是就有了"左青龙、右白虎、前朱雀、后玄武"的方位学基础。这四种动物的出现才真正确立了"四象"之本义：四种动物的象义。动物形象来源于古代天文阴阳学说，即二十八星宿学：东方七宿星群，如同飞舞在春天初夏夜空的巨龙，此为"东宫苍龙"；南方七宿星群，像展翅飞翔在夏天秋初夜空的一只朱雀，此为"南宫朱雀"；西方七宿星群，犹如深秋初冬夜空跃起的一头猛虎，此为"西宫白虎"；北方七宿星群，似寒冬早春夜空的蛇与龟出现，此为"北宫玄武"。

四象，还运用于风水堪舆，并形成建筑方位之理论。就是到了今天，风水四象仍被广泛运用于房屋的选址、建造、布局等方面，人们循着"左青龙、右白虎、前朱雀、后玄武"的原理，提出"左活、右通、前聚、后靠"的原则，即房舍左边要有溪水河流，右边要有通畅长道，前面要有池塘湖泊，后面要有山地丘陵，四周一派生机勃勃的吉祥景象。皇宫、民房都要求面南坐北、面水背山。虽然今天的建筑学广泛引入西方建筑理念、建筑风格，但不可否认的是，古人的风水学，实际上是今日中国本土的建筑方位学。为了节省土地和空间，现代住房建设向高楼化、套房化发展，但区内总体规划仍然会考虑中国的建筑方位学原理，许多高档的别墅和庄园，仍然是古色古香的风水四象式建筑。

四象也由 2 生 4，但数字本身同样是"生"不出来的，是其道其理才能"生"出。今人较少研究四象学说，但在中国传统文化里，四象学说是左右对称、阴阳协调、运动变化等的原理之源。它既考量事物的四平八稳，又明晰风水的四通八达，还可确立高远的四方之志；时令上的四时八节、四时充美，变动时的四清六活、四方辐辏，疆域中的四海一家、五湖四海，治国者的四海升平、泽被四邻，登高者的群山四应、文采四溢，等等，皆从四象学说生发出来。中国本土管理之道，亦需要眼观四处、耳听八方，更应该德被四方、四海承风,让人四肢通泰、四周安逸,让事四冲八达、四亭八当,达到四海波静、四方来归。说白了,人心要正、人心要稳、人心要顺、人心要聚、人心要振、人心要和,是为心居中正、四方协和。

总而言之,从企业管理角度看,三才学说、四象学说让我们明白,无论是企业运营还是人力资源管理,市场没有绝对的好与坏,人员没有不变的优与劣,运势没有绝对的吉与凶,了解其本质,理解其思想,掌握其方位,企业的发展会朝着顺畅的方向运行,组织里的人员会朝着优秀的方向发展。

第二节　华夏模型之文化基因

华夏人文始祖伏羲首创易道八卦,自然,中国文化基因必与《易经》有着血脉相传的关系。中国社会的方方面面、中国人的言行举止、中国文化所推崇或反对的一切,大多与这一文化基因有关。先人在伏羲所画八卦中演变、生化出来的所有学问,都深藏在一个个的易道文化模型中。本节主要探究《易经》中5、6、7、8、9的易数易理及其文化基因。仍要说明的是,西语是表音文字,与希腊字母、阿拉伯数字切合度极高,再加上西方的古原子论物质观重数量特征,一些复杂的内在关系非常适合于用数字公式表述。而汉语是表意象形文字,文字本身、词语本身就包含了丰富的内涵,所以真正的模型是在文字产生之前,用一些符号来呈现事物或思想之间的逻辑关系、内在要义。如果说西方擅长近代形成的数理模型,重在突出其数学关系,那么中国擅长自古而然的符号模型,重在突出其逻辑关系。中西方各有优势所在和特色体现,无须厚此薄彼。

一、河图洛书之文化模型

前面已说过,易之道理起始于八卦图。八卦图又是从"河图""洛书"(见图 3-2)而来。《易经·系辞上》说:"河出图,洛出书,圣人则之。"这里说的是伏羲氏时期,传说有龙马从黄河出现,背负"河图"献给羲皇;又有传说

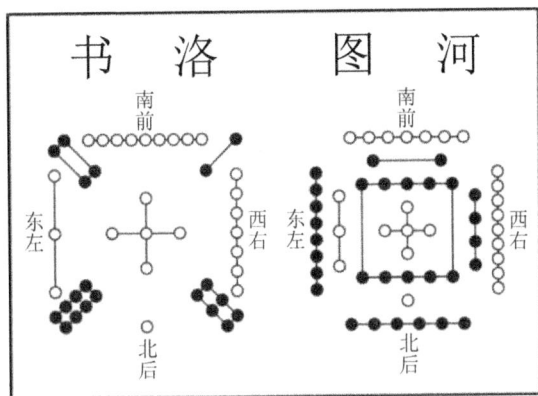

图 3-2 河图洛书文化模型

云,大禹治水时,有神龟从洛水出现,背负"洛书"。伏羲根据此"图"此"书"之显现出来的内容,画成八卦。后来周文王姬昌又依据"伏羲八卦"(先天八卦),研究出"文王八卦"(后天八卦),并将三爻卦排列叠加而成六爻卦,这就是六十四卦之"易"的由来。而八卦,以及衍生的六十四卦,所要表述的是宇宙乾坤之大道理。正如前面所说的,《易经》告诉人们的哲学道理是,万事万物及其万理,变易中都会回归到本原,而本原是极其简单的,所谓大道至简,懂得了这一点,也就能明白"天下"所包含的真正道理;这样,就可在天地之间、万事万物之中处于一个适中妥当的位置。这就是"中国"之"中"的最初含义:易道至简,易理居中(中庸之本意)。从这一点出发,中国人文的根本点就是:守持本心、正道居中。

那么,什么是象、什么是卦辞、什么是爻辞呢?《易经·系辞上》:"圣人设卦观象,系辞焉而明吉凶,刚柔相推而生变化。"这是说,象是卦象,圣人创设六十四卦而观察揣摩每一卦,从中探索宇宙之理、人间之道;各卦各爻都撰写有文辞,让人明白世间吉凶的征兆,明白在阳刚阴柔相互推演中产生的无穷变动及其变动中引起的事物性质或形态的变化。《易经·系辞上》还指

出："彖者,言乎象者也。爻者,言乎变者也。"彖辞,说的是卦象的道理;爻辞,说的是每一爻的变化。简言之,彖辞解释卦理,爻辞分说每爻的不同。

有了易之八卦图、六十四卦卦象卦理,中国文化就诞生了,给后人提供了宝贵的治理大道、管理大法。先古洪水泛滥,先贤圣人大禹依八卦图而治水成功,并根据河图洛书将天下划为九州,将治国方略确定为"九章大法",大获成功,实现社会发展。后收入《尚书》中,名《洪范》而传百世。所以,河图与洛书是中国古代流传下来的两幅神秘图案,历来被认为是河洛文化的滥觞,由此开创了中华远古的文明,也开启了"天、地、人"和谐相处的大智慧。《易经》的每一卦都是由两个三爻卦组合而成的,而三爻卦就隐含着"天、地、人"的意义,这与前面所说的"三才学说"的内涵是完全一致的。

河图、洛书的传说,流传极为广泛;明知是个传说,却找不到任何史证来否定这个传说,同时也找不到最初画这两个图的有关记载。河图洛书起源,遂成千古之谜。笔者有两种猜想。其一,伏羲作为圣人先贤,上观天象下察地理,日日在黄河边上思考,因河边或河中或河上某个因素(如河边饮水的马或是水中跃起的鱼)触动灵感而悟,或思虑久了幻化出类似海市蜃楼的景象,长久以来思考的结果反映在河图上了。其二,有可能是先民在长期摸索中形成了河图洛书中的模型图,通过一定的仪式敬献给羲皇或大禹,为了神化圣人,就有了传说中的故事。也许后一种猜想更接近事实,因为人类初始时期,人们习惯模仿自然物象的一些特征,刻在龟背和兽骨上(甲骨文之由来),作为经验对人们的生存提供警示。已出土的大量商代甲骨文多刻在龟背和兽骨之上,内容多为占卜之辞。"1987年安徽含山县陵家滩原始社会末期墓葬中出土距今5000年的玉片和玉龟,据专家考证,是无文字时代原始先民把天地、北辰、四维、四时、八方、八节、八卦和洛书之数融为一体的宇宙图式,也是原始的洛书和八卦图。出土的玉版、玉龟的年代,比大禹治水还早1000年左右。"[1]也正因为如此,2014年河图洛书传说经国务院批准列

---

[1] 先天八卦敕令[EB/OL].[2020-02-01].http://www.zzqpc.com/all/show-154666.html.

入第四批国家级非物质文化遗产名录。

从河图洛书可以看出,中国先民对数字是十分崇拜的,数字的出现使人类意识到自己的智慧和聪明。可以这么说,数字是文字的起源。黄帝时,"仓颉随帝南巡,登阳虚之山,临于玄泸洛汭之水。灵龟负书,丹甲青文以授之"(《河图玉版》)。仓颉为黄帝史官,他依河图洛书造出的象形文字成为中国最早的汉字和计数文字,故有"《易经》为文字之源"一说。

河图上排列成数阵的黑点和白点,蕴藏着无穷的奥秘;洛书上纵、横、斜三条线上的三个数字,其和皆等于15,十分奇妙。根据这一九宫格,中国商朝时期的商高就提出了"勾三股四玄五"的勾股定理。如图3-3所示。中外学者对此作了长期的研究,直到现在还在探索中。河图、洛书形式不同,本质相同,都表示历法和卜筮、四面八方、四时八节、八卦、九宫及五位统一的体系。这是中国先民思想的结晶,是中国古代文明的第一个里程碑。

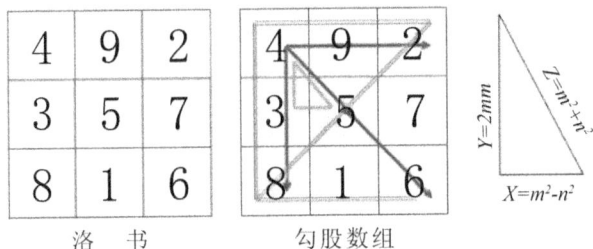

图 3-3　河洛文化九宫格模型

进一步分析,河图中的点数是55,其中1、3、5、7、9是天数,2、4、6、8、10是地数,天数累加是25,地数累加为30,两数之和为55。河图中的天数是奇,是阳;地数是偶,是阴,阴阳相索。据古代哲学家的解释,河图中上、下、左、右、中5组数目分别与火、水、木、金、土五行有关。

河图的数字性、对称性对八卦文化、易经易理以及后世的诸多文化都产生了巨大的影响。研究表明,河图之数有天地之数、万物生存之数、五行之数、大衍之数、天干交合之数、六甲纳音之数等。八卦的对称性也是从河图来的,乾坤即天地对应,坎离即水火对应,巽震即风雷对应,艮兑即山泽对应。另外,五行理论中的相生相克原理,亦与金、木、水、火、土五种物质属性相关。河图洛书还与二十八星宿有密切联系,与西方的黄道十二宫图均是对相同自然规律的不同表述(文化有差异,天体运动之理则相同)。

二、易经卦象之文化模型

河图洛书,是中国文化的起始状态,它像一个原始的规划,还没有具体落实。直到伏羲画八卦,才出现中国文字的雏形;文王演周易,才出现中国文化的发展。自"太极生两仪"的阳爻"——"、阴爻"− −"画出来,就开始了计数、进位制、排列、组合和象形文字。《易》被称为"经",是因为"经"是最神圣的典籍、最权威的著作,是一切真理的源泉,所以将伏羲画的八卦、文王推演的六十四卦和撰写的卦辞爻辞合起来称为《易经》,阐述天地的大道理、人生的大道理。《易经》仰观天文、俯察地理,中通万物之情,究天人之必变、所变、不变之理,通古今之知变、应变、适变之法,将其中的规律应用于社会实践,便是易学,而这天人之学全在《易经》的卦象模型之中。

前文提到八卦的原始形态是三爻一卦,两两相对组成的基本图形,如图3-4(a)所示。因为图为圆,将八卦图每一卦的初爻朝圆心(配以太极图),如图3-4(b)所示。初爻,坤卦左行,表示冬至一阳初生,起于北方;从乾卦右行,表示夏至一阴初生,起于南方。这一寒一暑,表示太阳在一年中的周期运动。再说中爻,都是阳爻的那半圈,表示白昼太阳从东方升起,经南天而到西方;中爻都是阴爻的那半圈,表示太阳落山后的黑夜,这是记太阳运行一日的周期图象。最后看上爻,半圈阴爻表示月亮运行的上半月,即朔;半圈阳爻表示月亮运行的下半月,是为弦。这就构成了伏羲(先天)八卦图,图象统一了年月日时的周期。

这样就定型了后世所见的八卦图,伏羲所画的是先天八卦图,文王改革成后天八卦图。"先天八卦讲对峙,即把八卦代表的天地风雷、山泽水火八类物象分为四组,以说明它的阴阳对峙关系。……后天八卦图又称文王八卦图,讲流行,即阴阳二气在四阳卦四阴卦中的流行。阳气上行,越上越强;阴气下行,越下越强;按照先天八卦布局,阳气所行,震入离位、离入乾位、乾入艮位、艮入震位;阴气所行,兑入坎位、坎入坤位、坤入巽位、巽入兑位。于是先天八卦变成了后天八卦。"①如图 3-4(c)所示。周文王为什么要改伏羲八卦创后天八卦,其与伏羲八卦的区别在哪里? 历朝历代有无数研究者想要弄清楚这些问题而从未可得。有人说文王为避免"天机泄露"而将后天八卦形成之因深藏,埋下"千古谜团";也有人认为孔子其实清楚后天八卦玄奥,但先人不说他也不能说,所以最多在《易传》里有所暗示。

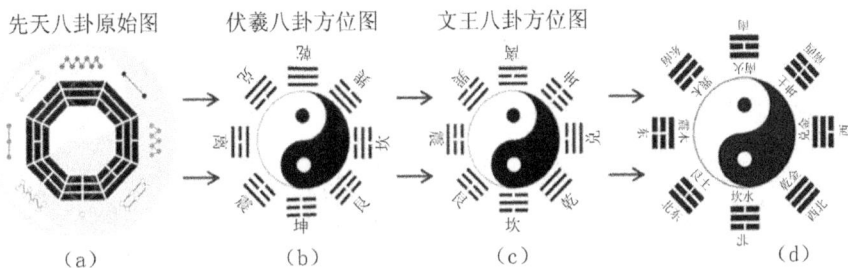

图 3-4 八卦模型的演变

但以下几点应该是明晰的:其一,先天八卦将一年中寒暑变化、昼夜变化的自然规律总结出来,显示在八卦图中;而后天八卦把阴阳二气的变动流行的方向与强度变动的高低表现出来。其二,先天八卦是总结规律,后天八卦是应用规律,所以,后人认为先天八卦是"体",后天八卦是"用"。其三,既然先天八卦是总结规律,那么后天八卦就是预测未来。事实上,人们探索哲学思想一般用先天八卦,进行星象占卜等预测则常用后天八卦。心和管理理论应用的是先贤的哲学思想,所以采用的八卦模型图是伏羲的先天八卦图。

---

① 徐井岗.人心管理论:基于国学与东方思维的中国管理理论[M].北京:经济科学出版社,2013:93.

从地理方位、特征、气象角度，可以找到后天八卦图的排列规律。如图3-4(d)所示，北位为坎，冬季寒冷来自北方，代表水，为子月（11月）、子夜；东北位为艮，代表山（大兴安岭、太行山脉），稳固，属土，为丑、寅月（12月、1月）、丑时、寅时；东位为震，春天雷起草木长（雷震、属木），为卯月（2月）、卯时；东南位为巽，风吹草木盛，为辰月、巳月（3月、4月）及辰时、巳时；南位为离，烈日炎炎光高照，代表火，为午月（5月）、午时；西南位为坤，夏秋之交大地收获，为未、申月（6月、7月）及未时、申时；西位为兑，秋收时节，云雨来而多沼泽，自是喜悦，为酉月（8月）、酉时；西北位为乾，金属矿产丰盛，秋冬之交天气转冷，为戌、亥月（9月、10月）。

先天八卦着重阐述哲理、道理、情理，通称易理；后天八卦着重预测命数、天数、异数，通称易数。心和管理学着眼于伏羲的先天八卦，重在管理哲学、管理原理的探索。

周文王姬昌创设后天八卦后，根据"生生不息"的原理，将三爻卦以上下叠加方式排列而成六爻卦：将三爻卦的八个卦（包括本卦），分别叠加到每一卦上面，每个三爻卦即可生出新的八个六爻卦，八八六十四卦。每卦叠加本卦时组成的新六爻卦，叫同卦。乾、坤、坎、离、巽、震、艮、兑，共有八个同卦，如图3-5所示。

图3-5　六爻八卦（同卦）

将宇宙现象、人生百态归纳为八大类，画成八卦，这需要超群的智慧，所以，伏羲、文王以及写《易传》的孔子都被称为圣人。八卦本身所总结的自然规律和体现的哲学意义，以及根据八卦可以推演出许多事物的变化，预卜事物的发展，足以说明八卦是人类文明的一个瑰宝，是宇宙间的一个高级"信息库"。一般来说，乾为天卦象：阳刚，刚健，自强不息；六爻皆盈满，故圆满、亨通,成功、重大,但刚多易折,含欠安之象。坤为地卦象:阴柔,地道贤生,厚载万物,运行不息而前进无疆,有顺畅之象;六爻皆虚,有破裂之象。震为雷卦象:重雷交叠,相与往来,震而动起出;震动,震惊鸣叫,惊惕,再三思考而动。巽为风卦象:柔而又柔,前风往而后风复兴,相随不息,柔和如春风,随风而顺;巽顺,顺从,进入而下伏。坎为水卦象:二坎相重,阳陷阴中,险陷之意,险上加险,重重险难,天险,地险;险阳失道,渊深不测,水道弯曲,人生历程曲折坎坷;绝顶聪明,"心诚行有功"。离为火卦象:离明两重,光明绚丽,火性炎上,依附团结;离散,离开,分离;虽比和,但内有冲突,谋事可成,却有周折。艮为山卦象:山外有山,山相连;静止,克制,沉稳,止其所欲,能挑重担。兑为泽卦象:喜悦可见,快乐照临人,口若悬河,善言喜说,如意悦心。如此,八卦两两相对,彼此交错,对称比较,变化万千,内里易理无限。

八卦,无论我们是否感到艰涩,都必须承认,它所包含的哲学道理、认识世界的方式方法,影响甚至左右着一代代中国人。有鉴于此,笔者基于先天八卦模型,建立起人心管理模型、双和思想模型、人心双和管理模型(心和管理模型)。

三、易数变动之文化模型

数字易经中,对社会生活影响最大的是"2、5、8"(阴阳、五行、八卦),其中,"五行学说"最早出现在"黄老道家"[①]学说中。五行取象比类,旨在描述事物的运动形式以及转化关系,将万事万物按照曲直、从革、润下、炎上、稼穑的性质划分为五类,在方位上就是四象的四方位东、西、南、北加上"中"(4→5),比类于木、金、水、火、土五大类别。五行不是简单的五种专属元素,其初始的含义是:木代表植物类、火代表热能类、土代表土地类、金代表金属

---

① 道家学说的最大分支,盛行于春秋战国时期,因推崇黄帝和老子而得名。主张虚无为本、因循为用,采百家之长,以经世致用、治国安邦。黄老道家尚阳,与老庄尚阴相对。

类、水代表液体类。五类元素，包含了自然界原始的、可见的五类物象。"五行学说"探索出这五个自然元素（物象）之间存在着的相生相克的关系，如图3-6(a)所示。相生，是指两类属性不同的五行事物之间存在相互帮助、相互促进的关系，即：木干暖生火，火焚木生土，土藏矿生金，金销熔生水，水润泽生木。相克，是指两类不同属性的五行事物间之关系是相互克制的，即：木克土（专胜散，故木胜土；因为树木可扎根土里），土克水（实胜虚，故土胜水；因为堤坝可阻止水流），水克火（众胜寡，故水胜火；因为大水可熄灭火焰），火克金（精胜坚，故火胜金；因为烈火可熔化金属），金克木（刚胜柔，故金胜木；因为刀具可砍伐树木）。五行与阴阳密切关联，所以一般合称"阴阳五行"，五行之间既是阴阳互根，又可以阴阳转换，其间蕴藏着一个非常重要的道理：从生到克，再从克到生，生与克之间是一个循环过程，而且可以转换，生中藏克，克中有生。

概括起来说，五行的"五"，是对宇宙间万事万物的五个种类不同属性的抽象概括（不是指具体的、单一的事物）；"行"是宇宙间万事万物的运动变化。生与克是一对矛盾的两个方面（阴阳），也是事物内部不可分割的两个方面。生与克又是相对的，没有生，就无所谓克；没有克，也就无所谓生。有生无克，事物就会无休止地发展而走向极端，造成物极必反，由好变坏；有克无生，事物就会因被压制过分而丧失元气走向衰败。在生与克这个对立与统一的矛盾中，无论是"相生"的一方过分强势压制了另一方，还是"相克"的一方过分强势压制了另一方，都会因对立力量强弱变化而打破相对平衡或统一局面。事物就会向一方倾斜发展。为了维护相对平衡，生与克须力量平衡、相互牵制。当不能相互牵制时，平衡被打破，事物就会出现变化。这些原理在现代科学中都已得到验证，并被广泛应用。但因运用过程掺杂一些迷信观念和糟粕，五行学说被人说成经验主义和神秘主义，认为阻碍了科学的进步。这是一刀切思维，既不公道也不科学。

中医五行理论从清末民初开始一直被诟病甚至被全然否定，是因为很多人看到了西医的优势而看不到中医的优势,看到了中医的弱处而看不到西医的短板;还因为批判者不了解原子论与元气论之内涵差异、汉语与西语之功能差异,以及中医千百年经验总结的内在原理。中医理论来源于元气精气之说以及医疗经验(如"望闻问切"四诊合参的方法),还来源于阴阳五行思想(人体机理、气血脉象、经络穴道)等。先秦诸子百家中有"医家",中医经典有《黄帝内经》等。中医把人体看作一个小世界、小宇宙,从整体观角度论述医学,呈现了自然、生物、心理、社会"整体医学模式",其基本素材来源于中国古人对生命现象的长期观察、大量的临床实践以及简单的解剖学知识。

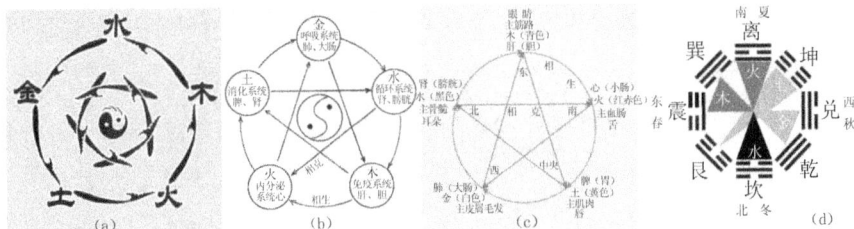

图 3-6　五行模型的演变

而西医与西学具有一致性,属于"分科而学"的科学,每一科都分得很细,以至于不同科别"隔行如隔山"。内科医生不会看外科,骨科医生不会看五官科,妇科医生不会看脑科,泌尿科医生不会看儿科……反过来亦然。中医则是综合整个人体进行考量。人体世界里也有相生相克、互为关联的五行,每一行就是身体里的一个大类别,见图 3-6(b)、(c)。显然,五行是一个独立的中国特色模型;八卦也是一个独立的中国特色模型,五行八卦相合,其关联关系如图 3-6(d)所示。中医原理只是这个模型里的冰山一角。广泛应用于中国文化的五行模型,代表着中国文化多方面的内容,与人体世界的方方面面、自然界的方方面面相对应,构成了内容极其广泛的五行体系,如表 3-1 所示。五行体系的这种广泛性,证明了五行模型的巨大价值。

表 3-1 五行与自然界、人体世界的关联特性

自然界								五行	人体世界							
味	色	性	化	气	季	方	果		脏	腑	态	体	窍	声	液	华
酸	青	温	生	风	春	东	李	木	肝	胆	怒	筋	目	呼	泪	爪
苦	红	热	长	暑	夏	南	杏	火	心	小肠	喜	脉	舌	笑	汗	面
甘	黄	平	化	湿	长夏	中	枣	土	脾	胃	思	肉	口	歌	涎	唇
辛	白	凉	收	燥	秋	西	桃	金	肺	大肠	忧	皮	鼻	哭	涕	毛
咸	黑	寒	藏	寒	冬	北	梨	水	肾	膀胱	恐	骨	耳	呻	唾	发

所以,阴阳五行理论作为中国文化的重要内容,尽管还存在着一些主观意象和神秘倾向,但若去粗取精、去伪存真,足以为心和管理提供哲学思想依据和基础模型。

"2、5、8"外,六合也是一种重要的哲学概念。六合从四象来(4→6),四象东西南北,再加两个方位——上方位(天)、下方位(地),就成了六合(又称六极)。合起来就是上(天)、下(地)、东、南、西、北,简称天地四方,泛指天下或宇宙。六合思想的核心为天下规律,六合即六方位皆合,所以有"知六合者知天下"之说。六合思想是阴阳思想的灵活运用,天下之六合为阴阳合、天地合、男女合、时空合等。应用在心和管理理论中就是每一个职场人、每一个组织,都要修炼至与上合(上级)、与下合(下属)、与左右合(同事、客户)、与内外合(内部部门、外部关系户),达六合,天下得。

图 3-7 六合

东汉张仲景的医学名著《伤寒杂病论》,运用六合原理把病征分为阳明、太阳、少阳、厥阴、太阴、少阴六种,称中医"六经"。即在四象基础上,加"阳明",为阳中之阳,加"厥阴",为阴中之阴(见图 3-7)。《黄帝内经·素问》说:"六经为川,肠胃为海。"这个原理应用于管理学,也是相当有价值的,上、下、左、右、内、外六方关系为"川",疏通这

六方,便是管理的高境界。

六合在太极图中的方位,若加上中心点,就构成了一个形似北斗七星的图形(6→7)。北斗七星可以指明方向、分辨季节,用在风水推演中,产生了"七星命理学"(中国传统的一门命理预测方法,与"四柱八字""紫微斗数"等同为命理预测的一个分类)。因非心和管理研究重点,在此简单带过。

第三节　对立统一之辩证文化

谈到"易经哲学",学界一般会用"朴素的唯物主义哲学"称之。"朴素"一词,框定了中国古代哲学是唯物主义的最初形态,认为古人对事物的认识带有某种神秘色彩。这可能是因为对易经哲学认识尚不深入。把木、金、水、火、土只是看成五种具体的物象,自然是朴素唯物主义;把阴阳两仪看成占卜算卦看相,则连朴素唯物主义也算不上。换一种思路,简易、变易、不易"三易"中,简易既是起始也是一个阶段总结,简易才是大道之本,变易、不易最后都回归简易。所以《易经·系辞上》说:"乾以易知,坤以简能;易则易知,简则易从;易知则有亲,易从则有功⋯⋯易简而天下之理得矣。"乾道让人了解变易之理,坤道让人懂得简约之道;平易就容易了解变易之理,简约就容易懂得遵从之道;容易了解就有人愿意亲附,平易遵从就让人努力建功⋯⋯明白平易和简约的道理,就可懂得天下的道理。此所谓大道至简。

在此基础上,把阴阳两仪、五行生克看成对立统一规律、量变质变规律、否定之否定规律,这便是辩证法三大规律,其核心是对立统一规律(亦称矛盾规律),即对立面的统一和斗争的规律。阴阳五行学说,深刻揭示了客观存在(自然界、人类社会和人类思维等)所具有的特点,即都包含着内在的矛盾性,都是矛盾的统一体。事物内部矛盾是事物发展变化的源泉、动力,这与阴阳互动、五行生克、八卦交错所表达的意义并无二致。阴阳互动、相生相克、八卦交错规律,诞生出道与器、破与立、利与害、取与予、方与圆、常与变等对立统一的矛盾体。这种易理大道、矛盾规律,就是心和管理理论中所说的"三易六学",其逻辑关系如图 3-8 所示。本节重点探索广泛应用在政治、经济、军事、文化等领域的六个对立统一范畴的易理大道和管理思想。

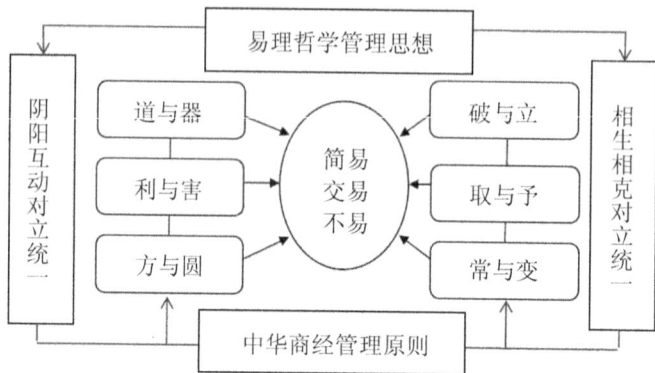

图 3-8 中华商经对立统一模型

一、道器与破立观念之辩

关于道与器,包括道与法、道与术的辩论,历经数千年;关于破与立的探索也源远流长。这里我们不是探讨孰是孰非,而是探索其带给我们的管理学意义。经过矛盾冲突、对立斗争后,人、事、物取得统一,这便是心和管理的原理之一。

首先是道与器的问题。这一对矛盾对立体,最早见于《易经·系辞上》:"形而上者谓之道,形而下者谓之器。化而裁之谓之变,推而行之谓之通。举而措之天下之民,谓之事业。"依其意,"道"指乾坤的知白守黑定式、阴阳的相和与变易法则,故"一阴一阳之谓道"。阴阳是一种无上的法则,自然是"形而上"。"器"是有形之物和因物取象的卦画,属于"形而下"。中国人、中国文化追求的是至高的"道",把凡是正确的路、有德的思想、正面向上的理念都称为"道",故而有道路、道德、道统、道义、头头是道、志同道合等说法;对不合理、不正确、无德、负面消极的会用无道、旁门左道、离经叛道、惨无人道、道貌岸然、大逆不道等斥之，归根结底，"得道多助、失道寡助"。中国人追求的修炼，修的就是这"道"。而"器"为有形之物，即中国文化所说的"生不带来死不带去"的身外之物。

需要注意的是这"道器论"后面还有"化而裁之谓之变，推而行之谓之通。举而措之天下之民，谓之事业"的表述。这里的"变通""举措"不可忽略。道与器要能变通，在道指导下"化而裁之""推而行之"制作成器，将器之妙用发挥到极致，然后总结提炼，上升至道，这就是变通，就是理论指导实践，实践上升到理论。将这变通之理形成举措施之于天下百姓，就叫作"事业"——真正的事业是为民服务的，这事业要因事、因地制宜——变通。所以，道与器的关系，应该是道为先、器为后的道器并重，两者之间在一定条件下可以变通。可惜中国几千年来关注的视角在于"形而上"和"形而下"的抽象性，故只着眼于心修、德修，将道发扬光大，而忽略了具象的"器"，导致古代社会"重道轻器"，未能在"器"的方面取得突破。结果，虽然中国古代制造业十分发达，却因不是"形而上"而没有在政策、思想、地位、收益上得到与"道"相当的重视。用今天的语言来表述，"器"是经济基础，"道"是上层建筑。经济基础不牢固，上层建筑将是空中楼阁。这是我们今天在探索道器问题时需要关注的。只是就管理学而论，中国似乎又陷入另一个困境，即过分重视"器"而忽略了"道"，导致无论是管理理论还是管理实践，现实问题重重。

《易经·系辞上》还说："是故阖户谓之坤，辟户谓之乾；一阖一辟谓之变，往来不穷谓之通。见乃谓之象，形乃谓之'器'，制而用之谓之'法'。利用出入，民咸用之谓之'神'。"这里是说开门闭户就体现了阴阳变化生息的道理，因为开门迎纳光明疏通气流，为阳为乾，闭户则幽静阴暗空气不流通，为阴为坤，乾坤可以是宇宙天理之大道，也可以是开关门户这样的小道。这门户一开一关便是变化，来来往往没有穷尽就是通达，这变通就是不能墨守成规而应变化通顺。一如道与器，不是一成不变，重要的在于变通以后显现出什么样的"象"让人可见到，在于能制作成什么样的"器"让人知其形，而这制造和使用器的理就是"法"。老百姓在出入进退之间就都可以利用其原理制造器并有效使用之。可见古代圣人希望用"道"开智、用"器"富民。"重道轻器"与"重器轻道",都是对道器关系的错误理解。

总结起来,道与器的关系既是对立也是统一的,先用"道"武装思想,然后用"术(法)"制造成"器";再从这制器之术、之法中总结提炼出新的道,更上一层楼。循环往复,这就是"道"不断升华、"器"不断增加的最佳之"术"。那么如何得术使道升器增呢?

这就不得不考虑另一对矛盾体"破与立"的问题。对这一哲学问题,很多人都不陌生,能随口说出"破中有立""不破不立"的道理。阴阳五行学说里,其实本就有这一原理,阴阳互转离不开这破与立,相生相克离不开这破与立。破与立,前提在于是否有德有福去破与立。

旧"器"旧"术(法)"破之容易,重点是有没有福德、有没有本事立起新"器"新"法"。其中的关键节点在于"道"——道德、能力。一个问题需要说明:我们习惯了"破而后立",重"破"而轻"立"。其实两者应该是相辅相成的,正如阴盛则阳衰,阳盛则阴衰,阴阳变动,恰到好处,便是"破""立"之道。中国的中庸之道,不是简单的位处正中,而是左右变动到一个合理合适的相对居中位置。就如阴阳变动到合理位置而生四象、而生八卦、而生万物。所以,破与立不是简单的"不破不立""破中有立",而应该是"不破不立,不立不破;破为破中立,立为立中破"。为了破而破,为了立而立,不是真正意义上的破与立。破与立,是置之死地而后生,是凤凰涅槃,关键是要能重生。破除旧"道"的目的是立起新"道",毁去旧"器"的目的是重建新"器"。九九归一,不是调头重来,而是更上一层楼的新起点。

破,要有"道"指引,否则就是破坏;立,要能新"器"生,否则就立不住。同理,破,要破除旧"器",否则就成换汤不换药;立,要有"道"为原则,否则就是无根之木难立住。故"立"是"和","破"也是"和",破立之间,皆为实现"和"之最高境界"心和"。

二、利害与取予利益之辩

利与害、利与弊的关系，也是从古辩到今。趋利避害是人之天性，人的一生似乎都是在努力实现这个目标。但是唯利是图时，便已埋伏下害；明知山有虎偏向虎山行，是奔"害"而去，却又焉知没有"利"？利与害之间，虽然是一对矛盾体，互为冲突，但"祸兮福之所倚，福兮祸之所伏"，"塞翁失马，焉知非福"。利与害如何达成统一，这是需要弄明白的。

老子说："天之道，利而不害。圣人之道，为而不争。"（《道德经·右契》）圣人告诉我们的道理是，自然的规律是让万事万物都得利、有好处，而不是伤害它们。这样，即便不是自己直接得到利，也会让他人得利，全天下皆如此，何愁自己不得利。圣人的行为准则是做什么事都不跟人争，不争就不会有害，无害便是得利；不争就可以置身事外冷眼旁观，看透事情本质就知道自己该怎么做最佳，是为利。这就达到了利与害的统一。五行生克原理也说明，克之是为了生之，生之必有克之暗藏，事物就在这生克之间生生不息。事实上，有一利必有一弊，做不到知白守黑，只想得利必会有害。所以要想得利益，先要求得心和。心和则不争，不争则利来。

有一部电视连续剧《一代大商孟洛川》，是以中华老字号"瑞蚨祥"创始人孟洛川为原型的古装商战剧，讲述了主人公孟洛川 18 岁起继承家业"瑞蚨祥"商号，并凭借自己的胆识将其发展成为民族品牌的故事，展现了一代儒商的风范。剧中讲到的一些经商的原则和道理非常经典，比如以秤（十六两制古秤）喻生意、喻人生的一段中提到："这秤上为什么要用十六进位呢？这是老祖上、古圣人给定的。十六进位制，十六颗准星，一、二、三、四、五、六、七，这表示北斗七星，告诫人们在用秤的时候，心中有方向，不可贪财迷钱，莫辨是非。一、二、三、四、五、六，这六颗星，表示东南西北上下六方，它告诫大家用秤的时候要心居中正、不可偏斜。这最后三颗星分别是福、禄、寿，你在给别人称东西的时候，你要是亏一两，就是折寿；亏二两呢，就是少禄;你要是亏了三两,那就损福啦。如果你给人家多秤了几两呢,那不就是给自己添寿、加禄、增福嘛！为什么秤上这些星要叫准星呢？以后给人称东西的时候,一定要称得准。所以说,这秤虽小,可以称人心呐！利益虽高,不取不义之财。"①这里把商场上的"利与害"通过一杆秤分析得十分透彻,这就是中国人的智慧,中国商界的道,中国人孜孜以求的人心和谐。该剧中提到,这秤杆叫"权",这秤砣叫"衡","权衡"一词就是来源于此。手拿这杆秤,要懂得权衡之道、用秤之道,得饶人处且饶人。剧中人物谆谆告诫:"要记住:称东西的时候,不仅仅是在称东西,还在称自己的良心,称自己的道德品行啊！"②

处理"利与害"的关系,与"取与予"这对矛盾体相关。取是获取,予是给予;取是获利,予是失利(或者是给利)。取与予,不是给小恩小惠而获取利,更不是只取不予。只取不予有失天道,天道一失,便再无利可取。处理好取与予,是平衡利与害关系的关键。解决之道仍是中国的阴阳之道、中庸之道、五行生克之道。阴与阳两仪之间,五行的相生相克之间,在于中不偏,庸不易,保持中正、平和。用现代语言来解释,就是"平衡",是取与予的平衡,是生意双方的和谐,是人心的平衡与和谐。从这个意义上说,中庸即平衡。

《一代大商孟洛川》借助师徒教学中的对话,把"取与予"辩证统一的这个道理给说得清清楚楚、明明白白:"生意的目的是'取利',但是,有的时候,取利之前,却需要给予,先予而后取,则是大智慧。'取与予'这个道理是平衡。在经商的过程中,或是日常生活中,如果利益双方得不到平衡,那么就会产生矛盾和冲突,如果矛盾和冲突,得不到合理的解决办法,那么最终,谁的目的都达不到。予,就是合理解决这一矛盾冲突的最好办法。通过这一

---

① 《一代大商孟洛川》经典台词［EB/OL］.［2020-02-01］. https://www. sohu. com/a/144446379_326611.

② 《一代大商孟洛川》经典台词［EB/OL］.［2020-02-01］. https://www. sohu. com/a/144446379_326611.

办法,解决了利益各方之间的平衡,最后达到了取的目的。"①该剧还从经商的角度总结了一个商人"取与予"之大道:"于己有利而于人无利者,小商也;于己有利而于人亦有利,大商也;于人有利、于己无利者,非商也;损人之利以利己之利者,奸商也。"②所以,先予后取,取与予之间要达到彼此平衡,利益平衡了,心也就平衡了,心和目标就达成了。

利与害,取与予看起来矛盾对立,其中的关窍,却在人之一念间。一念想对了,取利;否则,取害。予他人利,并不会自己取害,完全可能同样也取利,关键在于利与害之间、取与予之间是否达到了彼此平衡。双向平衡了,对立的也就统一了,人心就相和了,万事就通达了。这就是中国的"均衡理论",这就是中国的"矛盾对立",这就是中国的"中庸之道",这些内涵与其中的道理,远不是数学公式、数据模型可体现的。

对立是一个过程,最终须实现统一。所以,中国文化、中国哲学有这"统一"的本质内涵:人心协和。这一文化基础与哲学原理,应该比西方"对立统一"解释更深入,其发展方向也就更有人类对美好追求的规律体现。无论是利与害,还是取与予,都是中国文化内涵里从易道出发到易德的。也就是说,利害的选择、取予的掌握,都以德为基础,如此才能正确选择利害之间的适宜,取予之间的合度。《易经·系辞下》就说:"是故,履德之基也,谦德之柄也,复德之本也,恒德之固也,损德之修也,益德之裕也,困德之辨也,井德之地也,巽德之制也。"这里的履、谦、复、恒、损、益、困、井、巽,都是六十四卦中的卦名,分别对应履德,即履行(实践、执行)之德,此为建立德业的基础;谦德,即谦让(谦虚、谦逊)之德,此为施行德行的枢柄;复德,即恢复(反复探寻、回道善道)之德,此为正道善德之根本;恒德,即持恒(恒心、坚毅)之德,此为巩固德性之本原;损德,即损敌(损敌益己)之德,此为修养道德之途径;益德,即增益之德,

①　《一代大商孟洛川》经典台词[EB/OL].[2020-02-01].https://www.sohu.com/a/144446379_326611.

②　《一代大商孟洛川》经典台词[EB/OL].[2020-02-01].https://www.sohu.com/a/144446379_326611.

此为宽大道德之方法(损敌增益百姓便是德);困德,即脱困之德,此为检验道德的准绳(是否有助人脱困"大人"出现);井德,即匡正之德,此为居守道德之处所(井养以正,修身以正);巽德,即顺从之德,此为展示道德之机制(谦让恭顺,进退自如)。懂得了这些德性,利与害、取与予就能准确把握了。所以,矛盾对立,终归统一;对立是过程,协和是结果。

三、方圆与常变思维之辩

方圆之论,最早依然出自《易经》。中国先贤在对先天八卦的演化中,得出一个非常重要的宇宙规律:"天地运行图"——将《易经》六十四卦分列成圆形和方形两种图案,然后合二为一,如图 3-9 所示(俗称的"先天方圆图"①)。

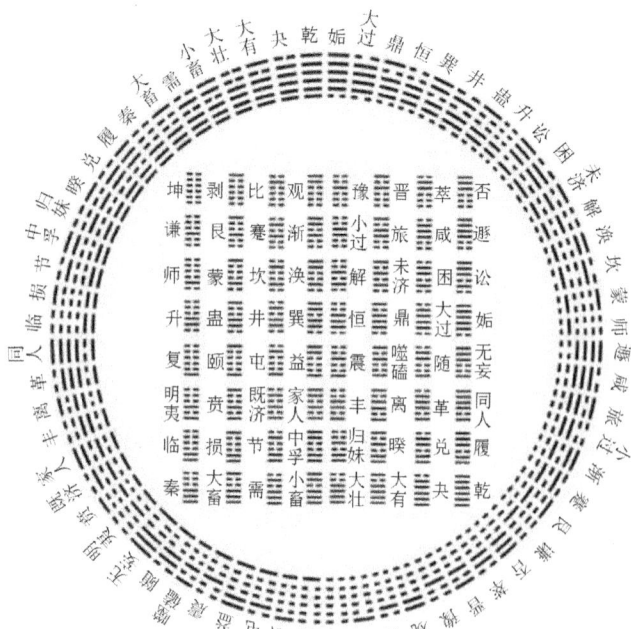

图 3-9　易经六十四卦先天方圆图

---

① 由北宋道家修行者陈抟老祖传出。

先天方圆图的内外圈都由六十四卦象组成,外圈圆形代表天的运转规律,中间方形排列的六十四卦象代表地的运转规律。其本质是《易经》阴阳体系中对天地生成及其运行的解读,天为主、地为次,天为阳、地为阴;天地相互感应,阴阳变动中生成了天地万物,其中人又正好由天地的精华物质所构成,因此被视为天地万物之灵,能够感通万物,是世间最灵者,故与天地并立而有天、地、人"三才学说"。

显然,天圆地方的认识,来源于对天——众多星体组成的茫茫宇宙,周而复始、永无休止地运动,好似一个闭合的圆周无始无终之"圆"的认识;对地——无声地承载着人类与万物的大地,有东南西北四方(或更细致一点的四面八方)之"方"的认识。事实上,圆的东西大多有好动、不稳定的特征,方的东西大多有静止、稳定的特征。这种认识世界的观点、方法,并不局限于"方圆"的几何形状,更重要的是体现在"天圆地方"的哲学抽象中,与《易经》体系一脉相通。道家是如此,儒家亦如此。《春秋》如是说,《尚书》如是论。

天圆地方在中国文化里主要的不是实指,而是人性上的管理哲学意义:"天圆"指的是心性上要圆融通达,"地方"指的是命事上要严谨条例,归根结底是"内方外圆"。这样,方圆的对立统一意义就明显了,而且可以应用在方方面面,如建筑上的天圆地方理念、钱币上的天圆地方理念(见图 3-10)。在中国人的思想体系、文化体系、艺术体系和日常生活中,仔细观察,无一处不体现出天圆地方理念。

图 3-10　外圆内方古钱币

儒家的治国方略典籍,充满了道家天人合一、天人感应、阴阳五行等易理思想、天圆地方理念。这一点,在西汉董仲舒和他的《春秋繁露》中展示得特别明显。董仲舒,古代著名思想家、政治家、教育家,唯心主义哲学家和今文经学大师,官至国相,也遭遇过罢官辞官。他的"天人感应"说,强调"天命"不可违,既说皇权神授天赐,又制约皇帝私欲;他的"三纲五常"说成为封建礼教之源,却维护了政治制度和伦理道德,其中"三纲"起到了一定的维护社会秩序、规范人际关系的作用,而"五常"所提之"礼、义、仁、智、信",用今天的语言来说都是正能量;他在提倡教化的同时主张用仁德代替严刑,强调以德治国,帝王应该秉承上天的意旨办事,用仁德的教化而非用刑法治理,"德治"为主,"法治"为辅。他的这些思想在《天人三策》《春秋繁露》两书中都有言及。

"德治"为圆,"法治"为方,"内方外圆",乃方圆之道。圆为运动、方为静止,动静须相宜;天圆为阳、地方为阴,阴阳须协和。如何相宜、怎样协和,在中国人非常熟悉的一句名言中得到回答:没有规矩不成方圆。语出《孟子》:"离娄之明、公输子之巧,不以规矩,不能成方圆;师旷之聪,不以六律,不能正五音;尧舜之道,不以仁政,不能平治天下。"①即使有离娄那样好的视力、公输子那样高的技巧,如果不用圆规和曲尺,也不能准确地画出方形和圆形;即使有师旷那样好的审音力,如果不用六律,也不能校正五音;即使有尧舜那样好的学说,如果不实施仁政,也不能治理好天下。可见,这里的"方圆",看似说几何意义,实则以"方圆"体现目标——动静相宜、阴阳协和。要实现这个目标,必须有规矩。

"内方外圆"的理念,还体现应用在自秦以来的宗法封建社会的统治思想中,这就是"外儒内法"的治国方略。"外儒"重仁政,统治者以仁德的面目施行仁政,让子民感受到国家治理的仁义、仁德,从而产生心理认同(得人心);"内法"讲法制,统治者要加强中央集权,重视刑法和进行社会改革,这就给民众以道德、行为的警戒。儒为"圆"——融通,法为"方"——刚劲规范。这两种思想秦汉时彼此杂糅,形成了互补的统治术,对后世的国家治理有着深远影响。将这种管理思想移植到个人身上,方,就是做人的正气、骨气和高风亮节,坚持原则和个性的独立;圆,就是处世老练、圆通,"温、良、

---

① 朱熹.四书五经[M].呼和浩特:内蒙古人民出版社,2009:115.

恭、俭、让"。所以方与圆是刚与柔、中庸与正气的统一体。"方"为人的内心、气韵、本质,圆为处事技巧、方法、手段。方圆之间,天地大道存焉。

这里需要清楚的是,其一,"圆"不是圆滑,狡诈,而是一种圆融的处世哲学,是一种有原则的随机应变。过分方正,不懂变通,不懂屈伸,容易折断。其二,什么事都有一个度,"圆"过了头,就成了圆滑奸佞,必将为人所鄙弃。其三,但有时候为了达到目的,需迂回行动。因为直养无害,曲能有成;曲直之道,即方圆之道。这就是直中见曲、曲中见直、方中有圆、圆中有方的道理。最高境界就是达到"内圣外王"。《庄子·天下》云:"是故内圣外王之道,暗而不明,郁而不发,天下之人,各为其所欲焉,以自为方。""内圣"为人格理想,就是修身养德,要求人做一个有德性的人;"外王"为政治理想,就是齐家、治国、平天下。这一观点虽由庄子提出,但与儒家思想有相通之处,故一直是儒家学者的最高追求。

然而,正如前面所说,方圆之道在于动静相宜、阴阳协和。只是这"宜"、这"和"不常有,一切总在变动中,即"常"与"变"在推动着事物发展,发展到一定程度就有了这一阶段的"相宜""协和"。"常"有恒久、不变、常则、常住的意义,与"静"即静止相通;"变"和"动"意义相通,有更、改、易、动、化、权(通权达变)等含义,指变易、变化。常与变,是中国古代哲学中关于法则的恒定性和变化性与执行的原则性和灵活性的命题。对此,《孟子》中的一段对话说得非常透彻:"'男女授受不亲,礼与?'孟子曰:'礼也。'曰:'嫂溺,则援之以手乎?'曰:'嫂溺不援,是豺狼也。男女授受不亲,礼也。嫂溺,援之以手,权也。'"(《孟子·离娄上》)此中的"权",即为权变之意。由此可见,严格坚持礼法是原则,针对实际情况和具体问题采取灵活对策是为"权"(即变)。

《荀子·解蔽》中提出:"夫道者,体常而尽变,一隅不足以举之。"这就是说,常与变是对立统一的,体常不变而能穷尽事物之变,事物之变又以体常为体。显然,这常与变同方与圆息息相关。以经商而言,天道以之诚,地道以之信，此为方、为常，不可变；善于审时度势，沟通权变，联系各色人物，调和各种矛盾，明辨祸福利弊，此为圆、为变。所以，电视剧《一代大商孟洛川》中利用一把尺子这样告诫员工："这尺子两头，一头是天，一头是地，以天地之道寓意诚信之道，中间还有人伦八德。这样的尺子拿在手里，可以时刻告诫伙计们，如果在给顾客量布的时候短尺少料，那便是在欺天、害地、缺人德！这尺子还有一层意思，就是天诚、地信、人德三者一体，寓意天与地和、地与人和、人与天地和。天地人三和，好境界。所以，我们定制一批这样的尺子，作为瑞蚨祥的法定用尺，发给各分号统一使用。尺上的字虽然是有形的，但是关键在于融会于行动之中，把这批特制的尺子，发给各分号，一年以后就不在柜台上使用了，而是作为布行的学徒和商务学堂练习量布时使用。柜台上仍然使用无字尺，手上使着无字尺，心中装把有字尺。"①

那么，如何圆、怎样变？陶朱商经明奥理，鬼谷六韬藏玄机。陶朱公著有《陶朱商经十八法》，分为"三谋"（人谋、事谋、物谋）和"三略"（货略、价略、市略）。这"三谋""三略"，不仅仅是陶朱商经十八法之要义，也是商人在商海立于不败之地的经商之法。圆者让他人舒服而乐意，变者让行为更有策略性而达目的。

---

① 《一代大商孟洛川》经典台词［EB/OL］.［2020-02-01］. https://www.sohu.com/a/144446379_326611.

第四章 人心管理理论

　　心和管理理论体系,主要涉及三个方面:一是"心和"之"心",源于中国修道明德、修身养性之"心文化",以此创设"人心管理理论";二是"心和"之"和",源于中国和衷共济、协和天下之"和文化",形成"双和管理思想";三是将"人心管理理论"与"双和管理思想"融合,建设中国本土的"人心双和管理理论",即"心和管理理论"。

　　这个过程中,笔者出版了阶段性成果:"人心管理理论"三部曲,包括《人心管理:生产力之新崛起》(中国教育文化出版社,2006)、《人心管理理论建构与哲学思考》(中国科学文化出版社,2009)、《人心管理理论——基于国学与东方思维中国管理理论》(经济科学出版社,2013);"人心管理突围"三部曲,包括《民企老板管理突围》(上海三联书店,2005)、《中高层管理突围》(黑龙江人民出版社,2007)、《员工管理突围》(黑龙江人民出版社,2008);"用智慧点亮企业"音像三部曲,包括《老板的管理智慧》《经理人的经营智慧》《员工的工作智慧》,三部作品均由中国科学文化音像出版社2012年出版,并以此为蓝本在《东方名家》栏目主讲《用智慧点亮企业》。之后,笔者对管理的本源基因、本质内涵、哲学思想、基础原理、构成体系、管理技法以及管理的伦理道德和学科建设等展开研究,以史为鉴,探索了中西方无序管理与粗放管理之后形成并发展的物本管理、人本管理,梳理了改革开放后中国企业与管理发展的历史及其基本规律,出版了《中国民营企业改革与实践》(辽宁教育出版社,2016)、《中国企业管理史论——物本、人本、心本管理的演变与中国管理理论的建立》(中国财政经济出版社,2017),总结归纳出无序管理、粗放管理、物本管理、人本管理之后的发展规律——进入心本管理,明确21世纪是中国本土管理理论及体系创建阶段,即以心为本管理阶段,并重点阐述"人心双和"管理原理。本章主要探索"人心管理理论",它是在上述阶段性成果基础上的总结、提炼、升华。

第一节 人心管理之基本理论

中国1978—2008年的30年改革开放,走完了西方百年工业的发展历程,经历了从私营经济复苏初期的无序管理,到企业创业之初的粗放管理,再到制度建设的物本管理,然后到引入人文关怀的人本管理四个阶段。这30年,对很多人、很多企业来说,如同快速播放的视频,风景像、人物像、声音快速掠过,眼花缭乱,刚刚变化的现实还没适应,眼前的世界又发生了翻天覆地的变化;既没给人以思考和思想认同的时间,也没给人以理论引导或实践检验的过程,市场自动过滤了许多东西,无论你接受不接受,历史的潮流激荡而来,裹挟而前,不以个人的意志为转移,四个管理阶段不到30年便匆匆翻页。如此,从无序管理到粗放式管理,从物本管理到人本管理,转换的界限不是十分明显,时间的长短也无法截然明晰,只是一种大体的划分,转换的过程中还可能有重叠、交叉,更重要的是,其间还穿插了"胆量管理""能人管理""关系管理",以及"军人管理""国企管理""农民管理""学院式管理""江湖派管理",甚至"拍脑袋管理"等模式。而这些模式,有照搬西方而不作区分的,有引进西方进而加以吸收的,也有本土原生的、传承的,还有在时代浪潮中推陈出新的。

所以,尽管西方经济理论、管理理论逐渐涌入,学界不断借助西方理论指点江山,但现实中,本土企业奉行的是"不管白猫黑猫,能抓住老鼠就是好猫"，各自走适合自己的企业之路。而这个"适合"，首先是人文环境的适合，是人们心理的认同。中国的管理必然是中国特色的，是植根于中国文化的中国本土管理。

一、人本走向心本的必然性

"实践出真知"，这是中国学问、中国研究的根本认知。一切经验皆从实践中来，"实践是检验真理的唯一标准"。哲学中认识过程的两次飞跃，也是从实践开始的，在实践基础上由感性认识上升到理性认识，即由实践到理论，这是认识过程的第一次飞跃；理论形成后的重要价值在于指导实践，从理性认识到感性认识，即由理论到实践，这是认识过程的第二次飞跃。显然，总结经验、教训是十分必要的，是一种认识能够飞跃所必须经历的过程，同样也是学问研究的重要手段。但如前所说，中国改革开放以来的经济发展过于迅猛，对应的管理学科理论体系尚未建立起来，因而需要引进管理学，这在市场经济初创时期起到了必要的推动作用。正因为如此，这一阶段出现"经济理论、管理理论西方化，职场环境、企业形式本土化"的状况。管理界在应用西方理论时，若其不适合则淘汰，然后选择或创造适合自己的管理理论。理论滞后于实践、理论无法指导实践的尴尬出现在管理领域：管理界明显缺乏第一次飞跃，试图直接用引进的西方理论指导中国管理，即跳过第一次飞跃的过程直奔第二次飞跃。没有第一次飞跃，中国管理理论也就没有本土的、现实的、对应的实践基础和理论基础。

在外商参与经营管理的"三资"企业，情况大体好一些。一方面，其有一定实力且直接从国外引进管理理论；另一方面，当时的政策重在鼓励引进外资，"三资"企业享受到"超国民待遇"，先一步做大做强，并因建立起西式管理体系，显示出初创时期强劲的引擎动力。但不可否认的是，"三资"企业毕竟在中国境内，中西方文化冲突在管理中会渐渐显露出来，水土不适应无可避免。更不要说纯粹的内资企业，虽然其也曾采用过引进式管理，但很快选择走自己的路、形成自己的特色管理。也就是说,无论是否有外资背景,只要在中国,企业最后都会走出一条适合自己的管理之路,实现健康成长。典型的有"海尔管理""联想管理""阿里管理""华西管理""横店管理"等模式。

在管理学界努力做着西方管理的"搬运工"时,一些非管理学界人士开始了"国学与管理"的教育,有识之士还开始了对东方管理、中国管理、儒学管理等中国式管理理论的探索。"人心管理理论"就是在这样的背景诞生的,它意味着中国管理理论从"人本"发展到了"心本",即进入心本管理阶段。

以人为本与以心为本,有人认为实质内涵是一样的。其实,这是对中国文化和心本管理的极大误解。首先来看"人本管理"的概念解释:"人本管理,即'以人为本'的管理模式,它不同于'见物不见人'或把人作为工具、手段的传统管理模式,而是在深刻认识人在社会经济活动中的作用的基础上,突出人在管理中的地位,实现以人为中心的管理。"[①]这里的重点是"人在管理中的地位",相对于以物为本的管理,"人本管理"的确把关注点放在人身上,体现出对人的重视。但显然,"人本管理"关注的重点是人的表现、人的外在需求的满足,所以管理上侧重物质激励、利益满足。所谓精神激励,比如职务提升、上司请客、培训机会等,本质上与物质利益挂钩。即使给予员工心理上的满足,事实上也主要是采取职位晋升、薪水增加等方式,归根结底还是利益满足。与中国文化推崇的"修身养性""厚德载物""民族气节"等在内涵上、做法上大相径庭。且不说修道明德,亦不说气节培育,单这"修身养性"四字,就不是人本管理能涵盖的——没有"心"字,却处处体现出心灵的梳理、心绪的审理、心结的清理、心情的整理、心态的调理。中国人最讲究的是"心"的护理、调理、修理、治理,这种文化特征,是"人性化管理"或"人本管理"无法涵盖的。

西方的人才资源管理理论体系中,有两个十分重要的概念:人力成本和

---

① 刘汉一,陈谨祥.管理学[M].武汉:武汉大学出版社,2009:227.

人力资本。对此,我们的疑惑就产生了。其一,把人力作为一种成本,就意味着与财务报表中其他的成本支出一样,本质上是物化的,而且与原本物化的材料、设备、工艺成本不一样的是,这种成本与人自身的文化程度(国家、社会和家庭赋予的)、工作经历(经验)密切相关,那么"不重学历只重能力"就成了一句空话。所以,心和管理理论认为,人力不是成本,因为人力无法计核,尤其是心理力量;成本是能够计算的那部分,比如员工薪酬,比如管理费用支出;但是人力不止薪酬,管理费不属于员工个人成本。从员工激励角度看,员工不会把用人单位对于人才的获得、人才能力的开发以及离职时的成本支出等看作"我的成本",员工只会把单位对"我"这个人的使用看作成本。所以,人力成本理论模糊了"应该付出"与"能够付出"的界限,让激励理论陷入"无用功"境地,也让自我管理、人品提升、悟道明德、气度气节等"人心管理"的内涵丧失。其二,将人力作为资本使用,其付出的任何体力或智力劳动,都以资本价值的形式体现,这显然与中国传统中的伦理道德观念、礼义廉耻理念、修身养性意愿不相吻合,同样也不利于人的精神管理,不利于人的心灵升华。

以人为本,本质上不应该是以人力为成本或为资本,而应该是以人的内心认知、心理认同、心灵升华为本。这是有 5000 年文明为根底的中国人文特性所决定的,也是人类所共有的内心需求所决定的。中国文化中,从《易经》的哲学思想,到儒学的"仁、义、礼、智、信";从道家的"无为而为""不争而争","人法地、地法天、天法道、道法自然"(《道德经·混成》),到佛家的生、老、病、死、怨憎会、爱别离、求不得"七苦",以及后加的一苦"五取蕴"①,体现出来的都是从外在的人到内在的心的教化、顿悟、觉醒、升华。佛家所讲的这"八苦",之所以苦,归根结底是因为心欲膨胀,是贪嗔痴的欲望问题——如果说生老

---

① 所谓五取蕴,指色、受、想、行、识,其中色虽带有物质性,但其更重要的是作为一种贪念;受为感受,想为思想,行为意志,识为意识,这四种属于精神性的东西。五取蕴总体说明人生痛苦的根本原因在于人自身。五蕴与贪取联结在一起,所以叫"五取蕴",五蕴与取的联结产生种种贪欲。贪欲才是受苦的真正原因。

病死是自然规律(其实若想长生不老、永远健康,那也是一种贪念、妄痴了),那么后面诸苦就皆为贪欲所致。中国文化追求的就是"心"的修炼,"心"的醒悟。也许有人还是会说,印度文化也是炼"心"的文化,这又不是中国文化的唯一。中国文化的修心,修的是当下,修的是人心,不只在山上,也不只在庙里,更需要在社会中,即讲究在修行中生活,在生活中修行——所谓红尘中炼心,人世间修心。

中国本土管理理论大厦的构筑,自然需要中国文化作为基本土壤、基本框架和基本材料,需要放在中国人文环境下,体现中国管理哲学思想、人文精神的内涵。当中华哲学思想、中国文化内涵升华为心灵之学时,才可能对世界具有一定意义的普适性。没有中国特色、没有中国元素,也就无所谓中国管理,更不要谈对世界管理的贡献了。从人本管理走向心本管理,既是中国本土管理的选择,也是世界管理发展到今天的必然结果。管理,一切矛头归根结底一定指向人,人的问题,归根结底是"心"的问题。而放眼世界,有哪一种管理文化能像中国文化这样以修心为上、得和为上?又有哪一种管理文化能像中国文化这样以走心为主、以协和天下为己任?!

一切管理从人心开始,一切管理以人心为终点,得人心者才能最终得天下。所有涉及物的管理、财的管理、流程的管理、技术的管理等,其关键点都在于对处理这些事的人的管理。人心管理理论,对应于西方的两点直线思维的管理是"制度+人本管理",对应于中国的多点曲线思维的管理是"制度+人心管理";西方的人本管理是以人为本,激发人的潜能,中国的人本管理也是以人为本,但着重于梳理心态。真正高境界的管理,是"以心为本"管理(简称"心本管理"),从人心入手达到人心顺畅、人心愉悦、人心凝聚、人心向上、人心认同。而人心管理的高境界是趋向协和,中华文明中的"和文化"所要达到的高境界是人心协和(彼此双和)。这便是"心"与"和"结合的"心和管理"之由来。

二、以心为本管理内涵探寻

人心最难捉摸，人心最难把握，人心几乎无法管辖、管束、管制、管窥蠡测。心和管理学认为，人心管理的重点不在于"管"，而在于"理"。"管"，用制度、用规章、用法律规范和约束人们的行为，使之在合规、合法范围内。这是管理的初级层次，当人们能自觉在规内、法内行为时，"管"的基本目标已经实现。若规内、法内行为达到习惯成自然、内化于心，就表明达到管理的中级层次——既能守规守法，又能自觉修心炼心。在此基础上重点转向"理"，这是管理的高级层次，因为"理"是直奔人心的，是对人的欲望、人的需求、人的本能、人的倾向、人的认同的梳理与引导。这时候，一般的物质刺激、常规的精神激励已起不到多大的作用，需要从文化视角深入人心，需要从人心视角谋求管理主动方与各方的双向协和。人心管理的"管理"，管的是行为、理的是人心；管为理打基础，理让管落到实处；理，是管理的重中之重。

心和管理，从人心管理开始。人心管理，是中国职场中的一种以心为本的人才资源开发（resource development，HR）模式，也是一种中国特色的以心为本的管理理论（theory of mind management，TMM）。具体说，是指以开发人才资源为切入点，以法规制度为基础，以中国人的公共特性为条件，以组织成员的心态平和正道、心境愉悦阳光、心灵纯净高尚为宗旨，以提升组织内外的精神生产力增强内生性能量为目标，着重通过各种有效的心灵梳理式管理方式，借助易理之全息理论，谋求各种社会交往中主客双方彼此和谐能动、协调共赢的一种管理理念、管理艺术、管理方式。人心管理理论以中国文化为根基，以心理学为养分，以中国管理哲学和思维方式为水源，以研究社会组织中与人相关的心理、心态、心情、心绪、心境变动规律，进而引导管理思想、管理手段为内核。人心管理既是一种心灵环保，也是一种心灵洗涤，还是一种心灵按摩，更是实现从内而外的内生性主观能动性的开发、激励、约束和促进的一种管理理论。其目标就是管好人、理顺心，人和、心和,万事和。

人心管理理论从尊重人出发,以人性善恶并存的假设为基础,以道德自律为核心,以阴阳互补为方法论,以安民富民为目标,建立起系统的注重人性特点和人心变动规律的管理模式。

人心管理通过八个法则予以落实。人心管理的八大法则,即欣赏管理、品性管理、感动管理、满意管理、心态管理、情绪管理、理解管理、精神管理。这八大法则与中国文化之源头《易经》中的八卦对应,乾坤离坎巽震艮兑八卦构成一个全息系统,系统内阴阳变动,互相作用,形成一个有机的整体。这就是说,人心管理是与中国文化基因相对应的,同时又是现代和谐社会管理的一种新思想,一套用以指导管理实践的新理论体系,为行政管理、教育管理、企业管理、社区管理、农村管理等各领域的具体管理提供中国本土的理论基础,是从中国文化传承的内涵上寻找的管理根源,是从人心根源上寻找的提升管理绩效之依据的管理新思想。总而言之,处理人心不顺、人心不稳、人心不聚、人心不正、人心不古的方式与方法就是人心管理八大法则,最终结果是人心和畅、组织和谐、内外和煦、社会和美。

人心管理理论是建立在一定的规范的基础上的,而且人心管理理论本身就有对"人心"的约束和规范要求。只是人心管理理论更强调人的自我约束和自我规范,并通过人心管理,引导和要求人们加强自我约束和自我规范。其主要目的是解决组织中人的力量发挥问题,即生发人的内生性力量、激发人的主观能动性。显然,以心为本的管理,就是以人心为管理之根底、之本源,以人心管理理论为思想指导,通过对人的言行的管制约束、对人的心理的沟通梳理,使心聚、心正、心暖、心畅、心稳、心愉、心振、心和,达到人与自己、人与世间万物之间双向和谐,实现人才资源最佳开发和人才资源最优管理、人心最高支持和人心最高认同的一种管理思想和管理行为的总和。

从企业管理角度说,在一味追求业绩的观念之支配下,不少企业长期以来侧重对人的言与行的管理,忽略了对人的心与思的管理;注重教条式的思政教育,疏于内生性的修身养性。结果就是,人心散、人心浮、人心乱、人心冷、人心堵、人心苦,甚至于人心趋邪、趋恶。这是提出人心管理理论的现实背景。为此,人心管理理论强调以管为基础,以理为重心,管是理的前提,理是管的结果,管人是手段,理心是根本。三分管,七分理;管住言行使其符合社会进步需求,理好人心使其推动社会和谐发展。管与理相辅相成,推进社会清明、组织高效。

三、人心管理理论基本体系

心和管理,目标是"心",目的是"和";"心"为管理对象,"和"为管理意愿。所以,心和管理首先是如前所说的人心管理理论,在此基础上才是双和管理思想。两者合一,是人心双和管理,即"心和管理"。心和管理具体落实在管理行为上的重要内容是人心管理(目的为达到双向协和),这是管理理论的开创思路、管理实践的行为思路,也是管理方法的体现,更是"心和管理"的基础理论。

人心管理理论,源自中华"心文化"。心文化起源于易理、发展于国学,其中阴阳五行八卦模型,是建立人心管理具体管理模型的母本,因为五行模型也好,八卦模型也罢,都是阴阳运动规律下完整的无息系统,各相关要素之间互为关联,有效地把人心管理理论中的"五行人才管理模型""八卦管理模型"及其八大管理法则的相关要素统领起来。

《易经·说卦传》曰:"昔者圣人之作《易》也,将以顺性命之理。是以立天之道,曰阴与阳;立地之道,曰柔与刚;立人之道,曰仁与义。兼三才而两之,故《易》六画而成卦。分阴分阳,迭用柔刚,故《易》六位而成章。"天地阴阳之中,有人的存在才完美。天、地、人构成三才理论。所以先天八卦三爻一卦,"兼三才而两之";有六爻卦,每卦仍是上下两个三爻卦,三爻分别为天道、地道、人道,天道讲阴阳,地道讲柔刚,人道讲仁义。如图4-1所示,天道阴阳为管理哲学——阴阳协调,地道柔刚为管理之法——刚柔相济,人道仁义为管理之术——仁义相和。卦象中,下卦(内卦)为事物发展的阶段,第一爻为起始,第二爻为成长,第三爻为发展;上卦(外卦)为事物成熟到极致的阶段,第四爻为深度发展,第五爻为事业巅峰,第六爻为发展极致(有的在此转而下行)。六爻就是世间万物从诞生到结束的一个循环,但许多人、许多事,鉴于种种原因,其实无法走完一个循环,往往会在中途跌落而回归起始点。若能走完一个循环,则意味着进入一个新循环。所谓"新",即不再是原有循环的重复,也不是原地踏步,而是"更上一层楼",是从一个新起点开创出一个崭新的创新时代。

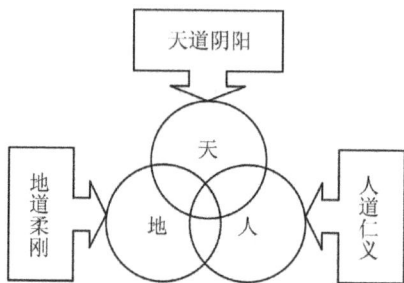

图 4-1　阴阳三才学管理模型

在六爻卦中,若阴爻居阴位,阳爻居阳位,则德才配位,为吉;反之,德才不配,阴阳失和,或过刚或过柔,为凶。所以,一个真正有才的人,必须是德与才相谐相和,合天道、合地道、合人道。人心管理理论的第一个原则就是德才配位。这就决定了人心管理的重要任务是识别人才、培育人才、选拔人才、任用人才并留住人才,此即人才资源开发系统所必备的五项内容。这五项内容形成了一种相生相克的关系,相生关系在于识别了人才就能选拔出人才,选拔出的人才就可加以培育,人才培育好后则可任用人才,任用好人才,还要留住真正的人才;相克关系在于识别了人才就能减少培育人才的支出,培育好了人才,也就不需要专门花精力留人才,留得住人才,就不用担心人才的任用问题了(留下的本就是已任用的),有人才可任用,说明已经能识别人才。这种相生相克关系与五行模型图具有一致性,合二为一,就构成了五行人才模型,如图 4-2 所示。"识才"是中心,是基础,也是前提,贯穿于组织成员职业生涯的全过程。认识人的品德、性格、优势、弱点、亲和力、合作力等,是人才工作的核心。在此基础上进行合理选拔——人才的招聘、选拔,精心培育——人才的激励、培育;确定了本企业所亟须的人才并成功聘用后,则要进一步考虑如何用其所长——人才资源的有效开发与有效配置,如何留住人才——人才的物质保障、人心的认可与接受。人心管理理论的第二原则就是识才、选才、用才、育才、留才"五才"机制有机融合。

要达到"五才"合一,实施人心管理就显得非常必要了:用阴阳性格分析法、五行性格分析法等中式性格分析法识别人才,以欣赏管理、品性管理原理选拔人才,以精神管理、心态管理原理培育人才,以情绪管理、满意管理原理使用人才,以理解管理、感动管理原理留住人才,如图 4-3 所示。人心管理理论八大法则中,每一个管理法则专司梳理人心管理的一个心理侧面,或者叫实现人心管理的一个分支目标(后文还将涉及协和的一个分支目标),如图 4-3 所示,八法合一,从而实现人心管理总体目标:人心双和。

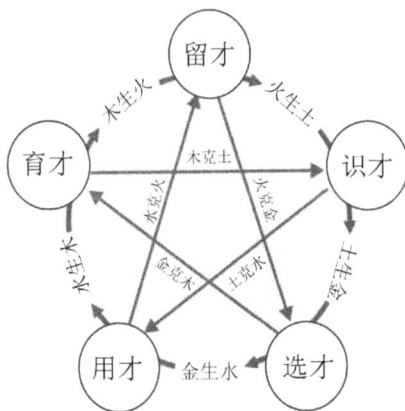

图 4-2　人才五行模型

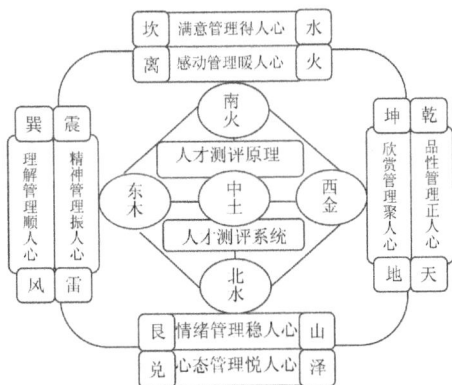

图 4-3　人心管理五行模型

每一个分目标又分三个层级:初级目标(让人心服口服、心平气和、心地善良、心有所属,是让人们逐步达到心中有数、心明眼亮、心态平正、心有所驰)、中级目标(让组织成员心悦诚服、心花怒放、心口如一、心无所累,使组织成员对组织目标和精神心领神会,因而心胸开阔、心情舒畅,并且心无杂绪)、高级目标(达到做事心甘情愿、合作心照不宣、心境心旷神怡、就职心满意足、享受心安理得、精神心灵满足、思想心存高尚、生活心理阳光)。每个高级目标的实现都标志着人心管理的一个分解目标的实现,以及"和"的一个分支目标的实现("和"的具体内容另章专述)。

人心管理八大法则,在具体企业管理中可同时建设起拥有八个细分机制的一个管理系统,它们与八大法则对应,分别是用才机制、选才机制、经营机制、情感机制、沟通机制、育才机制、疏导机制、留才机制。人心管理理论的上述内容,又与易经八卦相对应。具体的对应原理与对应内容如表 4-1 所示,这里先作简单说明,详情后文阐述。

表 4-1　人心管理八大法则体系与目标体系

八卦	八卦内涵	管理法则	管理机制	管理的目标体系		
				人心管理三级目标	心目标	和目标
乾卦	自强不息	欣赏管理	用才机制	心服口服、心悦诚服、心甘情愿	凝聚人心	人心和顺
坤卦	厚德载物	品性管理	选才机制	心地善良、心口如一、心安理得	正道人心	人心和善
坎卦	适度满足	满意管理	经营机制	心明眼亮、心胸开阔、心满意足	获得人心	人心和平
离卦	情感升华	感动管理	情感机制	心平气和、心花怒放、心旷神怡	温暖人心	人心和美
巽卦	谦和顺畅	理解管理	沟通机制	心中有数、心领神会、心照不宣	顺畅人心	人心和谐
震卦	震撼修省	精神管理	育才机制	心有所属、心无所累、心存高尚	振奋人心	人心和爱
艮卦	不动如山	情绪管理	疏导机制	心有所驰、心无杂绪、心理阳光	稳定人心	人心和煦
兑卦	亲和柔顺	心态管理	留才机制	心态平正、心情舒畅、心灵满足	喜悦人心	人心和悦

第二节　人心管理之八法八目

《易》从八卦画出现到形成图符,从先天八卦、后天八卦到演化出六十四卦,从卦辞爻辞到《易传》出现,最终编成《易经》,就已历经4000多年。《易经》中蕴含着万世万事都颠扑不破的真理:宇宙时空、乾坤大道的运行规律,在《易经》之中;入世哲理、出世禅理的内在奥秘,在《易经》之中;自然物象、社会发展的生克原理,在《易经》之中;人生奋斗、事业成就的基本道理,在《易经》之中……仅仅一个名词"八卦",就可以衍生出诸多"八卦文化"——八卦掌、八卦拳、八卦阵、八卦炉等,八卦方位又可衍生出八方、八面、八位、八荒等,后世对应其数位而成八目、八德、八法、八行等文化内涵……与"八"有关的文化现象还有八角、八股、八节、八绝、八斗等;四平八稳、四通八达、四衢八街、四至八道、四亭八当、四时八节、四邻八舍、四里八乡等,看似与八卦无关,其实大多与"四象生八卦"有着直接或间接的关联,丝丝缕缕都从《易经》中牵出来。

正因为如此,中国本土管理的理论模型从八卦中生发,也是自然而然的。前提是,管理体系与八卦模型在内在逻辑关系、内涵要义上应自然对应,能够生成系统的全息性,绝不允许牵强附会。本节研究的就是人心管理理论八大法则、八个管理目标。企业管理中的八项德性、八种行为等与八卦的对应,既要符合易理思想内涵,又要符合八卦全息关系而构成人心管理八卦模型,并通过此模型而衍生相关管理模型,把德性、方法、管理目标等相结合,在丰富人心管理理论的同时,继承和发扬八卦文化、易理思想。

一、易数为核心的管理八法

前文对中国历史长河、文化海洋中"数字易经"0—9的内涵进行了详解,若再对《易经》生成的中国文化基因、思维模式及其管理思想与管理方式方法展开探索研究,则可以形成"中国易数管理理论体系",如表 4-2 所示。

表 4-2　中国易数管理理论体系

易经内涵	易数	易理智慧	管理内涵	管理范畴
无极	0	无穷无尽无为而为	无极哲学思想	管理哲学
太极	1	万物化生生生不息	太极哲学思想	
两仪	2	万物运动对立统一	阴阳哲学思想	
三才	3	法天正己知常明变	天人合一思想	管理原理
四象	4	四方定位四时循环	阴阳互动原理	
五行	5	事物生克变动转化	五行性格原理	
六合	6	天地四方彼此和合	人脉弥合原理	
七星	7	阵法命理趋吉避凶	谋变布局体系	管理系统
八卦	8	宇宙万象卦义推演	八卦全息系统	
九宫格	9	洪范九畴治理天下	数理变动模型	

　　这里需要把握几个层面:其一,0—9 十个数字所代表的首先是"易象数学",也就是从易学之象(如太极图象、八卦图象等)中解读其数,这是易学的基本点,应用于管理学就是管理的原理部分、基础部分;其二,深入探寻易象数字内涵,里面还有着特殊的数字表现规律和每个数字固有的易理内涵体系,这就是"易理数学",展现出每一数字的易理智慧,反映在管理上就是具体的易理管理思想、方法,形成独特的易理管理模型和系统;其三,如果说前面两个层面是对 0—9 十个数字的静态理解,那么,还可以从排列组合视角解读出易理的无限个排列组合。如此,《易经》成为中华文化经典,其易道易理成为颠扑不破的真理。三者合一,谓之"数字易经"。

　　"数字易经"所表现出来的易理智慧、管理内涵,包含着宇宙万事万物之间互相联系的道理。其原理、哲学、思想与管理互动,又可化生出无数管理领域的互动关系。两两互动、矛盾统一而至管理双向协和。每一易数各自形成一个或若干个独立的全息系统，如八卦全息系统；每一个易数可以与其他易数互相关联，构成阴阳五行全息系统、三才六合全息系统等，全部易数构成了人心管理易理全息系统。理解了这些，才能真正读懂表 4-1 所示的中国本土的易数管理理论体系，其中与易数对应的"易理智慧""管理内涵""管理范畴"，表中只是举例说明，而非全部内涵。

易数是动态、静态共存的，其衍生的管理哲学、管理原理与管理系统，既有静态阶段的相对独立，又有动态阶段的彼此对应、交错、互动和融合。比如阴阳两仪是中国文化对世界、对宇宙、对人世最基本的认识论，源于太极，又发展为三才、四象、五行、六合等，所以说五行时用"阴阳五行"，说八卦时用"阴阳八卦"；同理，五行与八卦可相融，谓之"五行八卦"。再如"三才学说"既是一种思想，也是一种原理，还是解读八卦的方法之一（六爻卦为上下两个三爻卦，每个三爻卦代表着天道、地道、人道，是天、地、人"三才学说"的应用）。还有，九宫格是中国最早的国土管理制度"井田制"的基础，是九州划分的原始依据、九鼎铸造的文化来源，是密码学、机关学、方位学等学科的源头，是三才六合、四象五行等原理产生的母本。人心管理易理体系亦与易数有关。

中国传统文化认为，宇宙间一切物质，都是在阴阳互动变化中生成的，万物万理皆如此；西方传统文化认为，宇宙间一切物质，都是在原子运动中组合而成的（原子没有分割），原子在物质世界在，原子灭则物质世界灭亡（人的灵魂亦如此）。心和管理学从中西方的文化差异、思维差异中探索管理差异，从国学视角提出人心管理理论八卦体系以及人心管理八卦模型。

八卦，自身是一个全息系统，乾坤、离坎、巽震、艮兑相对交错而又互动，顺时针可行，逆时针亦可行，动一点而引动全身，牵一发而关乎全局，"刚柔相推，变在其中矣"（《易经·系辞下》）。变化当中，"八卦定吉凶，吉凶生大业"（《易经·系辞上》），世上一切事业，皆在八卦变动中或协和而吉成了，或违和而凶败了。把这一原理与人心管理八大法则对应，组成了"人心管理八卦全息系统"，内部再分成四组两两呼应或对立的矛盾统一体——欣赏管理与品性管理、感动管理与满意管理、理解管理与精神管理、情绪管理与心态管理,在运行中化合成易理协和,如图4-4(a)所示。从八卦运动发展的规律中推演出宇宙万象,预测出无常变化,生化出无限可能。人心管理八卦体系组成后,同样能推演出人心管理的各种现象变化,预测出管理活动先后和行动时的常与变,生化出破与立的无限可能。

如图4-4(b)所示,八卦互动,八法相依,八种机制既各自独立而成八个管理机制,又运行变动而成一个全息系统,牵一发而动全身,损一心而失全民,破一制而毁全局。将图4-4分解来看:

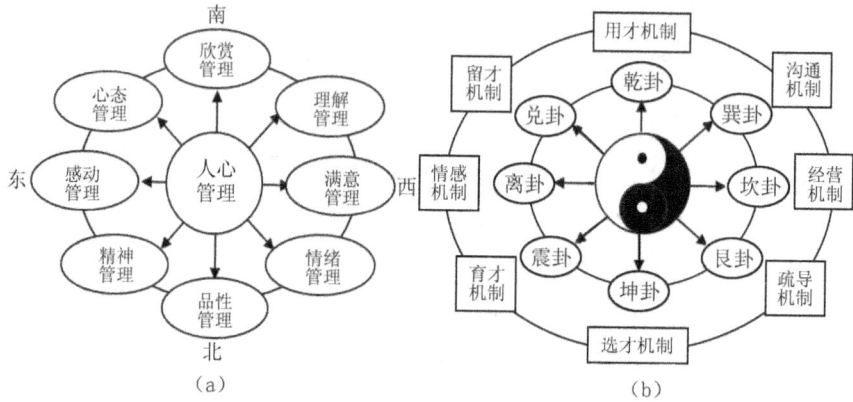

图4-4 人心管理八大法则八大机制八卦模型

正南为乾卦,对应欣赏管理,与"天行健,君子以自强不息"呼应,解决分解目标中的凝聚人心问题,完善用才机制,所谓欣赏管理乾天聚人心;正北为坤卦,对应品性管理,与"地势坤,君子以厚德载物"呼应,解决分解目标中的正道人心问题,完善选才机制,所谓品性管理坤地正人心。乾坤双卦、两两相依,欣赏为本、品性为基,天地共存、互为对应,任用的人才能自强不息,选出的人才则厚德载物,这才能开天辟地创奇迹。

正东为离卦,对应感动管理,与"火同人,君子以类族辨物"呼应,解决分解目标中的温暖人心问题,完善情感机制,所谓感动管理离火暖人心;正西为坎卦,对应满意管理,与"善如水,君子以作事谋始"呼应,解决分解目标中的获得人心问题,完善经营机制,所谓满意管理坎水得人心。坎离双卦、两两相依,满意为本、感动为基,水火交错、互为对应,从事经营更要类族辨物,温暖人心也需作事谋始,这才能水长火亮成大业。

西南为巽卦,对应理解管理,与"随风巽,君子以申命行事"呼应,解决分解目标中的顺畅人心问题,完善沟通机制,所谓理解管理巽风顺人心;东北为震卦,对应精神管理,与"洊雷震,君子以恐惧修省"呼应,解决分解目标中的振奋人心问题,完善育才机制,所谓精神管理震雷振人心。巽震双卦、两两相依,理解为本、精神为基,风雷激荡、互为对应,沟通人心而须申命行事,培育人才就应恐惧修省,这才能风顺雷警奔大道。

西北为艮卦,对应情绪管理,与"艮山谦,君子以裒多益寡"呼应,解决分解目标中的稳定人心问题,完善疏导机制,所谓情绪管理艮山稳人心;东南为兑卦,对应心态管理,与"步泽履,君子以辨民安志"呼应,解决分解目标中的喜悦人心问题,完善留才机制,所谓心态管理兑泽悦人心。艮兑双卦、两两相依,稳定为本、喜悦为基,山泽相谐、互为对应,疏导心绪讲究裒多益寡,留住人才就得辨民安志,这才能山稳泽润筑事业。

以上便是中国本土管理理论的基本要义、基础原理。以易理思想为核心的管理文化、管理思想、管理理念和蕴藏其中的管理方法,是心和管理理论的重要支撑。

二、八卦为架构的管理模型

中国文化讲心修,中国管理谋协和。这就决定了中国文化下所指的"管理",必须具有中国文化元素、中国职场特色、中国管理风格;管理是管人理心,"管"在于管好人的言行,"理"在于整理心的思维;人心管理就是让人的言行守德而合规,让心的思维正道而顺畅。两者之间,心是内在的、人是外在的,心动才能人动、心到才能人到,故有心和才能有人和——心为根底,人为树身;心为源头,人为河流;心为内涵,人为表象。求事和先得人和;求人和先得心和。心不畅,树难活、河干涸、人无魂。大自然八卦相荡而定宇宙,人世间八法共赢而定人心。反映在社会生活和职场工作中的管理,就是人的言行由制度法规立之,心的思维用文化精神通之,三分管七分理,理是心和管理的重点和核心。

根据这样的管理理念,将相应的逻辑严密、内涵丰富的系统"化"之为一个理论体系,这就是以"阴阳系统""五行系统""八卦系统"等系统为指导而建立的新模型。如图 4-5 所示,每一个人心管理法则都对应先天八卦中的一卦,解决人心管理的一个分支目标。人心管理八大法则亦如八卦一样,既两两交错相对,又互为关联生发,内里乾坤大。

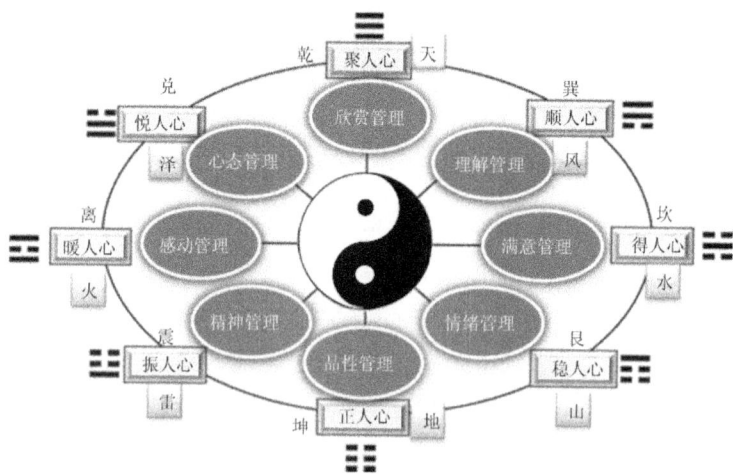

图 4-5 人心管理八卦模型

乾坤二卦对应欣赏管理与品性管理,乾为天、坤为地。乾坤是六十四卦首卦。乾卦由六阳爻组成,阳极之象。坤卦由六阴爻组成,阴极之象。乾卦元亨利贞,六龙显现,在无垠的天空中自在翱翔,开疆辟土,成就无限伟业。坤卦中空无底,上可承乾天,下可容万物,表现了坤地的广博。六爻中空相通,直贯到底,了无中埂,既见其柔,也见其顺。柔顺如此,恰可补乾之过于刚性,也为乾之自强不息提供了以柔克刚的另一种方法。乾坤二卦体现的是拼搏与德性的互为作用,刚强与柔顺的有机结合而成就世间五彩缤纷、深奥而实在的哲理。为人在世,须坚毅、刚强、有担当,又须宽厚、柔顺、善合作。刚强不是蛮干。刚是刚直,刚硬而率直,坚定不移;强是强大,强势而宏大,摧枯拉朽。柔顺不是软弱。柔是柔韧,柔软而韧性,坚持不懈;顺是顺势,顺应而借势,巧劲取胜。这就是说,让人自强不息,不能简单地只要求其刚强,还要有自信——自我认同的内在条件,有欣赏——自强不息的外在条件。这就是要求欣赏管理的原因所在。同理,期望其厚德载物,不能简单地要求其柔顺,而要有人品——高风亮节的气韵,有德性——虚怀若谷的境界。一刚一柔,刚柔相济才是最佳组合。针尖对麦芒,针锋相对互不相让,结果很可能是两败俱伤;管理也是同理,有乾之雄健刚强也需要有坤之柔性接应,柔顺恰恰是刚强的对应,对己则是协调、是弥补,对敌则是克星。这就是中国管理需要阴阳协调的原因所在。

坎离二卦对应满意管理与感动管理,坎为水、离为火。坎卦阳爻居中,上下各为阴爻,一阳陷二阴;坎为水、为险,两坎相重,险上加险,险阻重重。所幸阴虚阳实,上爻相通,下爻亦通,上下德性、行为都相孚,则中间阳爻才能坚挺,也就是诚信可豁然贯通,可实现价值。离卦阴爻居中,上下各为阳爻,二阳护一阴;离为火、为明,两离相重,为光明接连升起,焰上有火,明上有光,光芒不断之表象。坎卦六爻,有畅通、有阻塞,然毕竟是水,渗透迂回能力强,可以任意曲直,最终都能化险为夷,显示出一种外柔内刚让人满意的特质;所以,人生路上,职场圈里,事业途中,虽常常险关重叠,却总能以水之韧性、水之适应性、水之滴水亦能穿石的毅力和能量,越过一个个险坎,冲破一道道险卡。而过关冲卡的成就感,才让人有奋斗的动力,让人不断有满足感。所以,满意不是让人无限制地满足欲望,而是引导或带领人登上一个个成功的高地,获得不同阶段的合理满意、适度满意。离卦虚实相间,虚的部分柔软,实的部分刚毅。该虚的时候虚(柔软),该实的时候实(刚毅),不断增加和充实内涵。离，不是现代"分离"之意，而是通"丽"，附丽、依附。太阳依附宇宙而运动，光明与温暖依附太阳而出现，大地依附阳光而万物生长，人性依附德性光芒而使人感佩、动情，这就是"离德"——"丽德"之意，表现出一种温软依附、令人心动的特质。人，总会被温暖、被依赖、被关怀、被信任感动着，而在这样的感动中，心会聚拢、心会归属、心会中正。感动管理原理便在于此。所以，离卦昭示团结的力量，离卦昭示感动的力量。水润泽，火光明，感动管理暖人心。在充满人情味的中国，管理应该坎离协和。

巽震二卦对应理解管理与精神管理。巽为风、震为雷。巽卦两巽相重，由一阴爻伏在二阳爻的下面，象征伏、顺。顺从他人，就容易被接纳，进入他人的心中；同样地，顺从自然的道理，就容易进入事物之中，有入的含义。阴顺从阳，是自然的道理，所以前进有利。从这个意义上理解，巽卦是顺其自然，是水到渠成，没有刻意，也没有不及或过之。震卦两震相重，两阴爻在上，一阳爻在下，表示一种向上、向外发展的趋势，其正象为雷，说的是秋冬之间潜于两阴之下的阳气。春天到来，震动其上之阴气，春天万物开始发生，驱阴震邪万物而萌发，如春之蛰雷。所以震卦讲的是人的一种心态和涵养，人有恐惧、畏惧，也有大无畏的坚贞不移，这就是震卦所反映的哲学精神。巽卦象征顺从，小心柔顺可达小亨，谦虚服从可见明主；震卦象征警醒，震主人之心时时警惕，明主物之理戒慎恐惧。既要顺从融入——理解管理，又要谨慎振奋——精神管理。理解管理就是通过沟通理解组织、理解上司、理解同事、理解客户、理解一切交往的人，谦和顺从。当人生遇到波折重重、起落浮沉不定时，应引导人们随机应变，心平气和，择善固执，助动事业发展。精神管理，就是让人保持旺盛的热情和斗志，常常警惕，遇到任何暴风骤雨、艰难险阻，都能沉着冷静，应对自如。人是需要有点精神的。精神的东西是人内在的、本质的，可荡涤污浊，可冲破闷气，可去消阴霾，可达顺风顺水。有精神者，是神采奕奕的，是精气充沛的。中国管理，追求理解与认同、精神与警醒，达到巽震皆人心。

　　艮兑二卦对应情绪管理与心态管理。艮为山、兑为泽。艮、兑皆为同卦（上卦与下卦相同）。艮卦是一阳爻在上,两阴爻在下,恰与震卦以一阳承两阴相反。阳爻在上面止住,是没有可能再升进的,所以其义为止。而以中爻的九三、六四两爻,合成既济之象,故利于行。止其所而利其行,当然是行止皆宜,这就是中国国学所说的人道之本。反映在情绪管理中,当行则行,当止则止,调控情绪婉转自如,既能调控好自己的情绪(人才之本),又能调控好团队整体情绪(领袖潜质);既能有效清理负面情绪(调协情绪之能),又能自在传递正面情绪(情绪感染之力)。兑卦是一阴爻在上,两阳爻在下,恰与巽卦以一阴承两阳相反。阴爻在上面开口,承接天泽雨露而润万物,显示出两泽相连、两水交流,上下相和、团结一致,朋友相助、欢欣喜悦的卦象;兑就是悦,兑卦是论喜悦的卦,讲述与人相处应该彼此心情舒畅,气氛和谐,保持一种良好心态。艮卦是二山相重,喻义为静止、不动如山;兑卦是丽泽相依,喻义为喜悦、心态和悦。艮卦揭示出时止则止、时行则行,动静不失其时,其道光明的道理,把控好七情六欲,则稳定如山。所以中国文化非常讲究人的稳重、内敛,具有山崩于前不变色、地裂于后不动颜的能力,低调不张狂,这就是情绪管理。兑卦揭示的是同秉刚健之德,外抱柔和之姿,坚行正道,导民向上的道理。兑为泽,丽泽依依已显悦象,泽中水,滋润万物,使万物喜悦,也是悦的象征。悦,就是要有好的心态,用喜悦的心态看待人世,用一份快乐的平常心、快乐的事业心接受思想培育、培植文化心态、提升价值观念;用一份快乐的归属心、快乐的学习心开展智力培育、实施技术培育、落实才能培育——心态管理。简言之,中国管理是要让人情绪好、心态好,所谓艮兑谐和。

　　由此组合而成的人心管理八卦模型,是心和管理理论基本原理的重要内容,也是中国本土管理的思想闪耀、方法集成。只要涉及人的管理问题,都包含在这个模型中。

三、八目为内容的管理系统

心和管理的理论体系中，"心"是人心管理体系，是基础，是根本，也是方法论，更是管理的对象；"和"是双和管理思想，是行为，是方向，也是世界观，更是管理的目的。其中的人心管理理论体系，除了易理思想、八卦模型外，还包括儒家学说中展现出来的管理内容、管理技法与管理目标所构成的理论体系。中华国学，绕不开儒学；中国管理，避不开儒学。

儒学体系中的一个重要内容是"三纲八目"。这里的"三纲"不是"三纲五常"之"三纲"，而是《大学》开篇说的"大学之道，在明明德，在亲民，在止于至善"这三大纲领的简称。治国理政的明德、亲民、止于至善三大纲领，是儒家思想的主要追求、儒学"垂世立教"的重要目标，是《大学》全篇的纲领主旨，也是今天中国本土管理理论建设可以而且应该汲取的营养之泉。落实这三大纲领，关键在于实现"八目"——实现或者说达到"三纲"所必备的八个条目，即满足儒学为人们所展示的人生成长的八个要素。《大学》有云："古之欲明明德于天下者，先治其国；欲治其国者，先齐其家；欲齐其家者，先修其身；欲修其身者，先正其心；欲正其心者，先诚其意；欲诚其意者，先致其知；致知在格物。物格而后知至；知至而后意诚；意诚而后心正；心正而后身修；身修而后家齐；家齐而后国治；国治而后天下平。"概括起来说，就是格物、致知、诚意、正心、修身、齐家、治国、平天下八个条目，简称"八目"。显然，"八目"强调个人的道德修养，并阐述了修己的基本原则和方法。

儒家学说是按照"三纲八目"展开的，所以"三纲八目"也就成了打开儒学大门的一把金钥匙。"八目"，可以解释为人们逐步进修、递进至拥有"治国平天下"之能的八个阶梯。前四个条目为夯实基础，后四个条目为实践应用（也有观点认为前五个是夯实基础，后三个为实践应用）。其中，"格物、致知"为知识储备，重在打下坚实的知识基础。"诚意、正心"为修养储备，重在构筑美好的道德基础。"修身、齐家"为知识、能力、修养、品性培育到一定阶段后加诸己身的实践应用："修身"重在走向社会后的思想道德修炼，喧闹中静心、繁华中慎独、志向高洁，富贵不能淫、贫贱不能移、威武不能屈；"齐家"重在能管理好家庭、家族，"扫天下"须先能"扫一屋"，具备管理好小家的能力，才能"治国、平天下"。文能治国、武能平天下，这是"大学"人才培养的最高境界。

在对八个条目层层梳理的基础上，还可以换一个视角来深入探讨，即从八卦全息系统视角解读。八卦之间的卦与卦是平行、并列的关系，递进关系可以从平等视角解读吗？一般情况下当然不能，但《大学》"八目"可以。理由很简单，人的学识、人的修养、人的能力，本就不是一成不变的。齐家后、治国时、平了天下，还要不要"格物、致知""诚意、正心"，还要不要继续"修身"？答案显然是肯定的，所谓"活到老，学到老"，学习、修炼永无止境。任何时候都需要"格物、致知"，学习知识、更新知识；任何时候都需要"诚意、正心"，培养品性、正道人心；任何时候都需要"修身、齐家"，修身养性、家庭和睦；任何时候都需要"治国、平天下"，做好本职、发挥能量。为此，心和管理理论推陈出新，在尊重原有思想的基础上，重新梳理"八目"之间的逻辑关系，形成如图 4-6(a)所示的八卦全息关系。"八目"转化为人生修炼成长的八个要素，它们彼此之间的关系就形成了三个新层次，即"八目"中每一个条目皆须与人心管理八卦体系的每一卦对应，都要实现人心管理的一个分支目标，如图 4-6(b)所示。两图可以重合。

其一，按八卦的阴阳原理，将"八目"分为阴阳两组。其中，隐世心修为阴，包括格物、致知、诚意、正心；入世立身为阳，包括修身、齐家、治国、平天下。也就是说，"心修"就是不断地学习探索，掌握知识，同时为人要诚心实意，要做到正道人心。这样就可以"立身"，即个人自身品格修炼好了，家庭（族）也管理得规范整齐了，治国的能力、平天下的能力也就具备了。修炼大成者，都注重内外兼修、阴阳协和。

其二，按八卦的两两对应原理，组成四组互为对应、互为因果的关系。

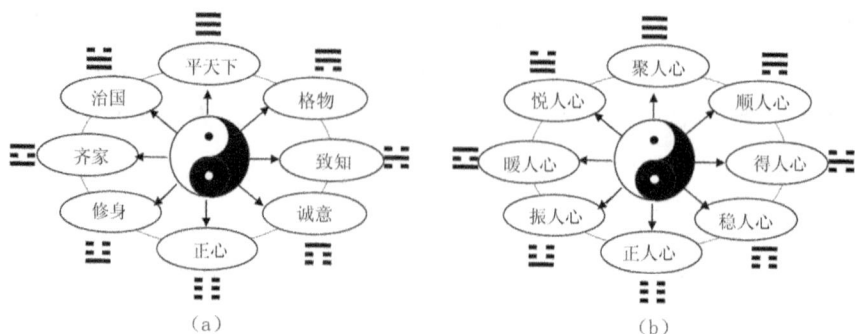

图 4-6　人心管理"八目""八心"全息系统模型

巽震二卦,因为申命行事勤格物,所以警惕自省修好身;坎离二卦,因为作事谋始掌学问,所以类族辨物兴家族;艮兑二卦,因为稳定如山显诚意,所以辨民安志可治国;乾坤二卦,因为厚德载物正人心,所以自强不息平天下。心修时"独善其身",立身时"兼济天下"。

其三,按太极图顺时针方向运动,从巽卦开始到乾卦一周天,依然是格物、致知、诚意、正心、修身、齐家、治国、平天下的顺序。八卦相荡,"八目"共张。心修以厚积,淡泊以明志;立身天地间,为民创伟业。人心管理就是通过心修达到立身,"举而错之以天下之民"。

人心管理"八目"全息系统,互为关联、互为因果、互为对应、互为影响,对于管理者自身素质的提升、内心的修炼、回报社会都有着重大的指导意义。同时,"八目"与人心管理理论中的"八心"密切相关。人心管理理论提出,通过格物致知的教育理顺人心、获得人心,通过诚意正心的思想稳定人心、正道人心,通过修身齐家的行为振奋人心、温暖人心,通过治国平天下的奉献喜悦人心、凝聚人心。

中国古代没有现代意义上独立的管理学科,也没有独立成册的管理理论,但文化典籍中有着极为丰富的管理哲学思想、管理文化内涵,在这些思想内涵中,极为重要的内容就是人的修养、人的境界提升,从而使人心稳定、人心向善、人心凝聚。这些修身养性的方式方法,就是人心管理的方式方法之一。个体的人心需要自我修炼，群体的人心需要引导提升；个体的人心要达到人的行与言的合一，即言行合一、人心双和，群体的人心也要达到本人与他人、本组织与其他组织的合一，即彼此合一、内外双和。和谐、和蔼、和睦、和顺、和美、和善、和煦等，"和"是中国文化的核心之一，通过管理达到人心双和。显然，八个条目是实现人心管理八个分支目标。

人心需要管理，人心应该管理，人心也是能够管理的。当然，心和管理的重点从来都不是"管"（管是基础），人心是管不住的，重点是在管住言与行的基础上进行人心引导的"理"——既是人心正义、走路正道的理（名词），又是善理思想、能理美德的理（动词），从而理出人心凝聚、理出人心正道、理出人心满意、理出人心温暖、理出人心顺畅、理出人心振奋、理出人心稳定、理出人心快乐、理出人心和谐，归根结底，理出人心正能量！

如前所说，人心管理八大法则对应的分支目标是欣赏管理聚人心、品性管理正人心、满意管理得人心、感动管理暖人心、理解管理顺人心、精神管理振人心、情绪管理稳人心、心态管理悦人心，这就是人心管理理论中的"八心"。八大分支目标合一，即八心共和，形成人心管理八心全息系统。

总而言之，管理，一是"管"，管人言行不出轨；二是"理"，理顺人心共凝聚；三是"管"好"理"这点儿事；四是"理"清"管"这点儿事。"管"可以用职务赋予的权力和法规制度实现，体现的是"管"的水平；"理"需要管理者自身的人格魅力和管理艺术来实现，体现的是"理"的真心与"理"的韬略。通过管理，使组织成员心往一处想、劲往一处使，人心齐、泰山移，共同努力，高效率实现组织目标。管理者要让大家做到心齐、心顺、有心气儿，即"八心"全到，"八心"共和。人心没到，则计划是纸上谈兵，组织是一盘散沙，指挥是颐指气使，协调是互相吵架，控制是自说自话……人心，需要梳理；人心，需要疏通。使心里透亮而达到自觉自愿，这才是管理的高境界。

"八目"为管理之修养，"八心"为管理之目标。人心，首先是己修，然后是引导他人修己。没有一种管理不用修心，人心修养达到高境界，管理目标也就能实现了。

第三节　人心管理之八德八政

心和管理理论体系中的人心管理范畴，有前面所论的八法则（八法）、八条目（八目）、八目标（八心），也有本节要阐述的"八德"之论、"八政"之说，这些内容在内涵要素上与八卦相对应。关于"八德"，有古今两种说法，但其核心内容不变，可以组成管理伦理道德八卦模型。"八政"的"政"，指政务，是管理工作中具体操作运行的行政事务、公务行为，其来源是"洪范九畴"。中国的许多企业，在管理一线一直努力探索着本土管理理论和方式方法。其中有一家叫作"苏州固锝电子股份有限公司"的企业，通过圣贤教育、国学管理，确定企业的核心价值观为"企业的价值在于员工的幸福和客户的感动"，开展以中国文化为内核的"幸福企业"创建活动，其内容包括八大模块：人文关怀、人文教育、绿色环保、健康促进、慈善公益、志工拓展、人文记录、敦伦尽分。这里尝试将这八个模块与本节所论的"八政"融合，形成新的"企业心和管理八政模型"。

一、八德为纲人心管理理论

古"八德"，即中华传统伦理道德学说中的"八德"，是从管仲所提的"四维"开始的。管仲（约前723—前645），春秋齐国国相，春秋时期法家代表人物，是中国古代著名的经济学家、哲学家、政治家、军事家，有"法家先驱""圣人之师""华夏文明的保护者""华夏第一相"等名满天下的赞誉。《管子》一书，一般认为是托名管仲所著，实际应该成书于战国至秦汉，属于稷下①道

---

① 稷下，战国时田齐的学宫。稷下学宫是养士之风的一个缩影，虽然由齐国提供教学活动经费，但它基本上是私学，是官家举办、私家主持的学校。

家推尊管仲之作的集结。但不可否认,书中的思想,是先秦时期中国政治家治国、平天下的大经大法。书中的内容虽庞杂,但基本上体现了管仲作为政治家、军事家、道法家的观点。书中虽融合了法家、儒家、道家、阴阳家、名家、兵家和农家等多家的观点,但仍以黄老道家的论述最多,法家次之。后人引用《管子》时,仍认定其内容是管仲治国之思、治国之法,这里也以管仲之论说《管子》。

《管子》一书中,强调维系社会稳定、建立社会秩序的道德标准和行为规范,就是"礼、义、廉、耻",并将之称为国之"四维"。《管子·牧民》篇提出:"国有四维,一维绝则倾,二维绝则危,三维绝则覆,四维绝则灭。倾可正也,危可安也,覆可起也,灭不可复错也。何谓四维?一曰礼,二曰义,三曰廉,四曰耻。礼不逾节,义不自进,廉不蔽恶,耻不从枉。故不逾节,则上位安;不自进,则民无巧诈;不蔽恶,则行自全;不从枉,则邪事不生。"四维绝则国家灭,管仲把"礼、义、廉、耻"放到极高的位置。这"四维"成了中国文化的核心内容之一。《管子·国颂》篇中进一步解释:"四维张,则君令行。……四维不张,国乃灭亡。"管仲的"四维"理论,成为历代以来社会各界的道德标准。后人也曾提出"四德""五德""八德"等,其核心都是"礼、义、廉、耻"四维。需要提及的是,"三从四德"的"四德"不是与"四维"相关的"四德",那是专门让古代妇女遵守的:"三从"指未嫁从父、出嫁从夫、夫死从子,"四德"指妇德、妇言、妇容、妇功。

中国历代政权都十分重视这"四维"。"四维"中,"礼"一直排在首位,充分说明在中国人看来,文明的真正意义就是从原始野蛮中脱离出来,懂礼、明礼、遵礼、守礼。儒家本是从"礼"之行业中诞生的,儒学自然更重礼,由此建设成中国古代的"礼教制度",甚至提出"以礼治国"的政治主张。中国的礼仪、礼式、礼节、礼数之多、之广、之规范、之庄严,"举世无双",因此才会有"繁文缛节"一词来批评烦琐的仪式或礼节。但其礼,的确展现了中国的雍容大气,体现了中国尊重人心、追求心和的文化传统。

从"维"到"德",始于汉代。原本儒家所提"五德"是指温、良、恭、俭、让(人德),兵家则提出智、信、仁、勇、严(将德),阴阳家则强调土、木、金、火、水五行之德。秦始皇推崇五行相生相克、周而复始的循环变化导致历代王朝更替和制度变化的观点,西汉董仲舒继承并传扬之。汉朝还有一个道德概念得以回归和重视,那就是"孝"。孔子曾提出过"仁孝治国"主张,到汉代,汉文帝刘恒将其提升为一种国策,即以孝治国。后来,唐、宋、明等朝代都继承了这一传统,从朝廷到黎民百姓都非常注重孝道。"孝德"出现后,紧随的就是"悌德"。随着中国农业社会的发展,以家庭为本位的农业经济日益稳定与发展,"齐家"的理念深入普通百姓。《易经》认为,最合适的家庭是八口之家,即父母以及三子三女。"乾,天也,故称乎父。坤,地也,故称乎母。震一索而得男,故谓之长男。巽一索而得女,故谓之长女。坎再索而得男,故谓之中男。离再索而得女,故谓之中女。艮三索而得男,故谓之少男。兑三索而得女,故谓之少女。"(《易传·说卦传》)于是,中国多子女家庭多起来了,不仅代际的"孝"非常重要,同辈之间的"悌"也越来越提倡。这就是纵向"父慈子孝"、横向"兄友弟恭"伦理观产生的由来。无论是从治国平天下的角度看,还是从民间劳动力的角度看,中国人都非常注重"家"。一个"国"是由许许多多的"家"组成的,是祖先传承下来的,所以汉语用"祖国"表示对国家的尊重,用"国家"称呼一国之名。国家之"国",繁体字为"國",其中"囗"为疆域,"或"指邦国。"家"稳定而健康,繁荣而充满生机,那么"家固而国宁","国"就祥和稳定、繁荣发展,并进一步发展为"民为邦本,本固邦宁"思想。因此,"家和万事兴"成为人伦、道德的重要方面;同理,"国和天下安"——中国的"和文化"就是从"家文化"中来的。

总而言之,中国文化非常注重家国关系,有国才有家,有家才成国,家与国构成了天下——"国家"。家国天下,家和、国和缺一不可。无论是东方还是西方,无论是爱国教育还是管理要义,从"家和"切入,从"家和"开始,都是正确的。

当历史走到宋代,国学迎来了一个比较宽松的发展环境。理学(又称道学、义理之学)创建,并绵延 600 年,因而也被称为"宋明理学",其中的代表是"程朱理学"(北宋程颢、程颐和南宋朱熹),强调"性即理"。由此发展出了"心学"(心性之学、内圣之学),即"陆王心学"(宋代陆九渊,明代王阳明)。理学也好,心学也罢,都是"道德哲学",使得中国文化在此时又到达了一个新高度。这个时期,朱熹从"仁道"出发,重提孔子的"君子务本,本立而道生。孝弟也者,其为仁之本与"(《论语·学而》,其中"弟"为"悌",敬爱兄长之意),结合忠义之德、诚信之德,提出了"朱子八德"[①];把"孝"排在第一位,后紧跟"悌",意味着"齐家之德"很重要;家而有国,需对国"忠"、对社会"信"。同时恢复了管仲提出的"礼、义、廉、耻"四维,组合而成为广传后世的孝、悌、忠、信、礼、义、廉、耻"朱子八德"。这"八德",对中国人、中国文化影响深远,当时还影响到朝鲜、韩国等东亚国家。

清末民初,革命者孙中山、蔡元培等提出了"忠、孝、仁、爱、信、义、和、平"的"新派八德",这是在传承中国传统的同时,学习西方、吸收其优秀文化内涵的一个结果:保留"孝""忠",但调整了位置;重提"仁",增加了"和"文化内涵和"爱""平";中西道德精华相融,形成"中体西用"的模式和"国家至上"的价值观。新增的"爱""和""平",是中国人乃至全世界爱好和平人的共同追求,每一字都代表着中国深厚的文化内涵,"爱"的定义、"和"的文化、"平"的思想,都从心起,心中爱和平。

为了探索中华历史的发展轨迹,中华传统的治家之道、兴业之道和治国之道,20 世纪末 21 世纪初,北京市哲学社会科学、国家教育科学规划课题组连续十年开展了"大中小学中华传统美德教育实验课题"研究[②],在继承优秀传统文化的基础上,结合新时代的要求,提出"忠、孝、诚、信、礼、义、

---

① 孝悌忠信礼义廉耻是孔子德育内容的全部精髓。宋代理学家、思想家朱熹将其总结成这八项内容,世称"朱子八德",为儒学的精髓,是古时做人的基本道德。

② 课题组在 1999 年用了一年的时间,组织 8 位文科博士编写并出版了"大众道德"丛书(红旗出版社 2000 年版),其中"八德"每德一部书。

廉、耻"为新时代的"八德"。显然，与"朱子八德"相较，前四德换了顺序，并把"悌"换成"诚"。"忠"包含了对国家、对民族的忠心，故放首位；"孝"包含了"悌"的意义，于是"悌"可略；增加了"诚"，强调了"信"，诚信是商业社会兴起和公民道德教育所必须的内容；后四德依然是管仲所提出的"礼、义、廉、耻"。

心和管理理论认同这"八德"，因为这"八德"浸染着中华正气、人间正道、民族精神，体现出强国崛起的治国理念、真心为民的为政理念、坚守底线的为人理念；既有对中国文化的传承，又有新时代的创新。根据课题组对"八德"内涵的说明，结合心和管理要求（小幅度修正），确定"忠、孝、诚、信"意义分别为：忠——尽忠报国的责任，孝——孝长爱幼的情感，诚——求真务实的品质，信——守信可靠的品格。此四字结合了现代社会商业发展的现实、传统文化的内涵和时代赋予的精神。另继承管仲所提出的"礼、义、廉、耻"，但在传承基础上加入时代意义：礼——文明礼貌的修养，义——正道大义的境界，廉——清正廉明的德性，耻——知耻警醒的人格。以上心和八德易理模型，如图 4-7 所示。为区别于"朱子八德""新派八德"，这里将"八德"称为"心和八德"。

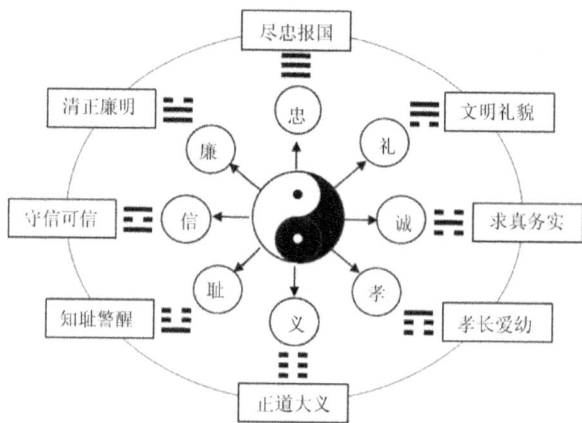

图 4-7　人心管理心和八德易理模型

"心和八德"可分为四个层次。

第一层次:忠与义,相当于乾、坤二卦。人生在世,家国天下,忠诚于国家、忠诚于民族,这是大忠;所以,在忠孝难两全时,先尽忠报国,这是天道。走正道、存大义(非江湖义气),无须法规制度约束之,其义也能存于浩然正气之中,为官有正气,为人有正义,为友有道义,大公无私,这是地道。忠诚、忠心、忠贞,为世人所欣赏、所赞颂,其性情称忠厚,其行为称忠勇,其牺牲称忠烈;道义、仁义、正义,为社会所认定,其道德品质高尚,如免费治疗为义诊,高尚行为为义举,正道之军为义师。忠勇高义者为世世代代所传颂,忠肝义胆者存天道正义、地道正德,既有天之浩然正气,能自强不息,亦有地之博大胸怀,能厚德载物。

第二层次:诚与信,相当于坎、离二卦。立身天地间,立诚人心中。"诚",真实不欺,是深藏于内心的一种至静至灵至真的状态,如水之形,透明而真实;如水之流,朴实而质感;如水之性,恳切而恭敬;如水之情,深挚而悠长。所以,为人诚朴,真诚朴素;待人诚信,坦诚有信;处事诚笃、言语诚恳、态度诚挚,世事世情诚然而行走社会中,交错水火间。"信",真实可靠,是依附于人身上的一种令人信服的特性,恰如火之形,光明而实在;如火之焰,温暖而向上;如火之性,可靠而无妄;如火之情,随性而自在。所以,为人讲信用,办事须守信,对人要信任。诚是内心,如水势自然,坦荡洁净;信是外形,似火苗升腾,光明温暖。水与火,生命之本;诚与信,存世之道。

第三层次:孝与廉,相当于艮、兑二卦。"百善孝为先,万恶淫为源。常存仁孝心,则天下凡不可为者,皆不忍为。"(清代《围炉夜话》)《孝经·开宗明义》篇中讲:"夫孝,德之本也。"又说:"夫孝,天之经也,地之义也,人之行也。""孝"字的意义,首先是"孝道"——以孝为道。孝为"老"字省去右下角加"子",意为"善事父母"。曾子将忠君的忠列为孝的一部分,不忠君就是不孝,所以才有忠孝合用,难两全时,先忠后孝。"孝"的第二层意义是"孝顺",孝而顺之,不得忤逆。今人皆知孝,往往失却顺,孝而不顺是通病所在。当然，与任何事物一样，顺也有度。不顾事实，盲目顺从，陷父母于不义，是另一种意义上的不孝。"孝"的第三层意义是"孝悌"，既孝敬父母，又尊重长辈、友爱兄弟及关爱幼者，体现中国传统文化中的感恩、回报和礼敬之意。如果说在家里讲孝行如山、不可撼动，孝德如山、宽厚坚毅，那么走上社会就要讲"廉"。百业廉为本。《周礼·天官冢宰》有云："一曰廉善，二曰廉能，三曰廉敬，四曰廉正，五曰廉法，六曰廉辨。"廉，正直、清廉，品行方正是也。屈原也在《楚辞·招魂》中吟道："朕幼清以廉洁兮，身服义尔未沫。"东汉王逸在《楚辞·章句》中注释说："不受曰廉，不污曰洁。"不接受他人馈赠的钱财礼物，不让自己清白的人品受到玷污，就是廉洁。如艮卦，山中雨露滋润万物；如兑卦，泽潭泉水，涤清万物。现代管理，非常注重廉洁奉公，也十分强调廉政建设。

第四层次：礼与耻，相当于巽震二卦。中华之国为礼仪之邦，中国社会讲礼节仪式，中国家庭讲礼仪传世，中国人争做礼仪之士。中国人把"礼"放到一个极高的地位。传统礼仪设为"五礼"：祭祀之事为吉礼，冠婚之事为喜礼，宾客之事为宾礼，军旅之事为军礼，丧葬之事为凶礼。正是这些礼仪，表现出中国社会、中国人对所敬之天、之地、之神、之人、之事、之物的尊崇、敬意。礼，是一种形式，通过礼节性仪式表现出内心的一种虔诚、一种庄重、一种规格；礼，是一种文明，知礼、明礼、守礼意味着人类的文明进步；礼，还是一种文化现象。社会交往中、办事往来中，有礼者，如沐春风；有礼者，和风细雨；有礼者，风情万种。与礼相对的是"耻"，耻者，羞愧之意也。羞愧，因心有所惭而生。因闻过而耳赤面热，这叫知耻。能知耻，表示良知未灭。但知耻而肯改，却是极难。所以孔子曰："好学近乎知，力行近乎仁，知耻近乎勇。知斯三者，则知所以修身；知所以修身，则知所以治人；知所以治人，则知所以治天下国家矣。"（《中庸·问政》）知耻者，如雷贯耳，恐惧修身；知耻者，奋起而改，改而为勇。做了羞事而无愧，其心其行依然无节操、无德性、无底线，便是可耻。可耻者为社会所弃、为世人所唾，是为不知礼、不知节、不懂仪、不知耻。立身于天地之间,知礼亦知耻,礼而敬人,耻而后勇,才是为人之道。

此"八德"入心,如八卦相荡,风雷动、万物行、顺天意、警世人。"心和八德",是中国本土管理的道德要求,是心和管理理论中一个不可或缺的学科内容——管理伦理。

二、八政为核人心管理理论

无论"唱衰中华"者如何否定,中华文明是世界文明传承至今唯一不中断的文明这一点,无可争议。从部落管理到国家管理,从地方管理到宗祠管理,从社会管理到家庭管理,中华文明体系里有着数不清的内涵。走进中华国学浩瀚的海洋里,会发现其中涉及管理的宝藏取之不尽、用之不竭。比如关于国家管理、官场治理,就有一项对后世影响巨大、内容极为深刻的传世文化至宝,此即号称"中华心法"的"十六字心传",记载于《尚书·虞书》:"人心惟危,道心惟微;惟精惟一,允执厥中。"这十六字被称为华夏文明的火种,寓意深刻,意义非凡。这应该是与"人心管理"("心文化")相关联内容的最早记载,或者说是"人心管理"的最早心法。

从人心管理的视角解释,"人心惟危"是说人心危险难安,因为人心变化无常,最难看清、最难把握,所以有必要居安思危,居官者更要居高思危。"道心惟微"是说幽微难明,因为道在心中,心思多变,道义不定,只有道心微妙居中,所以唯有秉持中正,见微知著,才能看清问题的本质。"惟精惟一",这便是道心的心法,即理顺人心、梳理道心,最重要的就是排除一切杂念,聚精会神、精益求精,一心一意、诚心诚意去体会人心、体味道心。"允执厥中"就是真诚地保持"惟精惟一"之道,言行不偏不倚,不改变、不变换自己的理想和目标,才能符合中正之道,才能治理好国家。

《尚书》是上古之书,书中之理,数千年来依然充满生命力,是中国心和管理理论的重要依据和思想根源。"十六字心传"直接从"心"入手,阐明国家治理、行政管理之本在治心，并以此为核心，在《尚书·洪范九畴》中进一步阐明仁君治民之道、贤臣事君之道，阐明治理国家必须遵循的九条大法："初一曰五行，次二曰敬用五事，次三曰农用八政，次四曰协用五纪，次五曰建用皇极，次六曰又用三德，次七曰明用稽疑，次八曰念用庶征，次九曰飨用五福，威用六极。"这九条大法中的"五行"是指"水、火、木、金、土"。"五事"指"一曰貌、二曰言、三曰视、四曰听、五曰思"，意思是态度要恭谨，说话要和顺，认识（视）要清楚，听事要聪敏，思虑要通达；由此而达严正、事顺、明辨、谋胜、圣明，可见五事说的是事，明的是心。"五纪"指岁、月、日、星辰、历数五种计时方法。"三德"指"正直、刚克、柔克"，意为刚正直率、以刚制敌、以柔取胜，三德合一，刚柔相济。"五福"为"寿、富、康宁、好德、善终"，"六极"为"夭折、多病、忧愁、贫穷、丑恶、懦弱"等，都是从心坎里向人劝诫——"五福"劝人向善，"六极"阻人从恶。此外，"建用皇极"是指树立皇极的威信，并建立遴选官员和赏罚的标准。"明用稽疑"是指通过龟卜和诬占以探询上天的旨意，同时，参照卿士、众民和自己的意见作出判断和决定。"念用庶征"则是通过雨、晴、暖、寒、风等气候变化以判断年景和收成。

显然，这"洪范九畴"，一是强调掌握并遵从天意，二是劝人向善或警戒向恶，三是以德治国、以法用政，这才是重中之重的内容，也是心和管理理论重点引用的部分。其中与心和管理相关联的一项重要内容是"农用八政"。这里的"农"，通"醲"，"浓厚"之意，用现代意义解释就是"努力"的意思，"醲"就是极其努力。所以，"农用八政"是指治国者、组织管理者必须尽力实施和落实的八项政务："一曰食，二曰货，三曰祭，四曰司空，五曰司徒，六曰司寇，七曰宾，八曰师。"（《尚书·洪范》）解释成现代语言，即：一是管理粮食，二是管理财货，三是管理祭祀，四是管理民居，五是管理教育，六是管理治安，七是接待宾客，八是管理军事。这八项政务，亦呈四维，分别是天地维——食为天、居为地，水火维——教育为水、祭祀为火，山泽维——军队为山、财货为泽，风雷维——宾客为风、治安为雷。"八政"与"八卦"相融，组合而成人心管理八政易理模型,如图 4-8 所示。

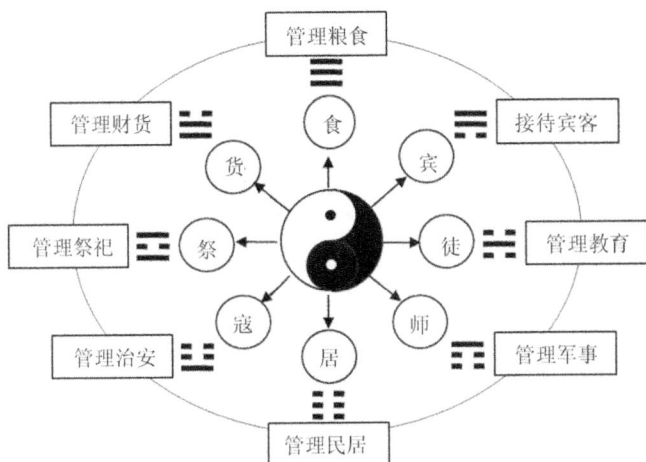

图 4-8　人心管理八政易理模型

　　显然,按照易理,第一层次是乾坤之道,管理食与居。在古代,管理好全国"食"的问题,是最重要的政务,正所谓民以食为天。对国家而言,国库(粮仓)充盈与否是国力强弱的重要标志;即使发生战争,也是"兵马未动,粮草先行"。当今,在政务管理中相当于"管理经济",在企业管理中相当于"管理效益"。有吃还得有住,所以管理居住问题,也是社会稳定、国力强盛和百姓安康的重要方面。中国百姓梦寐以求的就是"耕者有其田,居者有其屋",有吃有住,生活便和谐美满。所以,吃住问题是"天地"一样的大问题。这在今天也是一样的,经济是基础,国家治理、政府管理、企业管理都需要发展经济。

　　第二层次是思想和精神层面,为坎离之道,管理"徒"与"祭",即管理教育、管理祭祀。中国推行的是师传徒的"传帮带",恰似生生不息的江水,培养出一代又一代的人才,所以有"长江后浪推前浪"之说。用如今的语言表达,就是通过教育培养人才,而且像水一样源远流长,这相当于西方管理学

151

中的人力资源开发与管理。祭祀，自然用明火，光照四周、火暖人心，而祭祀的重要功能是敬天敬地、求天求地，敬神敬祖、求神求祖，祭祀的仪式体现出礼节的庄重性，祭祀的诉求表现出预测的期望性。在中国古代，"主持宗庙事务"是"主政"的代名词，掌握祭祀权就意味着掌握政权，所以有宗庙社稷指代国家政权之文化意蕴。在今天，管理"祭祀"可以解读为两方面，一是文化礼制管理，二是预测分析管理。与"火"的功能相类，思想精神上提供光明与前程，预测分析上给人以信心和温暖。显然，行政管理的重要功能是规范礼制、引导民众的思想。

第三层次是国器国力层面，为艮兑之道，管理"师"与"货"，即管理军队、管理财货。无论是在古代还是当今，这两方面代表的是卫国力量与经济实力，都是国之重器，都是镇国之宝。延伸在管理领域，前者指管理员工队伍，包括行政队伍、技术队伍、运营队伍等；后者指管理财务、管理物流。两者相合就是人们常说的人、财、物的管理，要保证人、财、物如山一样强大而稳定，而且令行禁止，能行则行，当止则止；又如泽潭一样储量丰盛、永不枯竭。所以，带队伍（人才开发与管理）、理财物（财务与物流管理），是管理的重要方面。

第四层次是社会安定层面，为巽震之道，管理"宾"与"寇"，即外交管理、治安管理。中国是礼仪之邦，待客热情、真切、坦诚、无私，即便来的是不速之客，亦是"有朋自远方来"，竭尽力量予以接待。中国人好客，恰如和风微醺、春风拂面，让客人感觉到真诚与关怀。在东风送暖、和风送爽接待宾客的同时，中国人还讲究路不拾遗、夜不闭户的乡风，渴望"天下无贼"的境况，这就是治安良好。中国人世世代代追求和平幸福，这就要管理好治安。今天，中国绝对是一个治安较好的国度，作为人口规模世界第一的大国，能做到这一点，殊为不易，而这不能不说如沐春风的待客之道、和谐安宁的治理水平，是重要原因。

"管理八政"，在今天仍然具有强大的生命力，它是行政管理和企业管理的重要内涵。

三、固铻公司八心管理实践

《易经》说"八卦"，《大学》论"八目"，"理学"讲"八德"，《尚书》载"八政"；"八卦"确立易理、"八目"修炼人心，"八德"管理德心、"八政"管理政务。把这些中国文化的内涵融合到心和管理理论之中，可以生成人心管理"八法"、管理目标"八心"、管理目的"八和"等。国家管理、行政管理、组织管理、企业管理等，皆适之，一通百通，心通皆通。

笔者曾走访苏州固铻电子股份有限公司（以下简称"固铻公司"），并进行了为期三天的培训课程和讲课录像，交流中对固铻公司应用国学管理企业的做法深有感触。固铻公司认为，企业经营除了致力于股东利益最大化、提升员工幸福感和客户满意度这些常规目标，还承担着社会责任。这种社会责任，不仅体现为绿色经营，还体现在广义上的"企业公民行为"，包括深度参与公益事业，建设幸福社区。除了自身进行幸福企业典范创建之外，还要影响和带动其他企业，共同承担起社会责任。这就远远超越了缴税、就业、慈善这样的社会责任实现途径，把关注点从企业、员工扩展到企业的社会性和员工的公民性，事实上是把员工修养、道德教育与社会责任关联起来。

为此，固铻公司将企业的核心价值观确定为"企业的价值在于员工的幸福和客户的感动"，将企业愿景确定为"用心将圣贤文化带给全世界，造福全人类"。正是基于企业应当为社会和谐以及员工的幸福而存在，而不只是为了创造经济效益单一目标而存在的认识，固铻公司开展了中华传统文化教育，开始了创建幸福企业活动。

固铻公司将"幸福企业"定义为八个模块体系：人文关怀、人文教育、绿色环保、健康促进、慈善公益、志工拓展、人文记录、敦伦尽分。这一表述最大的优点是一线工人一看就懂，便于落实施行；比较明显的问题是八个模块的内涵不在同一个逻辑平台上,大概念套小概念,且意义上有交叉,表意上难以并列。有关学者在研究后提出,可以把八个模块改成物和、健治、品仁、正心、善孝、致为、德韵、仁爱。显然,这个表述逻辑上说得通,模块之间形成了平行并列关系,但对工人来说比较难懂,执行与落实中会存在理解上的困难。固铻经验,或者说"幸福企业"创建的八个模块之间,既要考虑八卦那样既对应交错又相荡关联的关系,体现内涵的深刻性,又要让固铻公司的员工朗朗上口,好记好懂。为此,经比较、考量、分析,以固铻公司幸福企业的实践为内涵,以八个模块与心和管理八卦模型相应为要求,结合人心管理的"八心"体系,我们设计了"固铻八心"之说:仁爱心志、敦伦心境、环保心意、慈善心动、明德心修、精神心得、健康心愿、奉献心态。对外推广,就将其命名为"固铻公司心和管理八心模型",简称"固铻八心",如图4-9所示。

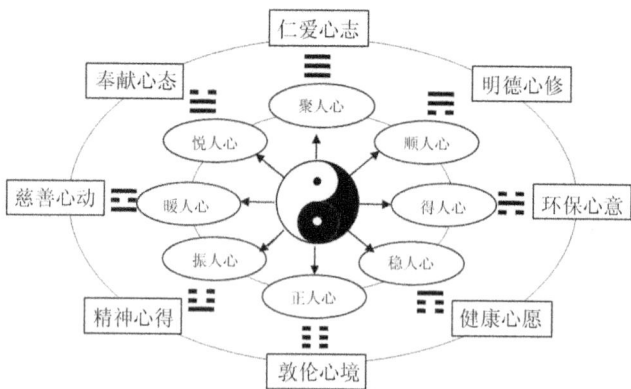

图4-9　固铻公司心和管理八心模型

这样既与固铻公司八个模块的原有内涵吻合,也能在概念表述上形成平行的并列关系,还让员工一看就懂,且很快能与原名称对应起来。更重要的是,所表达的内涵与外延,更为准确,既与八卦全息系统性具有一致性,又与人心管理八个分支目标具有一致性,作为"心和管理"的实践内容,更具有契合度、适宜性。"固铻八心"具体名称、内涵简述与对应的人心管理法则,表述如下：

通过企业的人文关怀表达企业和员工的"仁爱心志"，欣赏管理聚人心。

通过企业的各守本分显现企业和员工的"敦伦心境"，品性管理正人心。

通过企业的绿色环保表明企业和员工的"环保心意"，满意管理得人心。

通过企业的慈善公益展现企业和员工的"慈善心动"，感动管理暖人心。

通过企业的人文教育表示企业和员工的"明德心修"，理解管理顺人心。

通过企业的人文记录表现企业和员工的"精神心得"，精神管理振人心。

通过企业的健康促进表述企业和员工的"健康心愿"，情绪管理稳人心。

通过企业的志工拓展体现企业和员工的"奉献心态"，心态管理悦人心。

多年来，固锝公司用心践行"内求，利他"的"家训"，不忘初心，探索中国式的管理模式。公司在受到各界越来越多关注的同时，也引起了国际社会的关注，吸引诸多国际人士前来参访交流，从而让世界了解了中国的企业。

幸福企业是因为有幸福员工，幸福员工是具有孝敬品德的明理员工，而明理来自固锝公司的有效管理与教育。建设幸福企业，教育为先。正确的思想、伦理、文化、道德教育来自中华优秀传统文化，源于古圣先贤的智慧。幸福企业的典范，就是将古圣先贤的智慧用于现代企业的管理。固锝公司努力以此为契机建立一个幸福企业样板，让世人对中华优秀传统文化充满信心。越来越多的企业、团体将会行动起来，共同承担起文化振兴的使命，讲好"中国故事"，用心将圣贤文化带给全世界。

第五章　双和管理思想

　　中国的"家文化"，不仅诞生了宗祠文化、孝悌文化、乡恋文化，衍生了"耕读传家""书香世家""宾至如归""叶落归根""老吾老，以及人之老；幼吾幼，以及人之幼"等文化内涵；更重要的是，演绎出"修身养性""正心齐家"的"心文化"，以及"家和万事兴""中庸之和""君子和而不同，小人同而不和"的"和文化"。

　　中国是一个洋溢着"和文化"的国度。"和"成为一个吉祥字眼，人们脱口而出的是和暖、和顺、和睦、和婉、和悦、和风、和畅、和煦、和美、祥和、暖和、平和、柔和、温和、饱和、醇和……"和"，作为一种文化现象，几乎如长城、京剧、文房四宝、太极文化那样具有鲜明的中国烙印。"和"在中国成为一种执政方式，最早是在西周时期。由于周厉王暴虐，国人起义。厉王出逃，由大臣召穆公、周定公共同执政（前 841 年，另有一说是前 842 年），号共和，直至周宣王执政（前 828 年），约 14 年。这是中国古代历史有确切纪年的开始，也叫共和元年①。西方在公元前 509 年，罗马共和国建立，词义源自拉丁文 res publica，意思是"人民的公共事务"，中国采用"共和"译之。可见，

---

　　①　共和的由来，有两说：(1)因厉王出奔后召公、周公二相共同执政。《史记·周本纪》："召公、周公二相行政，号曰'共和'。"(2)因由共伯和代理政事。《汉书·古今人表》"共伯和"唐颜师古注："共，国名也；伯，爵也；和，共伯之名也。共，音恭。而'迁史'以为周召二公行政，号曰共和，无所据也。"

"共和"在东西方都是指一种执政方式。但西方更多地表现"公民公务"之意,中国则更确切地表示"共同维护、和平共处"之意。现在的中国,全称是"中华人民共和国",其"共和"的内涵就是共同和平,其表现形式是人民代表大会制度。

显然,汉语"共和"的初始含义是召公、周公二者共同代理执政,逐渐演变为共同和平、相约和谐之意。"共和"的"和"侧重于各政体之间的"和谐共处","双和"的"和"侧重于管理各方的"协和求同"。在中国文化的思想宝库里,"共和"主要表现为"致中和""共认同""和天下"的诉求。心和管理理论中的"双和",并非一种执政方式,而是一种管理方式,即管理活动双方彼此协和(谐和)。

第一节　中庸文化致中和思想

《中庸·天命》云:"……故君子慎其独也。喜怒哀乐之未发,谓之中,发而皆中节谓之和。中也者,天下之大本也;和也者,天下之达道也。致中和,天地位焉,万物育焉。"君子需能"慎独",人的道德修养达到不偏不倚,不走极端,十分和谐的境界,这就是"致中和"。致中和了,天地之间的一切便都各在其位了,世间万物就都生长茂盛了。

《中庸·天命》又云:"仲尼曰:君子中庸,小人反中庸。君子之中庸也,君子而时中。小人之中庸也,小人而无忌惮也。"君子与小人的区别就在于能中庸还是违背中庸,中庸的关键点在"时中",即随时做到合度适中。这里的"时"字,说明中庸不是固定的中间线,而是随时、随遇、随性、随缘而变的,目标是"中"——合度适宜。

一、中庸之道的致中和文化

中庸之道，是中国文化中一个非常重要的概念。中庸既然是一种"道"，那就是形而上的，是可以给天下子民布道传道的，所以中国文化经典"四书五经"中的"四书"之一就有《中庸》。对"中庸"的解释，一般有以下几种：其一，德行说。中庸属于道德行为的评价问题，也是一种德行；之所以在古代被如此重视，是因为中庸是最高的德行。其二，字义说。不偏不倚谓之"中"，平常谓"庸"，所以中庸就是不偏不倚的平常的道理。其三，中道说。中道就是不偏于对立双方的任何一方，使双方保持均衡状态。其四，中行说。人的气质、作风、德行都不偏于一个方面，对立的双方互相牵制，互相补充。不同的解释各有道理，但其核心不变，都认为中庸是一种折中调和的思想。

因为"不偏不倚、折中调和的处世态度"的解释，中庸之道曾被狠狠批判。当然，被批判本不是坏事，真理都是越辩越明的，而历史最终能证明孰是孰非。一般认为，孔子的中庸之道揭示了事物发展过程中"调和与均衡"这一相对的、暂时的状态，在古代认识史上是有贡献的；但又认为任何情况下都讲中庸、讲调和，是否定了对立面的斗争与转化，故予以批评。对这样的结论，笔者持有异议，中庸思想若是"和稀泥"式的调和处世态度，应该没有理由流传数千年成为文化经典、传世真理。那么，有没有可能是后人读《中庸》读"歪"了，无意或有意地把圣贤的经典读成"歪经"了呢？笔者产生这一疑问的理由有三个。

其一，孔子认为中庸是至德。《论语·庸也》说："中庸之为德也，其至矣乎！民鲜久矣。"这是《论语》唯一提及"中庸"的一段话，其意为：中庸作为一种道德，该是最高的了吧。人们缺少这种道德已经为时很久了。很显然，孔子是因为当时人们缺少这一最高道德"久矣"而强调中庸的。在孔子所处的春秋时代，讲"道德"绝不可能是"和稀泥"，否定对立面的斗争与转化。果如此,也不会认为"一阴一阳之谓道"了。阴阳本身就是对立面,阴阳转化是其基本原理。孔子只是认为现实久缺"中庸之道"会很危险,所以提出来警醒大家。

其二,孔子认为中庸是恰到好处。孔子针对具体的人和事、具体的生活细节提出看法和解决思路,他不是在研究哲学,而是把哲学应用于现实。《论语·先进》中有一段涉及孔子解决问题的思路与方法的对话:"子贡问:'师与商也孰贤?'子曰:'师也过,商也不及。'曰:'然则师愈与?'子曰:'过犹不及。'"师指颛孙师,即子张;商,是卜商,即子夏。这两人谁更聪明?孔子说子张聪明过头了,子夏不够聪明;聪明过头和不够聪明一样不妥(所以有"聪明反被聪明误"之说)。意思是,不及是不好的,过犹不及。这就可以理解孔子提出中庸的目的不是要折中调和,而是让人们明白无过也无不及,恰如其分最好。

其三,孔子认为中庸是行为合道。《论语·述而》说孔子是"子温而厉,威而不猛,恭而安"。这是说孔子的形态、为人是合适的,温文尔雅中不失严厉,威严肃穆中不显凶猛,谦恭有礼中让人安详。孔子评价一首诗时说"乐而不淫,哀而不伤"(《论语·八佾》),快乐而不淫荡,忧愁而不哀伤,也即把握好度,其标准就是合道。再看:"季文子三思而后行,子闻之,曰:'再,斯可矣。'"(《论语·公冶长》)现代人经常引用"三思而后行",其实圣人并不赞成"三思",孔子认为"再",即两次就可以了。不思而行叫莽撞,思而过多叫犹疑,所以既要有智谋,也要当机立断。孔子的学生子游也说:"事君数,斯辱矣;朋友数,斯疏矣。"(《论语·里仁》)跟君王来往太密切,就会遭受屈辱;跟朋友来往太密切,就会被疏远。为此,孔子感叹道:"不得中行而与之,必也狂狷乎!狂者进取,狷者有所不为也。"(《论语·子路》)这里的"中行"就是行为合乎中庸之道;与不合中庸之道的人接触,会发现不是太张狂就是太拘谨,张狂的人太激进,拘谨的人有所不足。孔子的意思应该是做人既不过于张狂又不过于拘谨,才是合道的、合适的。

综上所述，孔子提出中庸，是反对走极端，反对为人处事过头或达不到要求。合适、合理、恰当、适度，才是德之至高境界，才是"和"文化所要表达的内涵。"和稀泥"式的"调和"之意，应该是后人加的，故指责先哲"否定对立面的斗争"，并无根据。

要达到"既不过之又不及"这样的中庸之道，需要有极高的道德修养，需要智慧、定力、毅力，需要有谦让的态度、忍耐的精神、主动妥协的胸襟。"喜怒哀乐之未发谓之中，发而皆中节谓之和"，情绪发出来了仍能用"中"的状态来节制情绪，这便是和。所以"中也者，天下之大本也；和也者，天下之达道也"。保持平静、安宁、祥和之"中"的状态，是天下万事万物的本来面目（基础）。

由此可见，简单地把"中庸"理解为不偏不倚、居中而定，失之偏颇。确实，"中庸"的"中"是不偏，"庸"是保持平常而不易之意，但这里的"不偏"是人生的志向不偏离大道（不是居中无偏移），"不易"是不轻易变更自己的主张目标（不是固化不变）。进一步说，中庸者，心要中正、平和，保持一颗敬重、敬畏的心；讲中庸不是什么也不要出挑，让自己平庸。人还是得拥有一技之长，做一个有用的人才；要能坚守自己的岗位，要在其位谋其职。

总而言之，简单地居中并非中庸，移动、相弹中获得最适宜合理的位置，不过左亦不过右，不偏上也不偏下，才是中庸本义。从这个角度理解，适宜便是中庸，恰当便是中庸，说到底，致中和便是中庸，中庸就是协和。中庸之道，就是协和之道。必要的进取是为了致中和，主动的退让也是为了致中和。中庸，不是放弃斗争，也不是抹杀掉有对立面的事实，而是为了在斗争中获得双赢、双和，或者说是为了达到一种互相之间的平衡。均衡理论、价格弹性、"看不见的手"等，本质上就是中庸之道。中庸之道远不止此，还适用于政治、文化、生活的方方面面，所以才有"致中和，天地位焉，万物育焉"这样的奥妙。

二、道器并重的致中和观念

关于道器论,前文已有两处涉及,绪论重在整体阐述,第三章第三节"对立统一"中重在讨论阴阳对立与转换。本节则重在讲解阴阳对立基础上的求中达和、恭致中和。

中庸是道,一阴一阳也是道。此道与彼道是同一个"道",那就是阴阳变动而致中和之道。"形而上者之谓道,形而下者之谓器","这"道"是阴阳协和至适宜合理的中庸,是乾坤和阴阳变易的法则。中庸是思想,法则是原理,无形故为"形而上"。"器",是有形之物。易道中是因物取象的卦画,故为"形而下"。这就需要思考一个问题:道与器可中庸否?因为细细体察中国文化发展史,在道与器的问题上,似乎不大有真正意义上的"中庸"。

古代中国,"重道轻器"几乎是一种常态。传承下来的典籍中,论道之书汗牛充栋,说器之文屈指可数。所以,修身养性、治国平天下之道,大家都在修;而在制器问题上,虽然古代中国制造业发达,能工巧匠举不胜举,更有冶炼业、丝绸业、四大发明、古代长城领先世界,但是从业者都是不入流的,只能算是"五行八作"中的"八作",包括金匠、银匠、铜匠、铁匠、锡匠、木匠、瓦匠、石匠等。这就是说,道,高高在上为经典;器,无品无位不入流。道与器的文化地位、社会地位为什么差异如此之大?

道是可以论而传播的(即论道、布道),也是可以觉悟而升华的(即悟道、得道)。学道、懂道者是劳心者,学器、做器者是劳力者,劳心者治人,劳力者治于人,所以劳心者成为管理者,劳力者则成了被管理者。如此结果,上等人可以一直是上等人,下等人乖乖去学器、制器。没有文化不要紧,一代代口口相传、一代代地做下去。上等人成了有话语权的那个阶层(特权阶层或者说权贵阶层),自然就只要"求道"而不必"求器"了。求器的事情就交给下等人去做,作为劳动者的普通老百姓,就负责学器、制器,不必学道、懂道。他们没有文化,见识有限,制器之技能、技巧只能靠"劳动人民的智慧"了,虽然千百年来这智慧的确不错，其发明创造为人类做出了巨大贡献，但因为没有权贵之荣、劳心者之便而入史册，常常湮灭在历史长河中，偶尔机缘凑巧，因文人记载而流传下那么星星点点……因此，"重道轻器"成为古代普遍的社会现象。

近代，西方工业化革命带来制器造器的科学技术，列强用枪炮轰开了中国大门，屠杀了国人、掠走了财富、瓜分了国土，冷兵器败于热兵器，传统农牧败于工商经济，时人这才意识到自己的"器"已远不如人家的"器"。可是思来想去——"道"没有错啊，而且几千年来一直很好，于是提出"师夷长技以制夷"的主张，归根结底是要以中国之道驭西洋之器，即"中体西用"。这是一个进步，可惜只学了人家的器，没有掌握道之根本，即核心技术。

改革开放的一个重要成果，就是终于从根本上改变了"重道轻器"现象，器被提升到了一个极为重要的位置，"逐器"的激情在被压制了几千年之久后终于如火山一样爆发出来了。从街边的"练摊人"到开小店的个体户，从"打工仔"到腰缠万贯的"老板"，很快地，道被忽略，器被最大限度地重视，于是社会上出现了"造原子弹的不如卖茶叶蛋"的"脑体倒挂"现象，一首流行歌曲的收益抵过科学家一生拼搏的悬殊也出现了。知识分子被眼花缭乱的变故搞得七荤八素，传统的求道者再无多少风光可言，而社会走向了另一个极端——"重器轻道"，甚至没有人来关注闻道、悟道了。同时，与闭关自守完全相反的一个倾向也出现了：器既然是西方的好，那么求器之道自然也是西方的好。在这种思想的主导下，西化乃至全盘西化倾向出现，中国之道被扔一边，西方之道竟成圭臬——道器皆西化。其结果就是，由于人文土壤不同，西方的商业之道在被吸纳之后并不能生根发芽，中国固有的经商之道又被摒弃，造成一切向钱看、只顾利益不讲道义的不良风气。

显然，"重道轻器"不合适，"重器轻道"也不适宜。从一个极端走向另一个极端，依然没有回归真正意义上的中庸之道。

中华文明是从农业基础上建立起来的，人与人之间、村与村之间基本依赖自给自足式的小农经济生存,东家缺什么西家去借,西家有难处东家来帮,农闲时节邀三五邻居、村民好友一起聚聚聊聊,你家一个菜、我家一个汤,不分彼此,"有朋自远方来,不亦乐乎"。生存法则中的重要一条就是一个人在乡邻中的人情大小。人情社会里最重要的就是人的脸面,乡邻中的威望人物就是"有头有脸",不得意者便是"灰头土脸";出息了就是"长脸",没出息就是"丢脸"。族人、家人离家万里,依然要叶落归根,在外混得好是"光宗耀祖",为家族争脸了;但若在外干了缺德的事,那就无脸见列祖列宗,给家族抹黑了,严重的就不予再归宗祠。正是这样的一种人情脸面观,让国人做人做事都有所克制、有所顾忌。

换句话说,学习西方,重视制器,是好的、应该的,但不能因重器而轻道,更不能弃道。道是思想层面、精神层面的形而上学,具有文化的适应性、思维方式的契合性,尤其在有着几千年文化积淀的东方古国,应该继续传承以便适应,在继承基础上的创新才是有价值的创新、具有适应性的创新。引进西方先进制器技术的同时,本应该保留中国哲学之道、思想之核为经济发展保驾护航,但学习之初,因为没有经验,向西方学习变成了照搬西方,西方以"利"为始终、以"利"定规则的管理之道也毫无保留地渗透进来。在物质匮乏的年代,一条通往财富的大门突然打开,"利益至上"的思想迅速武装了部分人群的头脑,他们为了求财,走向了"要器不要道"的极端。学习西方文化中的优秀部分为"我"所用,本身没错,错的是这个过程中放弃了在中国历经千百年传承依然有蓬勃生命力的"道"。所以,在"道"与"器"问题上,应该有一个中庸之道,也就是既不能只要中国的"道"不学西方的"道",更不能只要西方的"道"不要中国的"道";既不能只要中国的"道"不学习西方的"器",也不能只要西方的"器"不要中国的"道";既不能只要中国传统文化的"道",而不与时俱进学习世界上一切优秀文化充实"道"之内涵,也不能只照搬西方的制器术而不要中国传承千百年的工艺和技能。

管理之"管"是管人的言与行,以保证器之创造、制造;管理之"理"是理顺人的心与情,以保障"道"之引导、制约。一方面,软(道)、硬(器)结合,管器理道;另一方面,求得道器之适宜(管理的中庸之道),管事理心——这也是致中和,管理上的致中和。

三、道术结合的致中和思想

中国文化对于道、法、术、器都有专门论述。其中"法"是佛家之言,相当于道家之"道",中国文化佛道可融,所以高僧可称"得道高僧"或"有道高僧"。道学是中国原创,所以心和管理理论主要涉及道与器、道与术的问题,不论道与法、法与术、法与器的问题。

如果说,道与器的问题是精神与物质、形而上与形而下的问题,那么道与术的问题就是方向与方法的问题、战略与战术的问题。道与术的致中和问题,就是方向与方法的有机融合,以及战略与战术的恰到好处的问题。这"术",在中国古代有"方术""术数""技术"等各个方面,相当于现代社会的"自然科学"。

道是本,术是末,本末不能倒置。这个道理本身是对的,只是有人会把"经"念歪而已,或者统治者为了统治需要、居心叵测者为其"居心"需要,有意把"经"念歪。回归圣贤的思想体系,就能准确把握住道与术的关系。《庄子·外篇》中有《天道》一章(与《易经》中天、地、人"三才学说"中的天道不一样),文中云:"天道运而无所积,故万物成;帝道运而无所积,故天下归;圣道运而无所积,故海内服。"分析其意,天道应该是自然之道,帝道应该是帝王之道(德合天地曰帝),圣道应该是圣人之道。重点是"无所积":人,生老病死;时,冬去春来;物,旧灭新生。万物皆在运动变化中新陈代谢而"无所积"。故按自然规律运行则万物成,按帝王之道治理国家则天下归,按圣人之道教化万民则海内服。这里,道是根柢本源,术是枝节末梢。按天道用农渔之术,皆有收益;按帝道用帝王之术,皆可治理;按圣道用教化之术,皆能服众。旧的、没落的、腐朽的、死亡的"无所积",这才能让新的、有生命力的事物产生。这是新与旧的"致中和",也是现代社会强调的"创新"之本义。

这就是说,道、术、器的关系中,道是指导思想、是原则,术是制造技术、是方法,器是制造作品、是成果。道与术的关系是以道驭术,道术结合,本末有序,以术得道。

以道驭术,就是用道来承载术数,用思想来指导技术,用原则来统领方法。电视剧《一代大商孟洛川》用老师李士朋之口说道:"道是河,术是舟;道是舵,术是桨。无河无以载舟,无舟难以渡河;无舵则无方向,无桨则无动力。所以,道是方向,术是方法;道是法则,术是谋略。"显然,这里所要说的道理,也是说明"道"的意义、价值。孟洛川是商人,他的宏图大志是成为一个成功的得道商人——大商。想做大商,就得先明道,懂得商道之本。所以,李士朋在对孟洛川当头棒喝时说:"夫大商者,胸存纵横四海之志,怀抱吞吐宇宙之气;其学通于大道,其功接于社稷;其势籴入惊风雨,粜出泣鬼神。也正所谓良贾何负名臣,大商笑看书生。大商之经商,有如伊尹、姜子牙之于治国,孙子、吴起之于用兵,商鞅之于变法。其学问之精深,道法之玄奥,意气之闳远,境界之高明,岂是你这等空想妄论,俚谚俗语所能达到的。"这对今人而言也是有指导意义的,商人亦须懂商道之本。

知道、明道,才可以统领经商之法、管理之法,如剧中所言:"还要善于审时度势,沟通权变。要善于联系各色人物,调和各种矛盾,明辨祸福利弊;也要善于转输货物,商略价格,拓展市场。只有这样,才能在商海中立于不败之地。"这些就是术。

道术结合,道是境界,术是技巧;道是说明为什么要管理,术是管理的具体方法,两者对应的是知行合一的问题。心和管理的高境界是道术结合、内外兼修、内圣外王。德有善恶,才无好坏。有德之君子,拥有"术"之高才,是用来做好事、做善事、做有益的事;而无德小人拥有"术"之高才,会用来做坏事、做恶事、做有害的事。只有道与术结合,术才能落到实处;术有道引领,才不会偏离方向。韩愈在《师说》中说:"闻道有先后,术业有专攻。"如此,为师者可以传道、授业、解惑,学习者可以六艺经传皆通习之。

虽得道却无术或乏术,其道为空中楼阁,在任何竞争中,必败无疑;虽通术却无道或乏道,其术无用武之地,在各种斗争中,胜一时而不能胜一世。所以适宜的就是道术结合、明道精术。先"闻道",后"术业",这是本末有序,不可倒置。若术为先,则术业无思想指导、无规则遵守、无方向可明。为官者,置身于阴谋诡计、尔虞我诈、钩心斗角;为民者,陷入极端自私、为利益无所不用其极,则会造成社会缺乏诚信,人际缺少认同。有道无术,还可以专攻术业;有术无道,其术带来无限危害。心学创始人、明代大儒王阳明说:"破山中贼易,破心中贼难。"破山中贼是用术,术到即可;破心中贼是明道,明心中道难。一个品德低下之人,术再高,何人敢用?孤芳自赏、恃才傲物,是为德品不高;阳奉阴违、两面三刀,是为品德低劣;阴险恶毒、落井下石,是为无品无德。由此可见,管理之道,在于治心,在于攻心,在于获得人心。

道是"大局观",站得要高、看得要远;术是"一招鲜",能力要强、水平要高。道是哲学论、是高瞻远瞩的战略;术是实践论,是攻城略地的战术。道为本,术为能。

以术得道,指的是一切理论来源于实践的升华。毕竟,制定战略的基础是以往战术的胜负,得当的方式方法才会成为以后的原则和指导思想,《一代大商孟洛川》说"无舟难以渡河,无桨则无动力","虽然,两点之间的直线最短,但是有的时候为了达到目的,却要迂回行动",这才是"陶朱商经明奥理,鬼谷六韬藏玄机;野鹤归去闲心远,大鹏展翅正当时"。研究术数、专攻术业,讲究因时因地因人因事而变,其术能够被反复学习,并从中提炼本质、升华思想、提高本领。道是从这样的"术业"中参悟出来的,掌握其规律性,然后抽象化,在其相对稳定后上升到一个新境界——新的道被总结出来。这就是现代意义上的理论指导实践、实践升华理论的基本原理。

善还是恶,就是得道还是失道;为与不为,是用术还是不用术。这全在人之一念间,即由心中之道来把握。只讲道不讲术,无法成器;只求术不管道,无法成才。只有达到致中和,才是以道驭术,道术结合,本末有序,以术得道。

第二节　双向协和共认同思想

心和管理理论,秉持致中和的中庸思想,不是不偏不倚的正中间的位置确定,不是调和折中"和稀泥"式的处世态度,而是如阴阳二气彼此运动到适中、恰当、合理的致中,如阴阳双向相融到协同、合作、双和的致和——双向致中和。阴阳运动中,阳代表主方,阴代表客方,所以是主客双方致中和。心和管理就是通过管理达到主方与客方彼此之间互相认同、共同协和。也就是说,双和管理思想,其一是致中和,其二是共认同,最后实现和天下。

现实生活中,管理问题层出不穷,很多管理者忙于"救火",却收效甚微,原因就在于没有找到问题的症结。若再加上"病者"不配合治疗,双方互不认同,那就只会不断累积问题。管理,核心在于达到双方皆认同。

一、管理的要义是人心双和

现代管理学一般认为,管理的对象是人、财、物、时间、信息五要素。而心和管理理论认为,管理的对象是人心,管理的目标是谋和;是人在运用财物、使用时间、运用信息,人是所有要素的关键点、核心点,引导人行为的是人心,故管理的要义是人心双和。

汉语中的"人心"一词,无法从生理学角度解释。而要了解"双和"的意义,必须先懂"人心"的意义。具体考证下一章详谈,这里先简单说明。在中国,"人心"要从文化角度去理解。因为"人心"一词最初是儒学、道家的术语,是相对于"道心"而言的,两者的关系是:道心越强,人心越善,代表着修道之业越高;反之亦成立。儒道两家有时候也用"德心"表示,所以"道"与

"德"常放在一起使用,这时候"人心"即为"道德心",但"人心"的意义不仅限于"道德心"。数千年使用下来,"人心"一词便逐渐固化,成为中国文化中表现道心、德心、愿望、思维和倾向等意义合成的一个专有名词。

这样就能理解"管理对象是人心"的提法了。同样,"管理的目标是谋和",也是从"人心"一词来的。人心管理的目标当然不能简单用效率或效益的数据来表示,也无法用数据来表示,因为用数学语言解释,就应该是一个变量,而且既是自变量,也是因变量,其变动情况因时、因事、因地、因情等而不同,也因自身的心境、心绪、心态、心情等而不同——没有一个确定的数值可表示。故无法用现有管理学中表示管理目标的任何一个词来表示人心管理目标,而只能与"人心"一样从中国文化宝库中选择合适的词语来表示。

于是,"和"的文化概念呼之欲出。中国人、中国文化、中国政治、中国管理,孜孜以求的就是这个"和"字。"和",从"口"声"禾","禾"就是农作物,代表粮食;"口"是嘴,"民以食为天",有粮食吃就和睦、和谐、和顺了。这样,"和"的文化意义就明朗了:人人有饭吃,天下皆太平。这太平就包含着和平、和谐、和气。《易经·兑卦》初九爻说"和兑,吉",就是表示人们和谐快乐了,天下便大吉大利了。《道德经·冲和》说:"万物负阴而抱阳,冲气以为和。"这里说的是阴阳相合谓之和,只有阴没有阳,或只有阳没有阴,万物都无法生长,只有"负阴抱阳",两者相合,平衡而为统一体,方能和合;阴阳二气摇荡冲击(冲气)相混合,这就成和气。内外和气便是和平,彼此平衡则是和谐,和气生财。

显然,心和管理理论所指的"和""双和"概念,与"人心"一样,外文很难直译。心和管理所谋求的和谐,是依据中国"心文化""和文化"中的"人心"与"和"的意义而来的。而这"人心和"无法度量衡,即使勉强用假设条件形成度量衡,也只能衡量一时一角,无法衡量全体总局。现有管理,目标却必须可以度量才能应用,这就需要给"和"一个明晰的数值。前文已有阐述,管理行为不适合用"共和",而和文化来源于阴阳双和,且管理谋求与各关联方的彼此和平、和谐、和乐……那么，人心管理目标的衡量标准就是能否让管理主体与管理客体之间相和。这"双和"虽然还是一种主观感受，但有一个重要因素：双方共同认同。这成为一个非常重要的衡量标准。有了这个标准，若需要用数学语言解释，也就不是一件难事了（设定一个"和"的恒定值）。这样，"人心双和管理"（心和管理）这个理论概念就明朗了。

就管理而言，最难的便是心和。这一点，全世界都一样，人心和，万事和；人心顺，一切顺。心和管理就是达到同与己方相关联的各方双向和谐，是心的和谐、和顺、和美。归根结底，管理，是要把一个组织管理成一个大家共同拥有的"家"，这个家里的"家人"都有一颗经过修炼、修养的美好心灵，彼此和睦、和畅、和煦。这就是中国文化中非常重要的理念，家庭是小家、组织是大家、祖国是国家——"家文化"之根本内核；心和管理的要求是，既要管理好小家（齐家），也要管理好大家（组织管理），更要管理好国家（治国平天下）。家和万事兴，国和天下强。和，是彼此双向协和，其内涵包括多方面。

首先，双和是与自己和。这是人心双和管理的基础，自己都不能管理好自己，自己的外在表现与自己的内心理念都不能相协相和，也就不必谈与别人的相协相和了。人的焦躁、矛盾、痛苦，人的心理失衡、欲望过强及其他极端念头或表现，都是自己的人与心不能相协相和的结果，于是有了心理斗争，有了"如热锅上的蚂蚁"和"困兽犹斗"的表现，走不出自己的世界，"脑补"着不切实际的一切，甚至恶念横生。这些与己不和的心理和行为，如果是偶尔出现，还不至于失常，如果长期如此，一定会反噬自己。要改变这一切，只有让自己心态平和，让自己的言与行双和、灵与肉双和；实现的途径，就是修养——淬炼自己、培育道德、提升修养，让自己的内在与外在双和，即人与心双和。也因为如此，中国文化讲究内视，讲究慎独，讲究心灵修养，所谓无欲则刚。心和管理强调，管理首先而且重点应该是"自己与自己和"，这是"心修"，是一切管理之本。有此为本，才能使组织的内部管理达到人与人相协相和。

其次,双和是与他人和。这是人心双和管理的重点,通过管理,同与自己有交集的人实现双和,即人与人之间的双和。如果独来独往,其自在是在没有别人的情况下的自在。将相和、天下平,上下和、组织顺,亲人和、家庭睦。如果与己和属于心修、属于自我管理,那么与他人和,则属于目前管理工作的重中之重了,即组织管理。而这一点,就目前现实而言,恰恰是令人担忧的。

再次,双和是与社会和。这是人心双和管理的职场意义、社会意义。如果人际相和仅仅是个人能量在个人修为上的表现,那么与社会和,就是个人能量与社会各方能量相交产生的更大的能量,从而逐步达到事业巅峰的关键。与社会和,一是与自己所在的组织相和,在组织中游刃有余;二是代表组织与组织各关联方相和,在组织壮大的同时自己也日益精进;三是站在一定高度后,与社会各界相和,这便是事业成功的基石。所以,心和管理就是要达到己方与关联各方共同和谐、和润、和美。与社会和的管理,便是社会管理的内涵了。

最后,双和是与自然和。这是心和管理的高境界,是天时、地利、人和的集中表现,是中国传统文化追求的至高目标——天人合一。如果与社会和是一个企业管理者的社会责任,那么与自然和便是一个企业管理者的"天道"。

心和,重在达到与自己、与他人、与社会各方、与自然之间的心灵之和。这时候的管理是心灵的升华,而不再是制度的约束。

二、问题的根源是人心失和

中国的对内改革、对外开放政策,使经济获得巨大发展,使一个曾经贫穷落后的国家一跃成为世界第二大经济体。巨大的成就背后,也积存着一些问题。从管理角度看,失和现象及其危害已然显现。管理工作就是预防问题、发现问题、解决问题。大变革时期的经济发展,不可能一帆风顺,出现一些不可预知的问题可以理解，关键是该如何看待、如何解决这些人心失和、思想失和、行为失和的问题。而且，固有的问题尚未解决，新问题又层出不穷。心和管理思考与研究的重点，一是预防失和，二是针对已经出现的失和问题探寻解决之道。这就要先行解决管理之"道"的问题，即指导思想、理论体系的问题，再解决中国管理之道指导下"术"的问题。这里提出了心和管理运行的方式方法、技术技巧问题。

前文说过，以海洋文明为起源的西方文化和哲学思想下形成的管理体系，适宜于西方人文环境，适宜于求变创新、直奔经济利益的直线思维模式。从这个角度说，心和管理从不否定西方管理的科学性、先进性及其价值，只是认为西方管理理论和体系并不完全适用于以大陆文明为起源的中华文化和哲学思想下形成的职场管理。说不完全，是因为在人性方面总有一些是可以相通甚至是相同的，也就是说，总有一些内容是值得学习、借鉴的，总有一些是可以带来思考和启示的。中庸之道的重要价值之一也在这方面。外国好的东西可以吸收，可以融合到心和管理理论中来，只是重点不在于外国的好东西哪些是可以学习的、哪些是可以借鉴的、哪些是可以融合的，而是先要建立起中国自己的管理理论和管理体系（为此这里提出心和管理理论，创建心和管理体系）——即使是不成熟的，也必须先建立起来，然后逐步修正、提升和完善。有了这"本体"，再考虑借鉴学习、融合吸收，以充实完善之。

因为，中国的人文环境是中国文化传承下来并逐渐固化成为风俗习惯、思维模式和行事规范的人文环境：人与人之间的关系更看重宗法亲缘关系，思想上更倾向求稳循规，职场上更追求圆润变通的曲线思维模式。这种背景下，若在中国强行推广西式管理，国人求稳心态会被打破，就有可能导致道德教化抵不住利益诱惑，谋略变通扛不住财富欲望的情况出现，就有可能让西方崇尚的所谓"冒险精神"在中国演变成投机取巧，一切的努力只为财富的攫取。这些问题的出现，归根结底是因为一个以"道"为上、为先、为原则的人文环境里，掉进来一个以"利"为核心的"怪物"，导致人心蒙尘、人心变异、人心失落——人心理不顺、人心聚不拢、人心稳不下来了——人心失和了。破解方法何在？综观世界文化，应从中国文化的"道"中来，从《易经》智慧中来，从中国文化理顺人心谋求双和的"治理"文化、"和"文化中来。人心在，一切在；人心失，一切失。所以，人心回归、人心宁静、人心重聚，让失和的人心和合，这是管理的重任。

如果说西方管理学的核心是"守规则"，那么中国本土管理学的核心就是"得人心"。规则是外在的，施加约束就可以让人"守规则"，利益可约束人、权威可约束人、环境亦能够约束人。人心是内里的，"得人心"的关键是赢得认同。心中有骨气，则富贵不能淫、贫贱不能移、威武不能屈，不为五斗米折腰，而骨气恰恰不是规则训练出来的，是天理大道、人间正气养育出来的。所以，"守规则"的管理，重在外力；"得人心"的管理，重在内修。而要获得人心的认同、获得人心的支持，管理所要做的，就是改变已经失和的现实。无论是修补已经失和的人性管理、组织管理、社会管理甚至是国家管理、世界管理，还是重建协和管理体系，一个方向非常明确：达致双和。

心和管理学就是建立在中华民族的文化基础、地理基础和母语精神上的追求协和的管理，其实质就是在中国人文环境下凝聚人心、争取人心。有了人心，才有达和的能力。当然，可以而且应该吸收西方"守规则"管理的精华。只有这样，才能在世界管理思想、理论和方法上有中国话语权。

三、解决的途径是人心协和

明确了管理必须努力的方向，解决管理问题的途径也就明朗了：得人心，谋协和。需要注意两点，一是心和管理理论强调的协和重点是认同，不是认同感。认同是理解基础上的认同，是认同者主动去认同；认同感往往是外在因素影响下产生的感觉，具有被动性质。在组织里，管理人员会要求员工对组织的文化、组织、产品，甚至组织所规划的愿景产生认同感。但事实上，认同不是培训出来的，也不是要求出来的，而是从内心深处产生的。所以，管理的重点在于明晰，认同是一种心理行为，通过这种心理行为修补失和的部分，或者重新构建和谐的内涵和架构。认同感，是认同行为后的自然产物。二是认同不是单向认同，是双向认同，是彼此之间获得理解基础上的共同认同。

心和管理理论中，有人心管理八大法则，每一个法则的应用都是为了得到人与人之间彼此双向认同。心和管理理论认为，解决管理出现的问题，促进管理达到协和，最佳的途径就是运用人心管理八大法则。管理最终要达到人心协和、组织协和、与各关联方协和。

法则之一：欣赏管理。这一法则是要说明，人的自强不息一方面是要自我欣赏。人自己须有成龙的欲望，须培植成龙的能力，探寻适合自己成龙的方式方法，并且在成龙路上的每一个阶段中，都应把握住合理的自我认可、必要的自我认同，是"潜龙"就懂得"勿用"，是"飞龙"就能够"在天"，这才叫自信，这才是自强不息。自强不息的另一方面，是管理方要为成员创造成龙的环境、龙飞的平台，即要为"龙"提供自强不息的可能：欣赏他、认可他、赞美他、给他提供机会，陪他经历严寒酷暑春暖花开，助他青云直上、龙飞九天。所以，除了自我认同，还有组织认同，特别是组织给予的认同是对人才最大的激励。是否留得住人才，关键是代表组织的人是否诚心真意认同人才。"组织"既是具象的，某种意义上说也是抽象的。能够代表组织或组织部门的人是管理者，是一家组织的部门领导、上司。对组织中、部门里的成员来说，作为被管理者、作为下属，他们的领导、上司就是组织的具象，因为他们有权决定组织成员的收益和前程，影响着组织成员的心境、心态和对组织的认可程度。他们的态度及行为，决定了"龙"是否愿意在这个时空里腾跃、飞翔。所以，有时候一家公司的离职率，不由管理者决定，不由待遇决定，也不由客户决定，而是由员工的顶头上司决定的。优秀的班组长不是表现在他的个人业绩有多优秀，而是体现在他带的班组有多优秀；优秀的经理或车间主任,不是表现在他的个人能力有多优秀,而是表现在他带的部门或车间有多优秀。同理,优秀的企业不是表现在董事长有多优秀,而是表现在他所带的企业有多优秀。欣赏管理,是这种优秀形成的不二法门,要求有管理权的人能代表组织欣赏他所带的每一位成员。这就是说,欣赏管理的要义在于,领导须欣赏、认同、合理使用自己所带队伍的成员,成员须主动认同领导和领导代表的组织,自强不息。认同,永远是双向的。

法则之二:品性管理。这一法则是要说明,所谓厚德载物,首先是要"厚德",没有大地一样的宽厚品性,没有大地一样的巨大容量,就无法"载物",不能承载世间万物的生长、变化,不能承载人间七情六欲八苦。所以,"德"与"物"须匹配,能互为认同。有多厚的"德"才能承载多厚的"物"。"德"的厚度与"物"的多寡需匹配:德越厚,品越高,承载物就越多;德越厚,人性的光辉就越美丽,处高位就能适之。德品高、人性美,可认同的世界就越大,承载"物"就越巨大、宽广。这就是说,"德厚"还包含对人的性格特征的包容,无论是怎样的性格,都能够认同,能够深刻地明白,正因为人性的五彩缤纷,才有这世界的千变万化。认同自己的性格特征,可以扬长避短;认同队友的性格特征,可以取长补短。队友的美,正在于与我的不一样。"厚德"是基础、是前提、是必须;"载物"是应用、是结果、是自然。所以,我们说心和管理,是中国特色的人品、德性为先的管理,是德能配位的管理。德不配位,必有灾殃。《易经·文言》有云:"积善之家必有余庆,积不善之家必有余殃。"《易经·系辞下》进一步说道:"德薄而位尊,智小而谋大,力小而任重,鲜不及矣。"管理的重要功能,就是让人能够德与位相配,智与谋相协,力与任相当,此所谓品性管理。本性有品,道德有品,本性是先天的基因,道德是后天的加持。高贵的"贵"不是利益所衡量的价值之贵,而是德品所衡量的品位之贵。德品高了,在人们心目中的地位就高了。所以中国古代从孟子的"君子之泽,五世而斩"(《孟子·离娄下》)中悟出一个道理:"道德传家,十代以上,耕读传家次之,诗书传家又次之,富贵传家,不过三代。"这就是中国俗语

"富不过三代"的由来。真正的传世大家族、百年大家族，无不牢记着"道德传家"的古训。品性不好，无以高贵。

法则之三：感动管理。这一法则是要说明：火，可以给人光明，也可以给人温暖；同样，火，可以燃烧自己，也可能燃烧别人。关键就在于如何认识火、理解火、使用火。火的价值，往往体现在使用火之人的一念间，一念为善，一念为恶。同样，火可以给人光明，区别在于是照亮了人的身体还是照亮了人的心灵；是温暖了人的身体还是温暖了人的心灵。人，按其外形、性格、需求、职业等可分出很多类别，但仍能类聚其所同：都需要光明、需要温暖，无论身体还是心灵。当同样的光明之火、温暖之火普照时，又可以辨析其不同的身体感受、心理感受。离卦之《易传·象》说："明两作，离。大人以继明照于四方。"离卦，上下都是如日之火，德位匹配的大人物（君王、君子），以其光明之德可以持续不断照耀四方，既光照大地，也光照人心，既提供光明，也展示温暖，让人们的身心都沐浴在其中。让人心灵亮堂而温暖的管理，我们称为感动管理，与离卦对应，暖人心且和美人心。显然，管理中要让人感动，或给人以光明，照亮前程、照亮事业、照亮人生之路；或给人以温暖，温暖躯体、温暖心灵、温暖身边亲人。切入点就是人之存心。存心良善还是存心不良，为管理优劣之分水岭，也是君子与小人的区别。孟子曰："君子所以异于人者，以其存心也。君子以仁存心，以礼存心。仁者爱人，有礼者敬人。爱人者人恒爱之，敬人者人恒敬之。"（《孟子·离娄下》）心中有仁便会爱人，心中有礼便会敬人。那么，爱人、敬人从何而始？孟子曰："世俗所谓不孝者五：惰其四支，不顾父母之养，一不孝也；博弈好饮酒，不顾父母之养，二不孝也；好货财，私妻子，不顾父母之养，三不孝也；从耳目之欲，以为父母戮，四不孝也；好勇斗很，以危父母，五不孝也。"（《孟子·离娄》）孟子文中还有一问："章子有一于是乎？"管理者可以问每一位员工：这五不孝中，你有其中的一种不孝吗？这五条都没犯，是真正的爱父母、敬父母，是为孝，是对父母心中有仁、心中有礼。以此为始，而后敬爱家人、朋友、同事、客户、单位……有敬爱之心，便协和了，正确引导到工作、事业中来，感动管理便达到了。

法则之四：满意管理。这一法则是要说明，上善若水，水滋养万物生长，自己却不参与争名夺利，而是顺其自然，趟过道道难关，荡涤一切污垢，达到满意管理的最高境界。人生如水流，会遇到无数个坎，太过斤斤计较、遇利必争，困境与危险会如影随形，也就永远得不到心灵上的满意。所以，是掉坑里，还是能过坎，全在于自己。坎卦之《易传·象》说："水洊至，习坎；君子以常德行，习教事。"水不断地相继而来，不能好好地给予疏导和排泄，就会泛滥成灾。真正的君子以此为戒，把德行作为一种原则、一种本然规定而崇尚、而遵行，并不断地就这种行为教育大家，将之作为一份重要的事业。真正做到"常德行，习教事"，且能"作事谋始"（与讼卦相谐），即事先慎重考量、全盘把握，看清利与害，懂得趋利避害、明察秋毫，以免陷入险难；即使已入险，亦能沉着冷静、步步为营、谋求脱险，万不可操之过急。所以，与此对应的管理叫作满意管理。什么才是真正的满意？不同阶段量力而行，以求适当满足；条件许可，仍需谨慎思考，合理满足即可。如果要求过分，图谋私心而轻举妄动，只会在危险与困难中越陷越深，最终无法自拔。显然，合理的满意、适度的满足才是最佳的认同。当然，满意管理必须有追求，而德行永远是排在第一位的。《尚书·虞书》中涉及尧舜传位时说："慎徽五典，五典克从；纳于百揆，百揆时叙；宾于四门，四门穆穆；纳于大麓，烈风雷雨弗迷。"这段话的意思是：舜十分谨慎地推行"五典"美德（父义、母慈、兄友、弟恭、子孝），百姓们满意，能顺心地做到"五典"；舜又受命管理百官（掌管所有事务的官员们），百官们满意，能顺从他的管理；舜又在明堂四门迎接前来拜见的各方人物，各方的大人物也满意，进四门时都整肃衣冠仪容以示敬重；舜还受命到深山老林接受生存训练，即使是暴风烈烈、雷雨交加的时候，也对自己充满自信而不会迷失方向。这个时候的满意，可以而且应该是无止境的。总结起来，对己之欲望，合理满意；对事业、对道德的追求，永无止境。

法则之五：心态管理。这一法则是要说明，人的心绪是凝结还是放开、心情变好还是变坏、心魔滋生还是消灭，外界因素只是一个诱因，关键是自己的心态。好心态，能让人纾解心绪、放开心怀、克制心魔，能让人笑对困境、战胜艰难、克敌制胜。心态，是变动的，随着境遇和心理活动而发生变化，其变化可能是正方向也可能是负方向。正因为如此，人的心态可以通过自己的意志力合理地调节，即使因突如其来的冲击、刺激，出现一时失神、失控，这种状态也能及时得到修正，依然能清晰地"辨民安志"（与履卦相谐）。而要做到这一点，兑卦之《易传·象》说："丽泽兑，君子以朋友讲习。"兑就是泽，"丽泽"就是互为滋益的两泽相连，意为朋友之间应该在一起论述不明之理、练习不熟之道，相互浸润、彼此协和、共同提高。汉语中，同门为朋、同志为友，即同学为朋、同道为友，能做朋友者，是能说到一起去的，是志趣相投的。显然，"朋友讲习"是非常重要的心态的调节，还能帮助朋友"自我暗示"。当然，自我暗示的方向与内涵，取决于一个人的修养、品性以及性格。中国人讲"近朱者赤，近墨者黑""物以类聚，人以群分"，所以，保持好心态就要"丽泽相依""朋友讲习"，并且以诚待人，谋求互相认同。得不到认同的时候怎么办？几千年前的《诗经》里就写道："园有桃，其实之肴。心之忧矣，我歌且谣。不知我者，谓我士也骄。彼人是哉，子曰何其？心之忧矣，其谁知之？其谁知之，盖亦勿思！"（《魏风·园有桃》）诗中，一位有识之士，在结满果实的桃园里，却充满忧伤，是忧国、忧民，还是忧时、忧情？事实上，这些都不重要，重要的是这位有识之"士"在忧伤中的心态排解方法："我歌且谣"——作歌谣而放声高唱（也许是低声吟唱）。他想得明白：不理解我的人，会说我太过孤高狂傲；这些人说得对啊，但告诉我，怎么办才是好的？我内心里无尽的忧伤情怀，普天之下到底有谁能知之？既然谁都不能真正理解我的内心（那就干脆不要空自伤怀空烦恼），不如不去想它。别人理解不了，那就"盖亦勿思"，这也是一种心态的自我调节。

　　法则之六：情绪管理。这一法则是要说明，人都有喜、怒、忧、思、悲、恐、惊七情，并往往通过眼、耳、鼻、舌、身、意感受或表现出来，这就是人的情绪反应。人们平常所说的好脾气与坏脾气、好心情与坏心情、好性格与坏性格等，以及嫉妒、惭愧、羞耻、自豪等情态，都是情绪的表现。中国文化传承、思维模式定型化的结果，就是形成中国人的国民情绪特征：含蓄内敛又适时奔放，言行控制又收放自如。常常以好心情面目出现、以好性格姿态示人，而且以好脾气著称圈内，这样的人往往有好人缘，为人称道。好人缘就是中国面子社会的产物，在西方应该就是高情商的意思。所以，中国社会讲究修养，而形成好的修养最重要的就是能控制自己的情绪，可用"不动如山"来概括这种稳重沉着、能担大任的性格特点。冲动则是魔鬼。不理智是不成熟的代名词。管理中常常通过"衰多益寡"（与谦卦相谐）来平衡人们的情绪，而且中国人讲究"在其位谋其政"，所以，艮卦之《易传·象》强调："兼山艮，君子以思不出其位。"知道什么是自己该做的，什么不是自己该做的，稳定如山。职场中，好心思、好心情、好心绪、好心态，可以通过自控实现自我认同，也可通过互相认同来实现。上面提到的"七情"，就来源于《黄帝内经·阴阳应象大论篇》，把要点总结出来就是："怒伤肝，喜伤心，思伤脾，忧伤肺，恐伤肾；喜怒伤气，暴怒伤阴，暴喜伤阳。"其实，在《黄帝内经》中类似这样的观点有多处，充分说明中国古代就十分重视情绪与生理的关系问题。情绪管理并不是要求学医，而是主张善于调节情志。

法则之七：理解管理。这一法则是要说明，人与人之间产生矛盾，很多是因为沟通出现问题，或是没有沟通，或是沟通不畅。误会，往往是这样引起的，而误会没有解除，就只会增加误会程度，这是理解管理的第一关。解决之道只需两个字——"体谅"。然而，体谅何其难也！难在面子放不下、情绪控制不了、心胸放不开。若误会能解除，接着要处理的是沟通问题，然后才可获得认同。这就需要"申命行事"，了解自己要做的事、要面对的人，把握自己的使命，做好每一件事。巽卦之《易传·象》这样说："随风巽。君子以申命行事。"这里的"申命"是重申教命之意，其中的"申"更有说明、禀报之意。相对于"奉命行事"，"申命行事"更有主动性，也更能得到上级和同事的认可与支持，无论处世还是为人，也就更能风和日丽、风调雨顺，让交往的人如沐春风。巽为风，这"风"，既是让自己理解自己，也是让别人理解自己，更重要的是让自己成为理解别人的那股"清风"。需要注意的是，理解、顺畅之风是"和风"，若风不和煦，便可能是凄风冷雨或狂风暴雨，甚至是山雨欲来风满楼之风，那就意味着无法认同。认同，是一帆风顺的金钥匙；理解，是乘风破浪的通行证。《孟子·公孙丑上》："孟子曰：'人皆有不忍人之心。先王有不忍人之心，斯有不忍人之政矣。以不忍人之心，行不忍人之政，治天下可运之掌上。'"人都有怜悯体恤之心，先王有，所以才有怜悯体恤百姓的政治体制，用此心行此政，治理天下之重任便可掌中握。这里的"不忍人"（怜悯体恤）其实就是以此心对彼心，彼此理解。现代中国管理学，应以此为重要内容、重要法则。

法则之八：精神管理。这一法则是要说明，精神主要有两方面含义，一是人的意识、思维活动和一般心理状态表现出来的情态、面貌，二是精气、元神在人身上所体现出来的精力、神气。前者更多体现在心理因素引起的精神状态，后者更多体现在生理因素引起的精神状态。所以，思想、人格等，是意识、思维层面的精神状态；风采、气质等，是身体、面貌层面的精神情态。无论是生理还是心理层面，精神除了内在的自我发愤外，更有外力的影响作用，即所谓的"恐惧修省"。当一个人什么都无所谓、无所惧的时候，他已经没有了对一切美好事物的敬重感，没有了对一切丑陋事物的畏惧感。精神管理，就是以雷震人，振聋发聩，及时警醒。人有精神，才容易被认同；人有精神，才愿意认同人。故震卦之《易传·象》特别提醒："洊雷震；君子以恐惧修省。"当警示的"雷"不断在头顶炸响，人们会在"惊雷"的巨大声响中有所惊觉、醒悟，有所惊惧、制约，如此方能修炼身心，精神振奋、精神昂扬、精神抖擞地迎接一切挑战，同时拥有完善一切正能量的精神。

人心双和，在于彼此认同。心和管理，在于达到管理者与各方包括与自己的共认同。

第三节 协和万邦和天下思想

心和管理认为,"管理"的目的是从人的内心里达到彼此之间的双向协和,那么,无论是对内管理还是对外管理,宗旨不变,就是大家共同享受和平、感受和谐、沐浴和睦。这个"大家",可以从人、组织、社会、国家(在古代包括各诸侯国)等不同的视角来看,己为主方,所有关联方为客方,于是就有协和人际、协和组织、协和社会之说,自然也有协和万邦(诸侯国)、协和天下(世界各国)之说。可见,管理的对象可大可小,关键看管理者所持的立场、所代表的对象。中国文化自古强调的是,习得文武艺,治国平天下,即把所学知识与能力用于管理家国、协和天下的大事才是正道。

"天下",是由人民、土地、各个组织以及社会各界等构成的,有广义和狭义之分。广义的"天下"是全世界,狭义的"天下"指中国自己治理和管辖的国土与人民。"协和万邦"既是协和世界各国,也是协和国内各省市。协和万邦和天下,一方面是以国家为层面的外交管理上的协和,即国与国之间的彼此双和;另一方面是国内各地、各组织之间的协和,即地方与地方、组织与组织之间的双和。中国不怕任何挑衅,但无论对内还是对外,本质上都愿意以和为贵,和为本、战为辅,战是为了保卫"和"。当然,在"和天下"管理范畴中,心和管理理论一般不涉及政治和外交,主要涉及经济、文化、人性、伦理道德以及人与人、人与社会关系、职场关系、组织关系等之间的管理,是直视人心、谋求协和的管理。

一、尊重差异以达阴阳协和

心和管理理论、心和管理学体系,都是在中西方文化差异、历史差异、心理差异、思维差异等差异的基础上,以"我"为主、有容四方,以"我"为本、吸纳优秀。差异的存在是客观现实，不以人的意志为转移。承认差异、尊重差异，是学术研究本应有的态度；并非因为有差异而否定别国、别地、别人的优秀。学习、借鉴或应用，在于强大自己。事物都有阴阳两面，阴阳既互相对立，又在运动中实现互相转换，阴中有阳，阳中也有阴，中国文化从来都不吝啬学习，只是在学习中永远保持自身的独立性。心和管理的任务，是在了解由地域引起的包括体制差异在内的所有差异，以及它们之间的关系和变动规律后，谋求彼此双和。国家管理是如此、外交管理是如此，组织管理、社会管理、群体管理，乃至于社区管理、村落和村际管理等，皆是如此。

举例而言，西方的学术研究（简称西学），侧重实验和解剖，包括实验室实验和现场实验、生理解剖与逻辑解析；不能直接采用数字化表述的，则设置假设条件将其转化为数据，并据此建立数理模型。中国的学问研究（简称中学），侧重经验和分析，包括直接经验和间接经验、现实分析和逻辑分析，用经验和分析得出的结论进行实践的指导，并据此形成新经验。显然西学的优势在于精准，中学的优势在于整体的把控，条分缕析都是建立在总体、全局基础上的。例如，中国的元气论，很多方面是无法解剖的，也不作精准度量衡，却能揭示一种变动趋势，看清其中的关联特性，把握事物发展方向，其经验或教训，是极宝贵的。西学的学科分得太细，细到互相之间有大量重叠，细到"只见一斑，不见全貌"，细到只见数据不见数据之所以然。两种研究范式各有各的优势，也各有各的短板。所以，中国人才讲要取长补短，要讲中庸之道。

二、协和万邦以得德性协和

中国古代早就有"协和万邦""燮和天下"之训。《尚书·周书·顾命》曰："燮和天下，用答扬文、武之光训。""燮"与"协"音同、意同，声不同。"协"读 xié，"燮"读 xiè。"燮"也是协和、调和之意。《尚书·虞书·尧典》又云："克明俊德，以亲九族。九族既睦，平章百姓。百姓昭明，协和万邦。黎民于变时雍。"这里说的是协和万邦的道理：帝尧发扬大德（德和），家族成员就能互相亲密（家和）；家族之间亲密和睦的同时明察其他各族的政事（族和）；众族政事明，就可协调和睦众诸侯国，黎民百姓也随此变化而友善和睦起来。

提"协和万邦"，从广义上讲，涉及中国崛起后在世界上的政治话语权、外交话语权的问题，涉及国事的协商、协调、协定等行为。所以，中国外交的指导思想就是协和精神，实践模式就是协和范式，崇高目标就是协和万邦。这是中国特色的外交，是基于几千年文化传统才能形成的外交理念。这里重点从管理角度探索"协和万邦"。中国自古不讲"丛林法则"，也没有"海盗法则"，而是追求"天人合一"，讲究"盗亦有道"；中国文化以悟道明德为己任，持"天下一家"的理念。无论从哪个角度说，守道有德管理哲学的核心在中国，修身养性管理文化的主体在中国，由此，中国形成了以心为本、追求协和天下（世界性协和）的管理准则。

中国以大陆文明为主，形成农耕文化特色，以"得人心谋协和"为中心；西方以海洋文明为主，形成商业文化特色，以"得利益谋资源"为中心。中国文化注重人性的修炼，而西方文化注重人性的本色。从管理角度看，无论是中国还是西方，管理都是人为的，目的是让人们明白不可随心所欲、不能率性而为，而要服从公德、遵守规则、履行约定，同心协力达成奋斗目标。所以，管理的根本是要修炼人心、修养自我。

心和管理理论，以中国文化为根基，重在"得人心谋协和"。大到国家管理，小到团队管理、自我管理，都需要从心入手，通过稳人心、暖人心、正人心、得人心等管理行为，协和人心，协和天下。这里的"协"是协商、协同、协作与调适、调和、调整，这里的"和"是通过管理达到彼此之间的德性协和。

中国特色的协和管理，首先是引导修炼自心和顺。一个人独处时，也会有思想冲突、处世矛盾、选择恐惧，也会有自己跟自己斗争的时候，甚至有时候还会非常激烈。所以，古代先贤提出"慎独"概念，它是一种修养方法，意思是一个人在独处时，在没有外力监督情况下，也能坚守道德信念，也会谨慎注意自己的言行,自觉按君子之德性规范严格要求自己。人前守德容易,人后正道艰难。"慎独"就是自我协和,顶得住诱惑,让心境坦然,让行事自然,让生活淡然。明朝焦竑的《玉堂丛语》卷一中记载了一则"曹鼎不可"的故事:"曹鼎为泰和典史,因捕盗,获一女子,甚美,目之心动。辄以片纸书'曹鼎不可'四字火之,已复书,火之。如是者数十次,终夕竟不及乱。"①这是慎独的典型事例,也就是说慎独的过程是一种艰难的自我斗争过程,但艰难才显出珍贵。"终夕竟不及乱"才是道德之高尚,因这种高尚,内心才得以协和。清朝雍正年间叶存仁的慎独做法,也值得赞许。叶存仁为廉吏30余载,两袖清风离职。部属们为免坏老领导一世清名,都选择在夜深人静时前来送礼告别。显然这时候这种送礼才是真心的送礼,不是拍马屁式的送礼。叶存仁对此感慨万千,心存感激,但在赋诗一首后仍将礼品全部退回。诗的后两句是:"感君情重还君赠,不畏人知畏己知。"一句"不畏人知畏己知",道尽"慎独"真谛。

协和,从字面上看与斗争似乎是对立的,事实上两者是互为关联、对立统一的。没有必要的斗争,无法达成合理的协和;斗争过了头或斗争扩大化,那就不是为了协和,而是为斗争而斗争,德品就低下了。当斗争到不可调和、无限扩大的时候,就不是斗争而是战争了。战争,是政治斗争的延续。管理,不会直接引起战争,但会引起斗争。斗争多了,组织内就没有了协和,人与人之间、人与组织之间、组织与组织之间就会出现剑拔弩张的局面。所以,心和管理就是有效引导斗争朝着健康、合理的方向发展,朝着德性张扬、和谐共赢的方向发展。协和,就是一种平衡,各方面都平衡了,就是"协和万邦"了。

但任何协和局面的出现,都是必要的妥协与应得的利益之间的平衡,有适宜的让步才为"妥",有诚意的商量才是"协"。妥当了,也就协和了。协和

① 焦竑.玉堂丛语[EB/OL].[2020-02-01].https://yuedu.baidu.com/ebook/b8b552581eb91a37f0115c2e.html.

局面,可以保持一个阶段,却不会是永久的。因为新的利益关系、新的人员关系、新的组织关系、新的邦交关系会打破平衡局面。于是,各方力量会出现高低强弱之分,就会有新的合纵连横。社会就是在这样的循环往复中进步发展,组织也是在这样的循环往复中或出局、或稳固、或胜出。所以,提"协和万邦""燮和天下",不是不要斗争,不是限制竞技,更不是追求一团和气,而是引导和促使斗争朝着进步、正道、合理的方向行进,最终实现协和。这也就说明一个道理:管理中遇到的任何问题,不应该是简单地头痛医头,脚痛医脚,而应追根溯源,直指人心。佛家《涅槃经》说:"诸恶莫作,众善奉行,自净其意,是诸佛教。"这与儒家文化中的"勿以恶小而为之,勿以善小而不为"异曲同工,而"自净其意"与"慎独"相应,目标都是通过修养德性节操实现为德、为善、为国、为民。这才是诸佛的教化,也是儒学的教化、道学的教化,即中国文化的教化。"协和"不只是协调和平、和顺,更重要的还是引导人们走正道。

前面已分析过"君子和而不同""求同存异"等本土文化思想。所以,心和管理,既不主张将自身意愿强加于人,更不主张以霸道作风主宰别人,但同时也强调不惜一切保卫自己的家园、保护社会协和的局面——这是正道。协和万邦、天下和睦的中国本土管理,其内涵除了上述内容,还有很多,比如"达则兼济天下"(《孟子·尽心上》),"大道之行也,天下为公"(《礼记·礼运》),"德不孤,必有邻"(《论语·里仁》)等。圣贤古训告诉我们,要怀着以天下为己任的胸襟,秉持以仁德感召众人的品性,以中国正道思想、文化智慧和道德魅力,睦邻万邦,感召天下。不是不要"斗",更不是无原则地逆来顺受,"斗"是手段,目的是"和"。为了"和"之正道,必须有力量去达和。

三、泽润四方以谋天下协和

中国文化,讲究将中华文明润泽天下、德威四方,通过以文化成、谋天下和。老子、孔子所处的春秋战国时代,虽然战火不断,却也成为中国历史上最重要的文化繁荣阶段,学派纷呈、名人辈出、典籍传世。如果说这个时期是中国文化泽被天下(此"天下"为华夏文化所及之处,包括现今中国周边一些深受中华文化熏陶的国家)的时期,那么"汉唐文化"则是大国崛起、文明泽润四方(此"四方"不仅指周边国家,也指丝绸之路所及的西方国家)的时期。汉唐两朝,国家统一威名扬,文治武功天下知。"文景之治""汉武盛世"凸显汉朝无限风光;"贞观之治""开元盛世"昭示唐朝绝代风华。汉代太学、唐代诗文,如璀璨繁星,光耀世界。这个时期中国向世界传播的文化内涵,就是中华文明,核心是"和天下""心文化"。其时,中国皇室的"德被四方""恩泽天下"的"和"思想传播,从没人说汉人或唐人"软弱""蠢笨"或"无血性"。

中国文化的"天下",除前文提到的广义、狭义之分外,还有内涵、外延之说。内涵是指普天之下的自然万物与人文环境所涉及的一切内容。这里的"万物",与《中庸·敦化》中所说的一致:"万物并育而不相害,道并行而不相悖。"也就是说,"不相害""不相悖"便是"天下和"。物如此,道亦如此。外延是说中国与四方的总和为"天下"。《礼记》有云:"凡在天下九州之民者,无不咸献其力,以共皇天上帝。"中国古代所说的九州,有三层含义,逐层扩大:其一,古代中国将区域划分成九个州(分法不一);其二,泛指"天下",即全中国;其三,指全世界共分九州,中国为其中之一州。可见,"天下"可以指全中国范畴,也可以指全世界范畴。中国人的理想,是家和国和天下和,既是全中国的和,也是全世界的和。

例如,唐代经济与文化在当时世界领先,长安是当时世界上人口最多、最为繁华、最为富庶的文明城市,为世界各国人民所向往。日本曾派"遣唐使"13次,留学生不计其数;鉴真东渡6次而达日本,传播了唐朝文化;日本在政治制度、城市建筑、文学风俗、日常生活方面深受唐文化影响,如日本民族服装与唐装相似度极高。唐朝与亚欧国家的文化交流也十分密切,彼此互派使者,中国对外传播丝绸、茶叶、印刷术、造纸术、火药等文明,向亚欧各国学习宗教文化、天文历法、文学艺术等。最重要的是,中国向世界各国传递了和睦友邦的意愿,展示了泱泱大国的胸襟和礼仪风范。和也者,天下之达道也。

总而言之,为使"天下"有序,中国愿意"协和万邦"。中国的天下观是构建理想的"天下秩序":上承"天命"者,以"天子"身份执政天下,而"天子"保持"天命"的唯一方法就是"敬德";"和"是天下通行的道理,是天下各安其所的交往方式。这里的"天命",乃符合自然规律之命,乃承燮和天下、万方太平之命;"天子"则是承此"命"代表公众(人民)管理国家的人。文化本身是人类文明进步的象征。管理,是以进步的人文素养为要素的。中国"协和万邦和天下"的思想,永远不会过时,也一定是管理必不可少的文化内涵。正是基于这样的认识,心和管理理论力图冲破各种束缚,理直气壮地亮相于世人面前。

第六章　心和管理体系

由于民族基因、文化基因的传承，中国人的心灵深处都有着"和文化"情结。如果说心灵清修是中国人的一种心修理念、心修行为，一种文化追求和高尚情操的认定，那么"和"就是中国人心理认同的一种表现，既体现出思想情态、关系处理特征，也表达出一种生活方式和处世标准的认定。心灵的静修、平和的追求，是农耕文明求稳定和中庸思想宜适合的真实写照。因此，对中国人来说，修心为本、以和为贵，与人为善、协和天下，追求品性、信守和平，崇尚天道、期盼谐和，讲究诚信、睦邻友好，行事合理、处置适宜，等等，已经成为生活习惯和内心的文化认同。从这个意义上说，"心和"是中国人的心理认定，是中国人的文化血脉。中国文化不是霸道文化，而是王道文化。王道文化就是"心文化"与"和文化"的有机融合。"心文化""和文化"是中国"家文化"的核心。儒家的思想体系中，无论是讲人类社会，还是讲客观世界，都是建构在"心"之"中"的理念、"心"之"和"的目标之基础上的。北京故宫的核心建筑集中反映了中国传统文化以"和"为核心的价值观、伦理观、道德观。如三大殿的太和殿，意指天地祥瑞，喻人与自然和谐；中和殿，意为中庸平和，喻人世和谐；保和殿，乃心态和顺、身体安适，喻人的身心和谐。

所以，心和管理秉承中国文化内涵，在人与人关系上主张和而不同，寻求人与人之间在保持差异的基础上达成内心的统一与表现的和谐；在人与社会的关系上主张公正平等，寻求建立人人各得其所的"大同社会"；在人的身心关系上主张加强修养,实现自我身心和谐。几千年来,无论是修身、齐家,还是治国、邦交,中国人都奉行"和"的价值观——和蔼可亲,和颜悦色,和气致祥,和睦相处,和衷共济,和平共处,家和万事兴。与"和"相关的词组都很美好:和谐、和顺、和美、和睦、和煦、和熙、和善……"和"的最高境界是心灵之和,其他所有的"和"都是表象,心和才是本质。人心管理与双和管理融合,谓之心和管理,是富有中国文化特色的管理,据此构建的心和管理理论和学科体系,是充满中国文化自信、理论自信的本土理论及体系。心和管理,管理之本;人心达和,管理到位。

第一节　心和管理的内涵体系

文明不断层的中国、以修心悟道为己任的中国、以和文化为内核的中国,民族基因、文化基因里深植着人心和天下顺的内涵。因势利导,从"人心管理"理论,到"双和管理"思想,再到融合为"心和管理",这是管理与文化研究的深入,也是本土化管理理论探索的必然。将中国元素、中国特色、中国符号的"人心""双和""管理"等,以及负阴抱阳冲气为和、大道运行相生相克、刚柔相摩八卦相荡等内容,整理、比较、取舍、汇总,形成中国本土的管理思想和理论体系。本节主要探索"心和管理"之概念内涵及基本框架。

一、心和管理的心和内涵

心和,主谓结构。心是人心,主语,主动者;和是协和,谓语,行为者。心和就是让人心协和,或者说让人心彼此双和。人心和,则天下归服;人心和,则民众幸福;人心和,就是国泰民安。这是"心"的内涵、"和"的内涵、"心和"的内涵所决定的。

前已有述,中国文化中,"心"从来都是文化意义,如果是生理意义,不会用"心"这个词,而是用"心脏"一词体现,所以"心"不是"heart"。中国文化中的"心"是有思想的、有倾向的、有智慧的,可"心"又不是完全等同于"头脑",不是"cerebrum";那么,"心"是 mind、是 spirit、是 soul？是,好像也不全是。这些词语也不能体现中国文化中"心"的全部内涵。

中国人用食指指着自己的脑袋说:"做事,要靠这个。"这与用拇指、用拳头顶着胸口或用掌拍着胸口说同样的话,意义是完全不一样的。以汉语为母语的人一听就明白,前者是说做事要靠智谋,后者是说做事要靠良心;而良心,英文"conscience"只表现出"心"的一方面意义。同理,当一个人指着自己的脑袋和指着胸口说"痛"的时候,意义是截然不同的:指着脑袋说"痛"十有八九是指生理上的头痛;指着胸口说"痛"十有八九是情感上的心痛。当然也有倒过来的现象,头痛是心理上的,指烦躁、烦闷、烦恼、烦心;心痛是生理上的,指心脏出问题了。但是,当用"心病"而不是"心脏病"一词时,一定是指文化意义上的,是指某件一直没能解决的事窝在心中。

中国文化中,"人心所向""得人心者得天下"的"人心",是一个词或者说是一个词组,所表达的是民意,或者指人的情感、愿望等。英文一般用"the will of the people"表述"人心";"popular feeling""public feeling"则是指民众、公众的主观感受;"the mind"侧重指"头脑",有理智、精神、意见、智力、记忆力等意思,也有专心于、照料、注意等意义。在中国,"人心"是一种儒学角度的文化意义(仁心)、道学角度的文化意义(道心)、佛学角度的文化意义(佛心)的综合,包含的内容相当丰富,任何一个英文单词或词组都很难表现其全部意义。外语翻译"人心""心和"时,比较妥帖的方法是先用汉语拼音特指("rén xīn""xīn hé"),然后给予专门说明,或加注解释其中国文化各方面的意义。

"和",基本意义包括平稳、和缓,协调、均衡,和解、媾和等,这些词很多时候同样是表达文化意义的,在社会学、哲学、美学等领域广泛使用。此外还有词性意义,如作连词,表示跟、与、同的意思;又如作介词,表示相关、比较（如"和他相比"）等。"心和"的"和"，需要从文化视角去解读，从管理学角度去解读，作为形容词、作为动词去表意。而"心和"的本义就是"管理活动双方让彼此的内心协和"，是管理方与被管理方、主方与客方双向相和，也就是从"人心双和"的意义中提取"心和"作为管理的概念、中国文化的概念。

自我管理就是自己的外在表现与内心是相和的、谐和的、和睦的、和衷共济的。同理，组织管理就是组织内部之间、组织与组织之间、组织与社会各界之间，是从内心里相和的、谐和的、和睦的、和衷共济的。社团如此，社区如此，企业如此，机关如此，各国家、地区和国际组织如此，国家与国家之间亦如此。企业管理须凝聚员工人心、国家管理须凝聚民众人心……人心齐泰山移，人心顺一切顺。人心，是一切管理所要争取、所要梳理、所要疏通的关键。争取人心的目标就是人心相和，用中国传统文化来理解，就是行王道施仁政，以获取民众的认同、理解和支持。"仁"，是古代中国国家治理、组织管理的核心内容。

"仁"的重要内涵之一就是儒家所倡导的"忠恕"之道。《论语·里仁》有云："夫子之道，忠恕而已也。"这"忠"是尽心竭力、无私忠诚，是指一个人在自己内心中真诚地对人对事的态度，以及由此去诚实地为他人谋事、做事的行为，是规范人与人之间相互关系的范畴，是一种深入心灵的道德规范。"忠"是一方面，《论语·八佾》又说"君使臣以礼，臣事君以忠"，那么如何才能实现"忠"？《论语·为政》提到"临之以庄，则敬；孝慈，则忠；举善而教不能，则劝"。孔子对这个问题的回答非常重要，如果能孝顺父母，慈爱幼小，民众就会对你尽忠竭力了。然而很多人往往忽略这一点，只强调了下对上的"忠"，不说明孝道与慈爱是重要前提。而且更重要的是，"己所不欲，勿施于人"，《中庸·不远》也说"施诸己而不愿，亦无施于人"。所以，道德规范不能只是规范别人，更重要的是规范自己；并且，自己所希望的、所欲求的所要达到的某个目标，也许或鼓励别人去追求和实现。即《论语·雍也》所云："何事于仁？必也圣乎！尧舜其犹病诸。夫仁者，己欲立而立人，己欲达而达人。能近取譬,可谓仁之方也。"意思就是儒学中"仁"的另一个方面"恕"。朱熹在四书集注之《中庸章句》中提出:"尽己之心为忠,推己及人为恕。"推己及人、设身处地地将心比心,这是"恕"的意义。儒家把"忠恕"作为"仁"的核心,作为"和"的内涵,是很有道理的。

在"义"与"利"的关系上,儒学将"义"置于"利"之上。孔子说:"君子喻于义,小人喻于利。"(《论语·里仁》)这显然是提倡"以义制利"。孟子也有相似的论述,他对梁惠王说:"王亦曰仁义而已矣,何必曰利。"(《孟子·梁惠王上》)孔孟都是主张义利对立,尚义排利,甚至很多时候只论"仁"和"义",提都不提"利"。西方商业社会以"利"为核心,中国农耕社会以"仁义"为核心。中国文化是从仁义这一角度去达"和",而不求利。若是讲利,那也是"礼以行义,义以生利,利以丰民,政之大节也"(《左传·成公二年》),主张"以义生利"。生死关头,生死事小,取义事大,所以孟子说:"鱼,我所欲也;熊掌,亦我所欲也。二者不可得兼,舍鱼而取熊掌者也。生,亦我所欲也;义,亦我所欲也。二者不可得兼,舍生而取义者也。"(《孟子·告子上》)。

中国在大变革时期出现的一些管理问题,原因之一是在思想上没有做到"以义制利",反而是以"利"掩盖一切。这就需要纠偏。儒家其实不是完全否定"利"的,如"食色,性也"(《孟子·告子上》)。君子爱财,取之有道,关键是有"道",此道必须是正道。以正道获取财富利益,才是真正的"以义制利",以此获得道义与利益的平衡、相谐、和顺。

所以"心和"是良心、忠心、民心、道心之和,是忠恕之和、义利之和;"双和"则是在此基础上进一步谋求彼此的文化认同,达到双方的共同和谐。只有民族的才是世界的。中国管理必须以中国文化为根、以中华民族的风格为风格、以中华民族的内涵为内涵。中国文化传承过程,必然带有每个时代的印记,也自然就有"变通"过度所带来的糟粕。为尽量减少传承过程中的变异带来的内涵误差,中国管理理论建立所需要的文化根基,直奔作为中国文化之源、中华文明之本的《周易》。《周易》作为中华民族、中华文化经典,以"天下和平"思想统领三教九流、诸子百家。乾卦之"自强不息",坤卦之"厚德载物",成为泱泱大中华的精神风骨。自然,人心双和管理理论,也会结合阴阳五行八卦之原理,深刻理解阴阳互动、变化万千与五行生克、因果呈现的道理,从而把握八卦全息特征,追求人心双和的管理。

二、心和管理的管理内涵

一直以来,管理学界都认为"管理"一词是从西方引进的。所以,一些人不使用管理的中文,而是叫"manage"或"management",前一个是动词,后一个是名词。中国最早出版的《辞海》(由中华书局创办人陆费逵于1915年发起,首任主编舒新城,1936年正式出版了两大册)以及1979年上海辞书出版社出版的《辞海》,都没有出现"管理"词条。这似乎证明中国本来是没有"管理"一词的。但这又涉及另一个问题:如果汉语里没有"管理"一词,翻译时又如何出现"管理"一词?

据英国管理史学家摩根·威策尔(Morgen Witzel)的研究,"manage"以及相关联的"manager"(管理者)等词语应该是在16世纪晚期的莎士比亚时代出现的;"manage"来源于拉丁语"manus",字面意思是"手",但也有"权力"和"权限"的深层含义。中世纪晚期时,意大利词"maneggiare"逐渐取代了原来的"factore"(英语词"factor",原意是贸易站和生产的地方),成为对主管贸易、制造企业的官员的称呼。法语词"manegerie"在16世纪也开始出现。这样,一个比较统一的结论是,西语里,"manage"一词出现在16世纪,在相当长时间里泛指对事务的控制和指导(个人事务、集体事务)。17世纪开始,成百上千册出版物的书名里都有"management"一词,范围从农业、林业、医疗保健、儿童教育到监狱的管理,包罗万象。到17世纪中期,这个词才被应用到商业和金融领域。作为动词,"manage"最初的意思是"去做"和"引起什么被做"。今天,西方的管理活动及与之相关的活动——引导、领导、策划、控制、指导、协调等,仍保留了"引起什么被做"的含义。

检索中国《四库全书》，"管理"最早出自《旧唐书》卷十二："节度刘大使兼知节度，管理度支、营田、观察，押奚、契丹，经略卢龙等军使。"《旧唐书》成书于后晋天福五年（940）到后晋开运二年（945），可见"管理"一词中国古已有之，至少9世纪时中国典籍中已出现，不仅比西方16世纪出现这一词要早700多年，而且其本义就是"对事务的控制与指导"。

1954年，被西方学界尊称为"大师中的大师"的彼得·德鲁克（Peter F. Drucker，1909—2005），在《管理的实践》一书中提出了"管理学"概念。而中国是20世纪80年代引进西方管理学时，才出现"管理学"（management science）一词，也才相继有管理学专业和管理学学科。在这个学科，管理是指在特定的环境下，管理者通过执行计划、组织、领导、控制等职能，整合组织的各项资源，实现组织既定目标的活动。而管理学是系统研究管理活动的基本规律和一般方法的科学。它的目的是：研究在现有的条件下，如何通过合理地组织和配置人、财、物等因素，提高生产力水平。

这样，一个结论就很明显了："管理"一词源自中国文化，翻译"management"时，两者有了关联。作为一门学科，"管理学"是从西方引进的。作为中国原创的"管理"一词，自从出现后，虽可在各个朝代的典籍中见到，但似乎生活中使用频率不太高。其原因如下：一方面，中国古代没有独立创建管理学学科；另一方面，古汉语以单音词为主，使用"管理"概念时，分别用"管"和"理"来表达意思。在中国古代，"管"与"理"连在一起用作"管理"的情况虽然不多，但不等于这个词不存在。中国本土管理学科建设，真正需要理解的是"管"与"理"以及"管理"。"management"的内涵可以借鉴、参考，但不能替代"管理"。

古代中国表示"管"的词有治、统、总、纪、驭、御、义、制、掌、执、摄、揆等单音词。其中，"统""总""纪"三字的本义，都是指由蚕成丝的生产过程。"统"是指从煮过的茧中有头绪地抽出丝，再把丝合在一起的过程。"总"的繁体字也有糸字旁，是指把所有抽出来的丝聚合在一起。"纪"是指将缕出头的丝分扎缠束起来。"统""总""纪"后来都引申出统领、总领、总统、总揽等含义，与现代"管理"的意义大体接近。直接用"管"字的也不少，在古汉语里，"管"原是指用竹管制成的吹奏乐器，后来由于古代钥匙像这种乐器，于是便把钥匙称作管。又由于钥匙是开锁的关键，具有约束性，于是便引申出管理的意思。如《礼记·檀公下》中就有"管库之士"的说法。荀子也说：什么是"人君者"？就是"管分之枢要也"，即管理分工的关键问题。他还认为，"不富不厚之不足以管天下"（《荀子·富国》）。不让老百姓过上富裕的生活，就不配去管理天下。可见，这里的"管"字，无限接近今天的"管理"。

"理"字，最初是指对玉的加工，后来把对老百姓的治理，也叫理。《说文解字》就把"理"字解释为"治玉治民为理"，引申开来也有管理的意思，如："理世不必一其道，便国不必法古"（《战国策·赵策》），"理国要道在于公平正直"（《贞观正要·公平第十六》），这里的"理世""理国"，分别指管理或治理世间、国家。

很显然，真正理解中国文化中"管理"的意义，首先要将其分开审视，明白"管"有"管辖、管制、管教、管控、管束"等的使用，再明白"理"有"清理、梳理、修理、理财、理事、理货、理算"等的使用，然后才是对双音词"管理"的考察。"管理"作为双音词被普遍使用是在清代（也许更早，这里只是粗略考证），如康熙十九年（1680）武英殿修书处就设置有管理官（即现代意义上的职位），乾隆十九年（1754）雍和宫也设置有管理官，之后，管理街道厅（管理京城道路沟渠的机构）、管理三库（银库、缎匹库、颜料库）大臣、管理蒙古各部驿站员外郎、管理钱法侍郎（宝钱局的长官）、管理事务（总管部务的官职，地位高于尚书）等管理机构和官职相继出现。管理一词的用法越来越接近今天的用法。

这里还要说明两点：其一，管理与治理的含义辨析。治理与管理的意义相近相类，古代中国用"治理"一词时，一般是指官府管理中的治理，本义是指对水的治理。如："商君治秦，法令至行。"（《战国策·秦策一》）商君即商鞅,治秦就是治理秦国。"材技官能,莫不治理。"(《荀子·君道》)意思是任用有技术、有才能的人,没有治理或管理不了的。与现在行政管理的"管理"意义大体接近。这个词在现代仍在使用,而且使用频率相当高。其二,早期版本的《辞海》虽然没有列入"管理"一词,但 1960 年我国台湾地区出版的《中文大辞典》已收集了"管理"一词,并按中国人的语言习惯把它解释为"管辖办理谋事"(见该书第 10752 页);而大陆 1983 年出版的《现代汉语词典》(商务印书馆出版,第 466 页)也收集了"管理"一词,解释是"负责某项工作使顺利进行"。说明这些,不是为了证明我们可以骄傲地说,使用"管理"一词中国比外国要早;而是要说明,中国管理、对管理的解释,是需要按中国文化特性去理解的,这才能真正体现出"本土"的意义,体现出中华文明传承与发展的特征。

任何管理理论,都需要与本土、本民族之人文背景接轨,脱离了这一点,相当于无根之木、无水之源。中国自己的管理理论,诞生于中华大地,自然应该有中华本土的人文背景。所以,心和管理中的"管理",不完全是"management"所要表达的"管理"意义,而是中国文化环境下赋予中国文化内涵的"管理":其一,管理是自我管理,管住自己的言行,理清自己的心灵;管理他人的基本途径是促使他人实现自我管理,使自己的外在与内心相和,使个人与他人双和。其二,管理是"管"与"理"的结合,"管"是用法律法规、制度章程的"管","理"是清理疏通、整理修理的"理"。"管"和"理"都是一种理念、一类方法。"管"是前提、是基础,是"理"得以顺利进行的保障;"理"是目标,是结果,是"管"的价值得以体现的保证。"管"将律法、规章落到实处,是"硬"的一面;"理"用文化、道义疏通思想,是"软"的一面。中国人"吃软不吃硬"(全世界的人应该都有这一性格特点,只是中国儒家文化与这一特点更适应,以至于中国人的这一性格特点更鲜明),所以,管理的要义是"三分管七分理","理"为重点,实现这个重点才是达到了致中和。

可见,心和管理,简单地说,就是用人们乐意接受的观念和方式,努力

"管好言行""理好人心"。中国管理须以华夏文化为根,以华夏民族的风格为风格,以华夏民族的内涵为内涵,真正体现出具有浓郁中国风的管理理论、管理体系、管理方法,才能为世界管理文化做出贡献。《易经》为中华文化之源,"天下和平"为中国正道思想之宗,正因为如此,心和管理理论离不开阴阳五行八卦之理。不了解中国文化的人也许还是会说,心和管理之管理,只是一种主观意愿,很难落到实处,更难以量化得出具体的管理成果。这里且不说西方理论中有许多内容也是将主观意愿性东西强行量化的,比如"效用理论""弹性理论""行为理论"等,就管理本身而言,能让被管理者主观上感受到满意、快乐、成功等积极体验的管理,才是好的管理。至于理论研究涉及的数据、模型、工程体系、方程理论等,要看能否转换为管理生产力。

管理是需要的,与时俱进是必须的,家庭管理在于"家和万事兴",组织管理在于"人心齐泰山移",社会管理在于"协和八方",国家管理在于"得人心者得天下"。一切管理,都在于谋求人心双和,人心和则万事和。

需要说明的是,谋求协和不是满足人的一切需求。任何需求都有个合理的"度"。何况,人心是变动的,每个阶段有每个阶段的需求;人心是不一的,不同时期不同人群的欲望是不一样的。所以,人心双和的境界也不是定型的、固化的,而是相对的、动态发展的,不同时段人心出现上下波动实属正常。心和管理理论要求的是把握这些变动的缘由、内涵与趋向,然后加以疏导、引领,经历原始的简单,到相对的固化,再到新阶段的变化,与"易"之本质吻合:简易、不易、变易。从这个意义上说,心和只有更好,没有最好。在这个发展过程中,不是不需要制度约束,而是朝着人心和谐不会触犯法规制度的方向努力。大家都不去触犯法规制度的底线,也就达到了"不治而治"的目的。

还要说明的是,心和管理也不排斥量化管理,更不是没有量化因素只有主观意愿。应用中庸,就是把两者结合起来,形成最佳的研究方法和途径,该用定性判断的就作定性判断,该用量化标准的就用量化标准,该采用两者结合的就将两者结合。

三、心和管理的体系框架

心和管理理论中的管理活动,是指在特定的人文环境下,通过制定并落实组织高效运行的各项业务文本,保障组织健康运行的各项规章制度,整合起组织内以人为核心的各项资源,引导并带领组织成员心甘情愿、全心全意地实现组织既定目标的活动。用文本制度管束是基础;用人间正道梳理人心、用彼此情愿为原则配置组织资源是手段;凝聚人心、获得人心认同和支持,提高物质生产力和精神生产力的水平,最终实现组织目标是管理目的。

原来的人事管理,如今成了"人力资源"。人力是有限的,作为一种"资源",需要合理使用和管理;人才的人心是无限的,可以超常发挥,当然也需要管理,只是管为必要的约束,理才是明心、暖心、顺心的疏导、梳理。人通过思想的作用可以发挥无尽的力量,于是称为人才。为此,心和管理理论提出"人才资源"概念。如此,"心和管理"是指以人才资源五行开发内涵为基础,以人心管理八大法则为手段,以中国文化中的"八目""八德"等为要求,通过阴阳互根、对立统一的运动,使组织上下左右内外各方达到"道、术、器"的致中和、三才六合的共认同、德顺政协和天下的管理思想和管理行为的总和。

"心和管理"至少包含这样几层意思:其一,管事管物中先管心灵,理道理术时先理心和。"管"是心和管理的基础工作,"理"是心和管理的核心内容。管理的真正意义在于让人心达到协和。人心和则万事和。其二,运行变动中自强不息,刚柔相济下厚德载物。不易是暂时的,易是永恒的;心和管理,既要温暖人心、理解人心,也要警醒人心、正道人心。其三,彼此认同中谋得人心,天人合一里获取双和。心,追求平衡;和,也追求平衡,双赢双和才能彼此人心认同,天地人三道合,才是和合境界,阴阳相协、乾坤和合。

心和管理理论,一方面是基础理论即人心管理理论与双和管理思想的融合,另一方面是应用理论即心和管理内涵体系与心和管理学科体系的融合。也就是说,心和管理学是中国管理的基础理论,其内涵和学科至少但不仅限于以下方面:决策韬略之道、人才开发使用、生产流通运营、沟通经营智慧、信息财税治理以及文化伦理正道等。

1.心和管理的宏观决策之韬略管理

道,在中国文化中是将之作为一个综合名词使用的,不同领域各有不同称呼,如茶文化中的"茶道"、商业文化中的"商道"、儒家文化中的"仁道"、法家文化中的"法道"、佛家文化中的"佛道"、兵家文化中的"兵道"、人心管理中的"人道"等。中国文化中,相近相类于"战略"且应用得特别多的一个词,是"韬略",即所谓"运筹帷幄之中决胜千里之外"之韬略。"战术"中的"术",是带有典型中国元素的一个词,如果不是简单地从战争视角解读"战术",那么涉及具体技能、方式、方法的词应该是"方术"。为区别于"战略""战术",心和管理采用具有浓郁中国文化特点的"韬略""方术"来说明应该是最佳的——既有与"战略""战术"相同、相类、相关的意义,也有"韬略""方术"独特的内涵。韬略确定原则、指导思想、发展方向及总体进程,方术提供实现韬略的具体途径、方式选择和方法应用。韬略为道,方术为术;道术结合,无往不利。

只是"方术"起源于原始社会的巫史,与神仙、占卜、相术、命相、遁甲、堪舆等关联;而且"方术"一词中的"方"在古代指医经、经方、神仙术、房中术等方技,"术"很多时候指阴阳五行生克制化的数理的术数,现在使用这一词语容易引起误解。所以,心和管理理论采用"技法"一词,"技术与方法"之谓也。这样,韬略指管理中的经国济世,技法指管理中的技术与方法。韬略,在诸子百家中属于兵书范畴。但战争是政治的延伸,服务于政治,所以也指政治活动、官府管理中的"文韬武略",指战争、斗争、竞争中所采取的策略、计谋、政策、手段等,这是广义的韬略。而技法是变通取胜之技术与方法,是关于管理思想或者说管理人心的方法。在科学不发达的古代,人们往往运用医卜星相、遁甲、堪舆等方术,采用《易经》中的阴阳五行原理来引导思想和管理("方术"一词也因为这个原因被妖魔化)。回归方术本义,拂去方术灰尘,去其杜撰生造的妖魔化部分,则其还原为技法,也就是管理道心之技、管理人心之法,是心和管理具体技术与方法的综合运用。

2.心和管理的人才资源之开发管理

这就是与目前的"人力资源开发与管理"课程相类的"人才资源开发与管理",其体系、内容以及相关的管理思想、理念具有中国特色、中国元素、中国风格的。涉及的内容首先是心和管理之人才开发的技法,应用到易学的三才、五行之内容。一方面,在人才开发上以天道阴阳、地道柔刚、人道仁义为基础理论(见图 4-1),创建人才资源的"三才学"既要天地协和,也讲天人合一,更要保证天与地和、地与人和、人与天地和的三协和,天德、地德、人德三德共协的人才观;另一方面,以识别人才、培育人才、选拔人才、任用人才、留住人才五方面构成五行相生相克关系,形成人才五行模型图(见图 4-2),分别探索识才之技、育才之径、选才之道、用才之略、留才之方。由此构建出"三才五行人才学"体系,以探索人才资源的开发与管理。

在此基础上,结合阴阳八卦原理,研究人才开发的阴阳协和问题。一般地说,指导思想正确、方法应用妥当,人才既可以往阳性、刚性、义性方向发展,也可以往阴性、柔性、仁性方向发展,阴阳协调和谐,两者相辅相成,在完善人才的道性、德性修养的同时,显露出人应有的才气、展示出人特有的才华。反之,人才则会向强破坏力与耍奸搞阴谋方向发展,出现阴阳失调、双向失和情况。然后,在阴阳协和基础上,进一步探索心和管理的人才管理技法,即欣赏管理、品性管理、满意管理、感动管理、理解管理、精神管理、情结管理、心态管理八大法则,相应设置用人机制、选才机制、经营机制、情感机制、沟通机制、育才机制、疏导机制、留人机制等八大机制,实现凝聚人心、正道人心、获得人心、温暖人心、顺畅人心、振奋人心、稳定人心、喜悦人心的八大人心管理目标(见表 4-1)。这些本是元气论物质观下的中国哲学思想体系,据此创建出中国本土管理模型(见图 4-3)。

3.心和管理的产品产销之生产管理

生产,狭义是指创造物质财富的活动和过程。一般说生产管理,往往指企业生产过程的管理,包括生产能力、生产水平、生产流程、生产质量、生产安排等的管理。流通,一般指商品、货币的流转。广义的流通,还包括在商品流通领域中继续进行的生产过程,如商品的运输、检验、分类、包装、储存、保管等。网络时代崛起的电子商务,仍然是以货币作为交换媒介的商品交换,只是交易模式从实体店面对面途径转换为网络线上交流途径(商品仍然是现实流通),仍然应该归口流通领域,是市场学、营销学的延伸。通过管理实现生产过程的顺畅、流通过程的顺畅,属于生产计划、生产过程或流通计划、流通过程的管理,以及经营谋略、销售方式的管理。

西方管理学中的生产管理,核心仍然是"物本管理",无论生产工具如何更新、生产流程如何现代化,归根结底依然是线性安排,人只是流水线上的一个环节或者一道工序,人与机器设备只是分工不同,没有本质区别,无非是机器需要保养和更新管理、人力需要薪酬和激励管理而已,又因计酬需要明确是计件还是计时或是计次而已。心和管理理论在挖掘中国古代师徒制、班组化生产管理、质量管理、效益管理的同时,以"四象理论"构建生产安排体系,以"六合理念"组建生产班组,形成两两对应、进程协调的生产体系,以及上下四方合理协调的人员管理体系,无论工具与设备如何进化、自动化程度如何提高,使用工具、设备、管理自动化流程的人依然是主导者。人心到了生产也到了,人协和了生产也协和了。

4.心和管理的企业运营之智谋管理

运为运行,营为经营,分别是心和管理理论体系中的企业运行管理学、商业经营管理学等内容。

心和管理之企业运行技法以心和管理理论中的"心和八目"(见图4-6)为企业运行步骤、进程,以"心和八政"(见图4-8)为管理基本技法。

心和管理之商业经营技法可以追溯到春秋时期的韬略大家计然。他是一位学富五车的思想家,也是当时的经济学大师。计然应该不是真名,而是取善于计算运筹的意思。据传,计然为老子弟子。另外还可以肯定的一点是,计然的一个弟子名声也极大,曾用计然所教的内容,辅佐越王勾践,成为春秋五霸之一;功成名就后悄然退隐,在商业领域另辟蹊径,成为巨富,他就是谋臣范蠡。他退隐陶地后改名朱,后人尊称其陶朱公,并被尊为商人祖师。博学多才的计然,几乎无所不通,最擅长计算,只因其在商业领域的巨大成就,他的数学才华反而未被重视(其数学贡献这里不作探讨)。此外,纵横家创始人鬼谷子有鬼神莫测之能,《捭阖策》通天彻地,智慧卓绝,人不能及。兵家、纵横家、谋略家、名家、道家等都奉鬼谷子为圣、为祖。《史记·货殖列传》也记载了谋求"滋生资货财利"以致富的大量案例。可以说,中国商业经营技法极为丰富,远超目前市场学、营销学等学科中所教授的内容。

5.心和管理的信息财税之理财管理

中国古代会计学、赋税学源远流长,财务管理、税务管理历朝历代都有大量记载,珠算、算赋十分发达。而且,资料管理、信息管理也相当完备。今天,进入网络时代,信息管理、财务管理、税务管理都可以数字化。

其一是心和管理之财税管理技法。在中国古代,会计制度经历了从原始记录到单式簿记再到复式簿记不断发展、不断完善的过程。西周时就已有"司会"职务对财务收支活动进行"月计岁会";战国时的封建法典《法经》①也包含了"会计"方面的内容;秦汉时建立起"三柱结算法"②;唐宋时

---

① 《法经》是中国历史上第一部比较系统的封建成文法典,但它并不是我国历史上第一部成文法典,在《法经》之前,已经颁布了很多法典,只是不太完善。《法经》成为以后历代法典的蓝本,它的制定者是战国时期著名的改革家李悝。约成书于周威烈王十九年(前407)。该书已失传。

② "三柱结算法"是中式会计,指利用入(收)、出(付)、余三要素及其相互关系反映一定时期的财产增减变化并结算账目的方法。具体而言:将一定时期的全部经济业务区分为入或收(指本期收入,内含期初结余)、出或付(指本期支出)、余(指期末结余)三项要素,以三要素之间的相互关系为依据,采用"入—出=余"或"收—付=余"的计算公式,计算一定时期内某种财产的增减变化及其结果。三柱结算法萌芽于周代,确立于秦汉时期,东汉至唐初期间,出现三柱结算法向四柱结算法的转化,至唐代中期,三柱结算法为四柱结算法所取代。

期,中国会计理论与方法进一步推进,产生了《元和国计簿》①《太和国计簿》②等具有代表性的会计著作,并创立了"四柱结算法"。所谓"四柱",是指旧管(上期结余)、新收(本期收入)、开除(本期支出)和实在(本期结存)四个栏目。宋代建立了中国会计史上第一个独立的政府会计组织——"三司会计司"。明代出现《万历会计录》③。明清时期出现了"龙门账法"④"四脚账法"⑤。税务方面也是历史悠久,先秦《周礼·大宰》有"以九赋敛财贿"。秦始皇颁布了"使黔首自实田"(《史记·秦始皇本纪》)。汉朝初期的赋税承袭秦制。秦代的成文法典称《秦律》⑥,其中有关财政税收的法律有《田律》《厩苑律》《金布律》《关市律》《仓律》《工律》《徭律》等。对征税的对象、品目、税率、纳税人、处罚等都有明确规定。隋朝和唐朝初期都颁布均田令及租调法。唐代后期除恢复征收矿税、关市之税外,还开征以房屋为征课对象的间架税和对交易所得与公私支付钱物征税的除陌钱。宋代以后,工商税收成为各朝财政收入的重要来源,课税范围日渐扩大。结合现代会计制度、税收制度建立了会计学、税收学等。

其二是心和管理之信息管理技法。信息学发展,在早先是以情报理论为主,在今天是以网络信息为主,其特点是搜集快、资料丰满、传递迅速。这

---

① 唐代史官李吉甫所作,是较早的会计审计相关专业书籍,是会计审计专业化发展史的里程碑。可惜今已失传,只能根据其他史书的零星记载来了解此书的全貌。

② 唐宋时期中国会计理论与方法进一步推进,产生了《太和国计簿》等具有代表性的会计学著作,惜已失传。

③ 隆庆六年(1572)七月由户部尚书王国光与侍郎李幼滋等编辑了《万历会计录》,费时逾年,王国光致仕时于万历四年(1576)二月二十六日进呈,此后,以此为蓝本撰写了《会计录》。

④ "龙门账法"是产生于明末清初的一种复式记账方法,把全部账目分为进、缴、存、该四个部分,以"进-缴=存-该"作为会计平衡等式。其中,"进"相当于各类收入,"缴"相当于各种费用,"存"相当于各种资产,"该"相当于负债和资本。

⑤ "四脚账"是复式簿记,具有复式簿记的基本特征,有一定的记账规则,而且这些规则已大体约定俗成。根据现有史料分析,"四脚账"的记账方法大体上有两种:一种是以现金为主体的记录法则,另一种是现金与转账会计事项并重的记录法则。

⑥ 《秦律》是秦代法律的总称。主要内容仍是李悝的《法经》,公元前356年商鞅变法时曾采用并改法为律,颁行秦国。

里不赘述。

6.心和管理的道理德性之伦理文化

伦理是人伦道德之理,指人与人相处的各种道德准则。中国文化,有着丰厚的易道伦理,春秋战国时期的诸子百家,每家学说都会涉及道与理、德与行的要求。人伦八德、四书五经直接阐述道德伦理问题,可以说,在中国文化中已经建立起丰富的伦理道德体系。仅仅儒家学说,就有完整的忠恕观、天人观、义利观、理欲观和人性论、道德论、修养论等。管理离不开人文要素,也就离不开道德哲学和伦理之常。心和管理理论以"心和八德"(见图4-7)为企业运行指导思想、宗旨,以"企业八心"(见图4-9)为企业运行的中道管理技法,建立起具有中国本土特色的管理伦理学,从中国自身的历史传承、现实要求出发阐述道德与经济利益、物质生活的关系,个人利益与集体利益、局部利益与整体利益的关系。

中国,以"文明古国""礼仪之邦"著称于世,世界大同、天下为公、忠孝节义、天理良知、敬德保民、孝悌敬爱、纲常伦理、自我修养以及修己治人、修身治国等文化内涵,极为丰富。这里强调的是从文化视角、伦理视角探索心和管理之文化内涵、伦理思想、管理技法。有容乃大的心和管理吸收世界上一切优秀的伦理文化充实自身。

第二节　心和管理的思想体系

心和管理理论强调以中国文化为根基,但不排斥西方哲学思想。笔者早在2006年出版的著作《人心管理:生产力之新崛起》第三篇"人心管理理论之基座"中就提出:"在思想大师的王国里,有着一长串令世人振聋发聩的巨匠大名:培根、康德、尼采、黑格尔、斯宾若沙、叔本华、费尔巴哈、索绪尔、海德格尔、萨特、伽达默尔……"①并且用了相当多的篇幅介绍阿德勒、叔本华、尼采的哲学探索之路和他们的哲学思想(作为人心管理理论的基座之一),也引用了阿罗(Kenneth J. Arrow)的不可能定理、库利(Charles H. Cooley)的"镜中我"理论和卡西尔(Ernst Cassirer)《人论》中的哲学思想,以及个性与共性、个体与群体、激励与暗示和"紫格尼克效应"等方面的心理学论述,来充实人心管理理论。这里阐述的心和管理的思想体系,其核心内容是中国文化中至今仍然具有强大生命力的哲学思想,包括易学、道学、儒学、佛学及其他各家的相关思想,择其优者,取其精者,围绕中国本土管理融合出心和管理的思想体系。西学思想不再赘述。

一、心和管理哲学思想体系

前文已经明确,中华文化下的管理以攻心为上、走心为主,以根植中国的文化和哲学为心和管理的管理思想、管理理念的依据,以本土的管理理论和管理体系为心和管理的内涵和构成框架。当历史走过了粗放管理、物本管理、人本管理的阶段后,自然而然会走入心本管理。心本管理的思想体系主要体现在"心和"两字上。这是因为,管理的本质是文化,而文化的本质是人文化成于人的内心,使人的思维与行动和平、和谐、和美,形成人与宇宙万事万物一切关联方的相互协和。人文化成为思想理念植入内心,其思想成为国人的骨髓、血液、细胞,成为国人思维和行为的本能表现。

反映在易学思想,就是易之简易、变易、不易三种形态,这是心和管理哲学的核心,管理就是从简单的易理(指易经原理、易学道理,下同)开始,追求不断变动的易理,然后逐渐固化形成不变的易理;循环往复,又至简易——大道至简,而后发展至更高一个境界(变易),从中可以发现,无论万物怎么变,其内在规律永恒不变(不易)。每一个阶段就是一次心的觉悟,就是一次

① 徐井岗.人心管理:生产力之新崛起[M].香港:中国教育文化出版社,2006:282.

"和"的成果,循环往复,梯次上升。而且这种变与不变的原理,被中国的一代代贤人延伸出一系列的对立统一关系,如前文提到过的"义与利""忠与恕"等。但相对来说,最典型的对立统一关系是道与术、取与予、常与变、利与害、方与圆、破与立这六对哲学关系。由此构成了心和管理的"三易六学"体系(见图 3-8)。

拂去周易玄学的尘土、解开命理迷信的枷锁,《易经》展现出一系列有着内在逻辑关系的哲学原理和科学模型,并在数千年的发展过程中,逐渐修正完善成一系列富有哲理的思想体系,包括无极太极哲学思想、阴阳两仪哲学思想、三才四象管理哲学、六合七星管理原理,以及五行八卦管理系统等。这部分内容在第三章"心和管理文化"已有阐述。

研究心和管理,是为了探寻适合中国国情的管理理论,为了创设适应中国人文环境的管理体系。如前所说,西方管理追求利益至上、求变创新、直线思维,在商品经济社会中强调统一的标准化管理,形成了"定标准、守规则"的人文特征与管理诉求。其并不适宜于以宗法亲缘关系为上、求稳循规、追求圆润变通、曲线思维的中国职场,因为农业立国社会强调中庸的变通式管理,形成了"谋和谐、顺人心"的人文特征与管理诉求。

管理,以人文背景为基础;人文,以哲学思想为内涵。任何管理思想,都须考虑是否适合文化逐渐固化了的人文背景。心和管理的"管理",是中国文化特色的管理、中国哲学思想的管理,具有鲜明的中国风。人心,变动性强,很难直接去管,但适合"理"。只有形成特定的人文环境,通过梳理思想疏通人心,让大家心里透亮而达到自觉自愿。这就是"理",也叫"人文化成"。回望历史,在宋朝,儒学有了新发展,主要出现了"程朱理学""陆王心学"。程朱学派,即以北宋程颢、程颐和南宋朱熹为代表的理学学派,也称"程朱理学"。此派发端于北宋周敦颐,他融合道学、佛学、儒学思想,初步建立了一套综合探讨宇宙本原、万物生成、人性、封建伦常等问题的理论体系,提出"无极而太极""性""命""理"等范畴。其弟子程颢、程颐是这一学派的奠基人，开始以"理"作为哲学的最高范畴，提出了略为系统的"理气说""人性论""格物致知说"等。其四传弟子、南宋的朱熹主要继承和发展了"二程"的学说，亦吸取了北宋其他理学家的某些观点，使"天理论""人性论""格物致知说""持敬说"等理论更加丰富和严密，完成了宋代理学集大成的历史使命。此派是宋代理学的主要代表，势力最大。在发展过程中，内部又分成许多流派。此派与南宋陆九渊"心学学派"在理学基本概念、"太极"以及治学方法等问题上，观点不甚一致，有过多次争论。

程颢、程颐早年受业于周敦颐，接受其道德性命之学的观点。但他们自称"学虽有所受，天理二字，却是自家体贴出来"（《二程集·河南程氏外书》）。他们利用《周易·系辞》中"形而上者谓之道，形而下者谓之器"一语，提出理是"形而上者"，器是"形而下者"，形而上之理是"所以阴阳者"；认为天下只是一个理，就是君臣父子夫妇等人伦道德之理，这是"无所逃于天地之间"（《庄子·内篇·人间世》）的天下之定理。他们以"理"为最高范畴，建立自己的哲学体系。但程颢、程颐的思想倾向略有不同，程颢强调"仁者以天地万物为一体"（黄宗羲《文成王阳明先生守仁》）和性无内外之说，提出"只心便是天"的观点；程颐则强调"性即理也"[①]。这些不同倾向对理学的演变有着重要影响。

朱熹不仅继承、发展了"二程"思想，而且集诸儒之大成，对北宋以来的理学思潮进行了一次全面总结，建立了一个庞大的理学体系。他继承发展了周敦颐的《太极图说》，把太极之理作为哲学的最高范畴，并发挥了"理一分殊"说；他批判地吸收和改造了张载关于世界统一于气的思想，系统地论述了理气的关系；他在"二程"思想的基础上，提出了系统的格物致知说和知行学说，建立起完整的人性学说和有关修养方法的学说。朱熹殁后，由于其哲学体系的内在矛盾和社会历史条件的变化，程朱学派在发展中发生分化。

---

① 语出黄宗羲的《明儒学案·河东学案上·文清薛敬轩先生瑄》："程子'性即理也'之一言，足以定千古论性之疑。"

朱学正统派除坚持以理为最高范畴之外，一部分人继承和发展了朱熹的心性学说，统理于心，把朱熹哲学发展为心学；一部分人批判朱熹的理学体系，改造他的理气论和格物致知说，发展成以气为本的哲学。

陆九渊(1139—1193)，号象山，字子静。南宋著名哲学家、教育家，江西抚州金溪人。与当时著名的理学家朱熹齐名，史称"朱陆"。陆九渊一生的辉煌在于创立学派，从事传道授业活动，受到他教育的学生多达数千人。他以"心即理"为核心，创立"心学"，强调"自作主宰"，宣扬精神的动性作用。他的学说独树一帜，与当时以朱熹为代表的正宗理学相抗衡。1175年，他与朱熹在江西上饶的鹅湖寺会晤，研讨治学方式和态度。朱熹持客观唯心主义观点，主张通过博览群书和对外物的观察来启发内心的知识；陆九渊持主观唯心主义观点，认为应"先发明人之本心而后使之博览"，所谓"心即是理"，无须在读书穷理方面过多地费功夫。双方赋诗论辩。陆指责朱"支离"，朱讥讽陆"禅学"，两派学术见解争持不下。这就是史学家所说的"鹅湖之会"，或称"鹅湖大辩论"①。陆九渊的思想经后人充实、发挥，成为明清的主要哲学思潮，一直影响到近现代中国的思想界。

陆九渊从不著书，他基本上是通过讲学的方式对他的学生形成影响。由于陆九渊善于演讲，吸引了不少学生，在当时形成了一个颇有影响的学派，"弟子属籍者，至数千人"(《宋元学案》卷77《槐堂诸儒学案》)。陆九渊的入门弟子大体上集中于两地，一是江西，一是浙东。两地的弟子对象山学派的建树有所不同。江西的弟子着力于构筑学派门户，其中以傅梦泉、邓约礼、傅子云等为代表，史称"槐堂诸儒"；浙东的弟子折服于陆九渊的"本心"理论，着力于陆九渊思想学说的阐发，其中得力的人物是被称为"甬上四先生"的杨简、袁燮、舒璘、沈焕。由于朱熹与陆九渊的多次争辩，以后"朱学"

---

①　南宋淳熙二年(1175)六月，吕祖谦为了调和朱熹"理学"和陆九渊"心学"之间的理论分歧，使两人的哲学观点"会归于一"，于是出面邀请陆九龄、陆九渊兄弟前来与朱熹见面。六月初，陆氏兄弟应约来到鹅湖寺，双方就各自的哲学观点展开了激烈的辩论，这就是中国思想史上著名的"鹅湖之会"。后比喻具有开创性的辩论会。

与"陆学"两派的弟子长期形同水火,门户之见极深。南宋中期以后,从总的方面来看,"陆学"的势力和影响是远不能与"朱学"相提并论的。到明中叶时,在王守仁的大力倡导之下,"心学"才重新获得了很大发展,并在晚明的思想界和学术界有了压倒"朱学"之势。

王守仁的"心学"尽管在源头及内涵上与"陆学"不尽相同,但由于它们之间有一定的关联,人们一般合称为"陆王心学"。王守仁,汉族,浙江余姚人,字伯安,号阳明子,世称阳明先生,故又称王阳明。中国明代最著名的思想家、哲学家、文学家和军事家,陆王心学之集大成者,不仅精通儒家、佛家、道家,而且还能够统军征战,是中国历史上罕见的全能大儒。封"先儒",奉祀孔庙东庑第58位。他说:"无善无恶心之体,有善有恶意之动,知善知恶是良知,为善去恶是格物。"(黄宗羲《端文顾泾阳先生宪成》)并以此作为讲学的宗旨。他断言,"夫万事万物之理不外于吾心"(黄宗羲《文成王阳明先生守仁》),"天理"即是"人欲",否认心外有理、有事、有物。他还认为,君子之学,惟求得其心,"譬之植焉,心其根也。学也者,其培壅之者也,灌溉之者也,扶植而删锄之者也,无非有事于根焉而已"(王阳明《紫阳书院集序》),要求用这种反求内心的修养方法,达到"万物一体"的境界。他的"知行合一"和"知行并进"说,旨在反对宋儒如程颐等的"知先后行"以及各种割裂知行关系的说法。他论儿童教育,反对"鞭挞绳缚,若待拘囚"(《传习录·右南大吉录》),主张"必使其趋向鼓舞,中心喜悦"以达到"自然日长日化"(《传习录·右南大吉录》)。

阳明心学以"反传统"的姿态出现,在明代中期以后,形成了阳明学派,影响很大。王守仁广收门徒,遍及各地。死后,"王学"虽分成几个流派,但同出一宗,各见其长。他的哲学思想,远播海外,特别是对日本学术界有很大的影响。日本大将东乡平八郎就有一块"一生伏首拜阳明"的腰牌。

程朱理学、陆王心学在中国儒家哲学的基础上有了进一步的创新与发展,对后世哲学与文化影响巨大。心和管理学,自然也从中汲取了丰厚的养分。

二、心和管理国学思想体系

中国知识、中国技能、中国智慧、中国道学、中国理学（心学）等汇聚而成的中国文化，形成教育和研究的内容，就是中国学问。中国学问不分具体类别（即不分学科），只是在明晰大方向的前提下"生"出新的学问。如易道、易理，生出诸子百家；百家中的儒家，又生出法家（荀子），且与道家彼此相融合（儒道相通），发展到宋明时期再生出理学、心学等。而西方在文艺复兴开始构建学科，学科里面再细分，层层分类；学科细分引入国内后，似乎有过之而无不及的态势，高校争相独立开设课程，于是学科细分到只见一叶不见整树更不见树林的状态。心和管理理论的态度是，现代学科划分法可以学习、应该学习，但其细分需要有一个度；中国学问生发方式应该保留，但不能机械化、教条化。

国学，是对中国学问的通称，古称汉学，乃大汉文化或大汉学问体系之谓，是指汉代承继华夏文明而大成并一直延续发展至今的中国学问、中国文化体系，不是单指汉族的学问。"汉学"一词再兴于明末清初，到 20 世纪初至五四运动前后鼎盛。五四时期西学东渐、文化转型，欧美学术进入中国，号为"新学""西学"等，与之相对，国内学者便把中国固有的学问统称为"旧学""中学"或"国学"等，后逐渐倾向于统一称"国学"。所以现今国外称"汉学"居多，国内自称"国学"为主。新文化运动时期，国学传承受到比较沉重的打击（也是政治变革的需要）。仅仅以百家中的医家为例，清末民初西方传教士、西医、中国留学生把西方医学全面引入中国，从鸦片战争开始，不断地出现中西医之争，1912 年就出现大学和专门学校"漏列中医案"（当时所列医学 51 科、药学 52 科中，没有一科是中医或中药学）。到五四运动后，进入了一个高潮，当时的新派人物几乎都对中医口诛笔伐，如梁启超、康有为、鲁迅、陈独秀、胡适、郭沫若、陈寅洛、傅斯年等，甚至政界人士如孙中山、汪精卫等也反对中医、提倡西医，有的甚至到了"宁死不看中医"的程度，由此引起民众对西医的欢迎、对中医的抵制。1928年，毕业于日本大阪医学院，回国后曾任上海公立医院院长的汪企张，在全国教育会议上提出"废止中医案"。虽未获通过，却为同是留学日本的西医、中华民国医药学会上海分会会长余云岫再提废止中医造了势。1929年2月23日至26日，在南京国民政府卫生部召开的第一届中央卫生委员会上，余云岫提出《废止旧医以扫除医事卫生之障碍案》，在没有中医参加的情况下，最后通过了废止中医案——《规定旧医登记案原则》，虽然通过案比提案缓和了些，但明确了旧医（即中医）登记截至民国十九年（1930），同时禁止开设旧医学校。此后引起全国中医界抗议，并与西医摆下擂台，代表团进京请愿。结果就是，虽然最终取消了废止中医案，甚至那些反对中医名流中的大多数（包括余云岫本人），在后来陆续表示后悔或改变了立场，中医已遭受重创；故此后抗争风潮依然不绝，但中医渐渐式微。甚至到了20世纪50年代，中央人民政府卫生部的一位副部长还重提"废止中医案"，遭到中共中央领袖的批评。而在民间，直到21世纪初还有批判中医是伪科学的论调。这一连串的中西医之争，受损害的一直是中医，这不仅仅是中医的巨大损失，也是国学的巨大损失。

国学的很多领域类似中医，西学东进后被挤压或被"革命"。幸好，国学没有断裂、没有失传。尤其是21世纪，国学被重新重视。心和管理理论所认定的国学，主要指中国传统文化与学术仍有当代价值的，即在今天仍有旺盛的生命力、能够引导人们的思维方式、具有人文素养积淀的社会科学文化内涵。心和管理重点涉及的国学在文史哲方面（吸收国外的心理学等方面），主要按《四库全书》体例[1]。分为三个层面。第一个层面是经书，主要以《易经》为代表、为领军，是中华国学的总源头、总经典，包括哲学经典、思想经典、理论经典，如《书经》《礼经》《春秋经》等。[2] 第二个层面是文史，史

---

[1] 虽然编制《四库全书》时，为统治者讳及政治诉求的需要，埋没了许多有价值的文献，但其体例分为经、史、子、集四个方面，还是有贡献的，选入的文献仍然是中国文化的代表。

[2] 这里的重点是学术经典，不在宗教经书。

学以《史记》为代表、为领军，文学则如《四库全书》中的子部、集部的内容。第三个层面是蒙学，包括《千家诗》《百家姓》《千字文》《三字经》《声律启蒙》《增广贤文》《弟子规》等。经书为总纲、为根基，史书、文学为知识，蒙学为启蒙之学。目前社会上的国学教育，无论是青少年还是职工教育、社会学习，大都停留在蒙学阶段。这是因为传统文化的回归需要时间，重新起步须从蒙学开始。比如《幼学琼林》，上至天文下至地理，人之生老病死婚丧嫁娶，学之文事科第典籍制度，用之饮食器皿宫室珍宝，史之人物事件朝廷文武，自然之飞鸟走兽繁花树木，文化之传说故事佛道鬼神，等等，无不涉及。中国民间云："读了《增广》会说话，学了《幼学》走天下。"

自西汉尊崇儒学以后，2000多年来，儒学成为中国文化的正统，是治国理政的依据。儒家思想、儒家学术顺理成章成为国学的主干，对中华民族的文化心理、风俗习惯、道德伦理、价值观、人生观影响极其深远。这种深刻的影响发展至今必然渗透到现代企业的管理当中。

儒学是中国传统文化中首先把视野从"天"转向"人"的学派。殷商时代，天命神学占统治地位。到了周代，人们对"天命"和上帝的绝对权威产生了怀疑，认识到了"天命靡常"（《诗经·大雅·文王中有》），"皇天无亲，唯德是辅"（《尚书·周书·蔡仲之命》），"天不可信，我道惟宁王德延"（《尚书·周书·君奭》），因此，"不可不敬德"（《尚书·周书·召诰》）。孔子从殷商以来的天命神学中解放了"人"，从而发现了"人"。自孔子开始，儒学一直视人为万物之灵。《尚书·周书·泰誓》就说"惟天地万物父母，惟人万物之灵"，人是宇宙中最具有灵性之物。人来源于自然，超然于自然，高于自然界一切有生命之物。《中庸》在它的天人合一的思想中，更详细地阐述了人为宇宙中心的思想：唯有天下最诚心的人，才能完全认识到和实践自己的本性；能尽自己的本性，就能认识人有共有的本性；能认识到人的本性，就能认识到万物的本性；能认识到万物的本性，就能帮助天地间万物的化育；能帮助天地间万物的变化发育，就"可以与天地参"（《中庸·第二十二章》）了。参者，叁也,即是三,也就是说,人与天、地并列为三,与天地同尊,并处于天地中心的地位。这是中国"三才学说"的重要发展,说明早在古代,中国文化就认定:人才,才是一切事业的根本。

当人们的视野从"天"转向"人"之后,着眼点放在"仁道"上面,儒家提出了"仁者爱人",孔子所分析的,是己与人、人与人的关系,是一种将心比心、推己及人的精神。《论语·乡党》载:"厩焚,子退朝。曰'伤人乎?'不问马。""仁"还是孔子所认为的最高境界,最高境界的"仁"就是"圣","圣"的目标是"博施于民而能济众"(《论语·雍也》)、"修己以安百姓,笃恭而天下平"(曾国藩《诫子书》)。孟子更进一步发展了孔子"爱人"的思想,明确指出:"民为贵,社稷次之,君为轻。"(《孟子·尽心下》),明许仲琳《封神演义》第6回引用孟子的话说:"君之视臣如手足,则臣视君如腹心;君之视臣如犬马,则臣视君如国人;君之视臣如草芥,则臣视君如寇仇。"孟子还特别强调了"人"和"人心"在国家治理中的作用,提出"得道多助,失道寡助。寡助之至,亲戚畔之。多助之至,天下顺之"(《孟子·公孙丑下》),"天时不如地利,地利不如人和"(《孟子·公孙丑下》)。《大学》更进一步强调"齐家、治国、平天下",家国天下与人的关系已经密不可分,"治国在齐其家"(朱熹《大学章句集注》)。从仁到圣,从人到人心,从爱人到民贵,最后归结到人和,这里的人和,实者心和也,人心协和才是根本上的"人和"。从"天"到"人",直透人心,这是第一个重要转变。

第二个重要转变,是"礼乐"思想从形式转向了精神。管理好"人心",就是要理顺人心,能够恰到好处地维护别人的自尊心。儒学非常重视人际关系的处理,并把互相尊重作为重要方面予以强化,比如儒学极为讲究"礼",讲究"严于律己,宽以待人"。"礼"不仅仅是形式的礼,更重要的是内心里真正有礼。"礼"既是国家管理的整套制度或法律,也是个人修养和行为的标准与规范。在孔子看来,国家和社会出现种种乱象的根本原因是"礼崩乐坏",个人出现种种不良行为和过失是因为"违礼"。所以他开出的药方就是

"克己复礼",即克制自己一切负面的欲望,把身心归附到规范制度上。但孔子云:"礼云礼云,玉帛云乎哉?"(《论语·阳货》)他是质问,礼仪仅仅是华丽的外表吗?限于形式是不够的,要注重礼的精神。那么礼的精神是什么呢?孔子曰:"人而不仁,如礼何?"(《论语·八佾》)首先是"仁",如果缺乏仁,外在的礼节是没有什么意义的。其他方面如待人庄重的"恭"、对人真诚的"敬"、对待事物谦恭的"让"等,无不体现一个"情"字。这种情就是因尊重而引发的出于内心的关心、照顾,所以礼仪的实质最终要体现为"方便别人",如果让人感到别扭,反而失礼。关于"乐",因《乐经》失传,不好强解,故这里只说"礼"未涉"乐"。从"礼"之形式转向"礼"的精神,事实上也是从人的外在表现转向人的内心世界。

中国文化儒道不分家,道家思想更是注重人心协和的本然学问探索。此不赘述。

佛学,佛在人心中,其学问本就是心学。佛学是菩提树下感悟出来的智慧,是释迦牟尼在功态下体验(神游)出来的关于宇宙人生的根本认识。所以修佛修禅讲究领悟的三个层次。第一阶段:进庙门——学佛拜佛。第二阶段:进佛门——修心养性。第三阶段:进禅门——大彻大悟。汉传佛教,事实上已经融合了儒道思想,所以儒、道、佛三教可以共存,因此中国佛学也是国学的内容之一。释迦牟尼倡导人生平等,他来到人间的第一句话就是:"天上天下,唯我独尊。"这里的"我",指全体人类的每一个人,而非个体之"我"。人在宇宙中是顶天立地的,每一个人都是自己的主宰,决定着自己的命运,而不必听命于任何人或任何超乎人的神。释迦牟尼认为,一个人的吉凶祸福、成败荣辱,决定于自己的行为之善恶及努力与否。

禅宗认为,顿悟是大法,直指人心。其实讲的就是佛法,即心法。心外无佛,心外无法,修佛实为修心,修禅就是定心。先从修身做起,讲孝道,做好人,行善事。

三、心和管理宗教思想体系

中国管理思维是以变通为特征的多点曲线管理模式,不同于西方的直线思维模式。中国以广阔的内陆为舞台,山峦、丘陵、河道,形成了曲里拐弯的条条道路、曲径通幽的文化风格;西方则以浩瀚的海洋为舞台,寻求的是直线抵达,形成了直奔目标的航道、本能释放的文化风格。所以,中国管理讲规矩,以人心认可为要义;西方管理讲规则,以强制执行为要义。中国思维以曲线为主,追求含蓄、内敛,同时也体现出包容特性;西方思维以直线为主,喜欢直接、外放,同时也展示出进攻特性。心和管理理论,就是以这种文化内涵差异和思维方式的差异为前提,提出管理应以心为本(就此而论,东西方都一样),重在梳理心态、尊重面子。因而,它不同于西方管理以人性为本,讲究激发个性、尊重自由(这是由中西方差异性决定的,但不等于说中国人不讲个性、不要自由,也不等于说西方人不需要调整心态、维护自尊)。说得明白一些,西方管理已经形成了以利益猎取为主、人性关怀为辅的管理思想和生意人理论体系,而中国管理形成的是以人心梳理为主、人性关怀为辅的管理思想和经商有道的理论体系。这里说明一点,"人心"与"人性"一字之差,则管理侧重明显不一样;心和管理求的是彼此和谐、人心认同;人性管理求的是个性解放、人性随己。两者之间有相通的地方,自然也有区别与差异性,相应的管理哲学、理论建构、思想理念、方式方法,都既有共性部分,也有差异。差异的部分,是彼此个性化、特色化的部分。中国本土管理学理论和学科建设,一定是从本国特色着手,必须体现中国个性、中国风格,展示中国内涵、中国道路,建构中国理论、中国制度,而这一切的重点,是深植中国文化。

中国文化与西方文化有很多差异,这里仅从文化图腾视角窥其一斑。在初民社会中,与人类生活最接近的就是动植物,从狩猎到豢养动物、从利用到种植五谷,人类对那些自身还无法完全掌控的、力量强大或神秘难测的事物,在想象中赋予了独特的加持,逐渐就把动植物作为解释人类起源和未知世界的物象,这就是图腾(totem)。图腾文化,就是由图腾观念衍生的种种文化现象。原始时期的人们把图腾视为亲属、祖先或保护神,为了表示自己对图腾的崇敬,创造出各种文化现象,这些文化现象,在英语中统称为"totemism"(印第安语"totem")。中国自古就有文化图腾,但不用"图腾"一词。因其与本氏族(或部落)崇拜和祭祀有关,往往用"神物"表示。这里的"神",也可以换成"仙"。这里的"物",可以是兽,谓之"神兽"(如神龙、神鹰、神马、仙鸟、仙鹿等);可以是"人",指本族祖先或守护神,谓之"先神"(如汉民族的"龙",既是神兽,也是先祖伏羲)。清末学者严复在1903年翻译英国学者甄克思的《社会通诠》一书时,首次把"totem"一词译成"图腾",既有音译特征,也符合意译要求,为当时文化人士所认同,成为对古代崇拜对象的通用名词。

图腾崇拜物往往是本族的血缘亲属、本族群体的祖先、本族群体的保护神。但在宗教中,图腾就融入了人类的思想、追求等文化内涵,形成独特的物象来表示某个思想体系。西方宗教以基督教及其派生的天主教、东正教、新教等为主流,其共同的宗教图腾是十字架,如图6-1(a)所示。在中国发源并壮大的是道教和儒教(儒教其实不是宗教,只是被给予与宗教一样甚至更高的礼遇)。儒道两家都非常讲究的一个宗教图腾是太极图,如图6-1(b)所示。

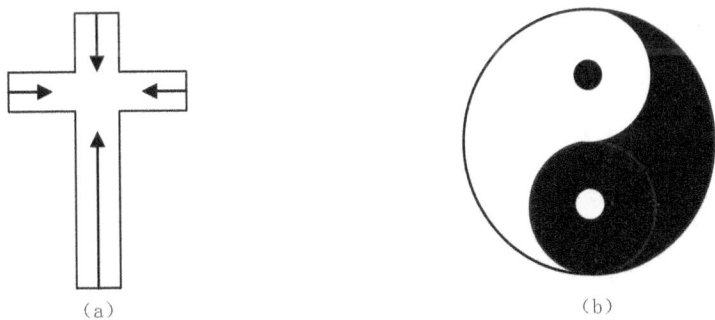

(a)　　　　　　　　　　　　　　(b)

图6-1　十字架与太极图

从这两个代表西方和中国(及中国文化辐射的其他国家和地区)的宗教

215

图腾中,可以解读出十分丰富的文化内涵。这里去繁就简,从一个最简单又最直接的角度切入探索:十字架中没有一条曲线,太极图中没有一条直线。十字架是耶稣为天下众生赎罪的象征,人虽然有原罪,但耶稣将之救赎了——因此西方人心灵深处有一个精神寄托:向主忏悔。太极图是中国古代阴阳哲学思想的象征,宇宙万象皆为阴阳,变通之中一切皆有可能——因此中国人心灵深处也有一个精神寄托:否极泰来。两者都是心理慰藉:西方人坚信,向主忏悔就能得到救赎;中国人相信,逆境达到极点,就会向顺境转化。否卦,是天地否不交不通,由安泰到混乱,由通畅到闭塞。易理认为,在这样的黑暗时期,是君子者,处困境而明察时势,露败象而谨慎团结,衰弱时能掌握机宜,不利时能坚定立场,不轻举妄动,存伸张正义之心,防患于未然中等待"泰来"。"泰"是安定之意,六十四卦轮回一圈,否极泰来。所以,西方鼓励教众去忏悔,得到神的宽恕,获得心灵的释放;中国强调审时度势走正道,充满坚毅攻克险阻,坚守信念则光明总会到来。各有各的路、各有各的法。孰好孰坏,见仁见智。

继续分析两个图腾,十字架全部由直线构成,思维的基本规律是直来直去,直奔主题,不善于拐弯抹角,习惯于把问题放在明面上讨论;太极图全部由弧线构成,思维的基本规律是曲线圆通,含而不露,不喜欢直语伤人,习惯于把问题放在心里思索。进言之,西方人行为直接,把想要表达的思想直接说出来;中国人含蓄内敛,把想要呈现的内容委婉表述出来。西方人对欲念是直接展示、强势介入,强调展现自我、个性解放的同时,不加掩饰地获取;中国人对欲念是合理控制、适当介入,强调服从集体、克制自我的同时,在别人的认可中获取。这种区别,非常典型地体现了中西文化差异、思维方式差异、行为差异。孰优孰劣,各在心中。

太极图黑中白眼(少阳)、白中黑眼(少阴),是白中有黑、黑中有白,你中有我、我中有你;是阴阳两仪生出的四象:太阴——阴中之阴,少阳——阴中之阳,太阳——阳中之阳,少阴——阳中之阴。四象对应于东西南北四个方位,并与五行学对应——东木西金、北水南火(加中土),又与道家的四象吻合——左青龙(东)、右白虎(西)、前朱雀(南)、后玄武(北)。中国人自古认为中国是在"天圆地方"的世界中"居其中"的,所以,古代又称中原人为"中土"人士。这种互为交错对应,又不断生发的现象,反映在思维模式里,就是对各种现象综合思考,认为每件事物都有一个中心点,由此生发出其他的方位、其他的内涵。需要明确的是,中国文化所要达到的至高境界,仍然是回归简单。所谓大道至简,简单到世间一切只是阴阳,天地不过一阴一阳、人类不过一阴一阳、思维也不过一阴一阳,问题也回归到只区分"对"与"错"、"好人"与"坏人"这么简单。直白与含蓄、简单与复杂、容易与艰难,巧妙结合在中国人的思维中,体现在中国文化中,表现出更多的不简单、更多的曲线方式,也表现出更多的简单,"九九归一"。正是这种曲线思维模式,才更需要心和管理,它是解决"肚皮官司"、通畅人心谋取心和进而共同实现组织目标的一种管理理念、一种管理方式。

　　中国本土管理在于让人从内心里感觉和稳、和康、和达、和顺、和煦、和心,归根结底从心里得和,这就是"心和",实现心和的管理就是"心和管理"。心和之道在于人心定、人心畅、人心向阳。孔子说,"修己以安人";一个人先把自己管好,然后使在一起的人都感到很和安,管理就上轨道了。所以心和管理不是一味的严,太严则员工不安;当然也不能太松,太松则管理者自己不安。不安了,人心就不和了。这个中庸之道如何把握,全在管理的观念、管理的水平。太极图式的曲线循环思维,表现在三个方面:一是以平和为美。中国人的变化是不露痕迹的,不会剧烈变化,只会和缓变化,这种平和体现了中国人以和为贵的处世原则。因此,在中国人面前展示一种欲望或要求,不大适合以一种剧烈的方式展现出来,而是要以一种和缓的方式展示出来。二是以从容为美。心气平和是人生的最高境界。越是匆忙的事,越要以一种从容的心态来做。因为中国人认定心智十分重要,如果乱了心智,那么就不可能很圆满地完成一件事。处变不惊,能让人更冷静地思考,更好地运用智慧。三是以变通为美。一旦认识到某事物后,应该先采用逆向思维,理解"一个圆必须是用曲线画成"的——如果硬要用直线,那么永远都不能回到起点,永远无法画成圆;而用曲线,不管怎样艰难,最终都能画圆满,尽管它不一定很标准。

中国人的表达方式在以下两个场景中很典型:一是示爱或拒绝爱,二是求人办事。西方人可能直截了当,直奔主题,中国人却拐弯抹角,"顾左右而言他",大半天了也没切入主题。这是含蓄、内敛的中国文化特性所决定的。在中国社会环境下,这两类事情都需要在摸清对方真实想法或态度时才能说出来,以避免尴尬、避免陷入僵局、避免事情朝坏的方向发展,也可以理解为中国人谨慎、重人情和面子。西方人之间建立信任靠的是法律和制度,双方在合作前会签订合同,只要对方稍有不轨,就会提起诉讼;中国人之间建立信任靠的是心意的传递,靠的是相互的了解。所以,中国人一见面就会"套近乎",问东问西。见面寒暄在中国人看来是一门学问。在古代,蒙童教育的重要课程就是"洒扫、应对、进退",这是走向社会的基本功;邀请他人到家是一种礼仪,邀请人和受邀请人都有面子。此外,在中国,"在家靠父母,出外靠朋友"是职场哲学。一方面,人们对曲线思维带来的危害、弊端诟病不已;另一方面,人们又天天在营造着这样的人际关系、羡慕这样的人际关系。

心和管理首先承认这种现实,如果发现有什么不妥,也会先融合进去,获得大家的认可,然后再想办法纠正或是更新。没有融合,就没有革新。

第三节　心和管理学本土体系

"心和管理"研究的目的,是创建中国本土管理理论及相应的学科体系,所以,心和管理研究的初衷,是构建心和管理学,包括心和管理学基础理论、学科体系和技法体系等。基础理论中需要确立心和管理学的一般原理,如管理、心和管理、心和管理者、心和管理学等概念的内涵和外延,心和管理学的管理对象、研究对象等,心和管理学八大管理法则的基本原理,支撑心和管理理论的易理原理、心学内涵等。心和管理学的学科体系,其实就是管理学学科"门"(管理学为中国教育部确立的 13 个学科门之一)之下的学科类,每个类别之下有若干专业方向所必需的专业课程。心和管理学技法体系,是针对新创建的中国本土管理而专门设立,主要涉及中国本土的管理技术与管理方法,在区别于西方管理技术与方法的同时,吸收其优秀的、适合心和管理的技法。

一、心和管理学之基础原理

古代中国研究并产生了中华易经原理、儒家民本思想、道家修心观念、佛家善心阐理等与管理相关的学术思想,王阳明心学、曾国藩《冰鉴》等所展示的学问也直指人心。从这个角度说,中国心和管理概念虽然现在才提出,但其管理思想古已有之。当代中国式管理研究中,和谐管理、东方管理、人道管理、道本管理、和合管理、易经管理、儒学管理、心力管理等学派,也从不同视角探索了中国管理思想的内涵。

作为中国管理学理论,心和管理理论中的管理、心和管理概念在本章第一节第三个问题"心和管理的理论内涵"中已有阐述,这里不重复论述。需要进一步明确的是心和管理的"管理者"和"心和管理学"的内涵、外延及其基本原理。

西方管理学的管理者和管理对象(被管理者),是互相对应的两个方面,简单地说是管理者管理着被管理者。所以,管理者一般指有领导职务和在管理部门从事管理活动的个人或群体。职务越高,管理权越大,影响力也越大,责任亦越大。换句话说,管理者的职权、责任是由职务赋予的。中国心和管理学所指的管理者,是组织内部的所有成员,每个组织成员至少管理着(但不仅限于)三个方面:一是管理好自己;二是管理好岗位赋予的工作内容;三是管理好与本人、与本岗位相关联的各关系方。管理,都是双向的、互相的,居高临下敌对状态的由上对下的管理,在森严的等级制度中培养的是奴性(奴性与服从是两个完全不同的概念),同时会出现越是低层员工对组织的向心力、归属感越弱的现象。心和管理是实现管理者与管理对象之间的内心认同、彼此和谐的管理,追求的是"别把自己太当回事,别把别人太不当回事"的管理。所以,管理好自己是对自己进行道心管理——修身养性、明道守道;管理好工作是对岗位进行忠心管理——忠诚事业、勇挑重任;管理好关系是对各方实现互为信任、双向认同的心和管理。其中管理好各方关系,重中之重是下级员工管理好与领导的关系,上级员工管理好与下属的关系,所谓上下相孚、彼此呼应、追求心和。

在这里,"管理好"的"好"是一个弹性词,弹性幅度取决于共同认同的程度。所以,心和管理衡量的标准,最重要的是彼此的认同度。如果要用一个数值来表示,则需要对组织内的全体成员、相关联方和各关系方进行一次认同度调查;设计心理、生理、业绩、合作,以及在单位的成就感、归属感、满足感等各方面的问题,并将认同程度分为相应等级,如"很高、较高、中等、较弱、很弱"五个等级,两者结合,形成调查量表进行无记名问卷调查,据此得出某一组织在某一阶段内的共同认同度数值。也就是说,每个组织、每个不同的时段,认同度是可以不一样的,不仅仅因为客观条件的不同,还因为不同的人对心理认同程度的感受和描述是不一样的。正因为这种变动性,中国研究范式不会给出一个一刀切的数值,板上钉钉不可更改,而是随时、随地、随情变动,所以用"好"这样一个弹性词来表述,甚为恰当。西方用数理模型固定化之后,都设有一个前提条件"假设某某条件不变",而事实上,这个假设条件因时因情在变,以此来推算,得出的结论只能是某个时间节点的静态状况。

心和管理的对象是自己以及与自己相关联的人和事。职场管理中与自己相关联的人可分三类:一是工作中发生关系的内部人和外部人;二是与自己相关联的平行组织和同级关系人;三是代表组织与外部单位发生关系的那些组织和相关人。职场中与自己相关联的事,就是工作中的那些事、业务上的那些事、专业上的那些事。从这个角度说,职务位置决定着相关联的人或事,以及所承担的相应责任。最基层的员工,管理着自己以及需要一起合作的人,服从上司的同时处理好与上司和同事的关系,重点是获得上司对自己和对自己工作的支持。基层管理者、中层与中高层管理者以及高层领导,随着职务的提升,所承担的责任也逐渐增大。但相对来说,所管理的人员大体相当,即主要管理与自己职位工作发生直接关系的人(间接关系者会有他们的直接关系人,自己以协助为主)。举例来说,车间班组长、商场班组长直接管理一线员工;高层领导直接管理副手和部门负责人及其部门业绩;每一个中间层级管理对应的直接关系人及其负责的业务。组织内所有成员会因职务的不同形成不同的职责、权限和内容,但每一个人在组织的人格地位是相等的。即只有分工形成的职位和职能不同,没有人格与尊严的区别。给予尊重与认同才能激发个体无限的能量,这是心和管理学与西学的本质区别。

心和管理学是一门从中国文化(包括中国管理理论与实践)传承中"生"出来、在中国职场实践中建设起来的,系统研究人心管理、双和管理的应用,探索管理活动基本规律和一般方法的科学。它是由一系列管理哲学、管理理念、管理法则、管理技法(技术与方法)和管理制度等组成的体系。这一体系中,人是重点,人心的归属、认同、支持是关键,其他涉及财、物、流程、信息等的管理,都以人为核心,以人心为要义,以和顺、和谐为目标。

心和管理学的研究对象有三个:一是组织的人和人心;二是职场人及其与职务相应的各关系方;三是保障人心双和的道心、德性及其相应的法规制度和伦理文化。

要达到心和,管理须实行八大法则,八个法则对应于先天八卦,将易道、卦理对应于管理法则综合运用,在组织内部建设对应的管理机制,实现相应的管理目标,最终达到人心管理总目标,即得人心者得天下。

欣赏管理,需要有乾卦的刚强意志,自强不息的毅行天下之志,不屈不挠的奋斗拼搏精神。有这样品质的人值得任用。所以,组织应建立起龙腾虎跃的发展平台、欣赏认同的用人机制。通过这样的管理机制,让组织成员首先心服口服,这是欣赏管理的基础;然后心悦诚服,就是让大家愉快地服从组织意志、组织安排,这是中级目标;最后心甘情愿奋斗,因为千金难买乐意,只有员工真正从内心里甘愿、诚意、用心,才能有效实现凝聚人心的欣赏管理目标。这就需要韬略方术的灵活运用而开疆辟土,最终达到飞龙在天的境界。

品性管理,是指要有坤卦那样宽广的胸怀、温柔的情怀、厚实的德性。德性高、品质好的人,值得组织拥有。也就是说,组织内要建立起宽厚包容、职业道德高尚的选才机制。一切计划的制订,一切规划的掌控,其唯一不变的前提就是德性高、品质好,出于公心、出于道德心做事。通过选才机制的有效运转,让组织成员首先达到心地善良,这是职场人才的基本要求。然后是心口如一,形成信任、虚怀、德厚的组织氛围,进而达到心安理得的境界;只有心底无私才能天地宽广,最终实现正道人心的品性管理目标。

满意管理,对应坎卦,暗指前进道路上坎窞重重、险难多多,只有正大光明、坚守正道、不畏艰险、坚毅刚强,才能解除一部分困厄危难,以求小得。所以,要在组织内建立起合理合适的经营机制,克服困难,解决好生产、品质、流通、服务等领域的问题。永远不可能有永恒的满意,而只能努力实现合理满意、适度满足。在人的问题上,首先要让大家心明眼亮,分得清美丑、善恶;然后要心胸开阔,而不至于好高骛远,在一定阶段达到一定程度的心满意足(知足常乐),最终实现获得人心、组织发展的满意管理目标。

感动管理,对应离卦,是指既拥有火的光明,也拥有火的温暖,以光明照亮前进的道路,以温暖感动组织的成员和服务的对象,由此建立起感染心灵、感恩世界、感动彼此的企业文化,并实施物质激励、精神激励。第一步,要让所有人心气平和，只有平和的心才能感受真诚的关怀、无私的情感。第二步，要让所有人心花怒放，无论是团队合作还是营销推广，要能让人从内心里绽放出幸福的花儿来。这是成功的前提，由此才可能达到心旷神怡的境界，让每个人的感悟得到升华，最终实现温暖人心、留住人才的感动管理目标。

理解管理，是指要像巽卦那样和风送祥、春风送暖、风顺人畅，彼此理解、互为关照、谦和顺畅，擅长于人际、组织与组织之间的协调管理、沟通管理、信息管理，从而在人与人之间、上下之间、内外之间建立起畅通无阻的沟通机制。道德是让人对工作内容、德性要求、个人成长与组织成长等宏观与微观的事和理都心中有数，避免或消除各种可能的误会，多一些体谅，从而进入心领神会阶段，即彼此心有灵犀、协调默契，最后达到心照不宣的至高境界，以及无须"一点"就能"通"的协和，实现顺畅人心的理解管理目标。

精神管理，是指要像震卦那样居安思危，时时警惕、刻刻自省，不该伸手的绝不乱伸手，不该胡说的绝不胡说，警钟长鸣，如雷震惊，而后震撼修省、慎独自醒。尤其是在会计事务、财务管理、伦理关系、道德行为中，要守得住底线、耐得住寂寞、顶得住诱惑。建立育才机制就是要从这样的视角深入，培育出有精神内涵、有精神志气的优秀人才，让他们心有所属，皈依正道，"半夜敲门心不惊"；无欲则刚、无私则强，心无所累，才能心底坦荡、处事公道，最后达到心存高尚的境界。高尚不是捧出来的、不是宣传出来的，而是内心清澈、一言一行自然振奋人心的本然力量。这就是精神管理所要达到的目标。

情绪管理，恰如艮卦稳而不呆板，有容而不杂乱。这就是领导艺术的体现，也是组织机构稳重、流畅、简洁的要求，用西方管理学语言描述是培育高情商，用中国传统观念表述是建立好人缘。所以，优秀的领导者、优秀的员工懂得建立良好的疏导机制，自觉有效清理垃圾情绪，传递正面积极情绪。这就要求心有所驰，即既有所奔驰的目标方向，也有奔驰的动力行为，直上高峰;同时要心无杂绪,坦坦荡荡,稳如山岳。如此,才能登上峰顶,沐浴朝阳,让心灵充满阳光,实现稳定人心的情绪管理目标。

心态管理,恰如兑卦丽泽相依、两水相连、朋友讲习,如山泉润泽,沁人心脾,亲和柔顺,愉悦相处。这就是留人机制的建立。只有当人才真正感觉到在这个组织里是有价值的、是快乐的、是能实现人生目标的、是可以为社会贡献力量的,他才愿意全身心投入组织工作中,与组织共进退、共荣辱、共存亡。这就是说,要通过良好的收入体系让员工心态平正,而收入体系的重点是劳资双方都认为"物有所值",员工不会出现这山望着那山高、心思波动不息的情况;通过建立良好的人事关系,让员工心情舒畅,不至于为一些琐事烦心忧虑而影响事业,达到心灵满足的境界,实现喜悦人心的心态管理目标。

这八大心和管理法则的基本原理,如表4-1所示,是基础管理学科建设和各专业学科建设的重要内涵,而且这八大法则对应先天八卦,与易理密切相关。心和管理自然也涉及其他易理原理,如无极太极原理、阴阳五行原理、三才六合原理、四象八卦原理等。这部分内容在前面章节中已有阐述,此不赘述。

这些易理体系中的太极模型、五行模型、八卦模型等,其实就是心和管理系统原理的体现。它自然不是指冯·贝塔朗菲(V.L.Bertalanffy)提出的一般系统论、维纳(Norbert Wiener)提出的控制论、申农(Claude E. Shannon)提出的信息论、普里高津(Illy R.Prigogine)提出的耗散结构理论、哈肯(Hermann Haken)提出的协同理论等。但异曲同工的是,心和管理理论中的系统原理,也是指由若干相互联系、相互作用的部分组成(如五行模型中的水火木金土五个要素),在一定环境中具有特定功能(如水曰润下、火曰炎上、木曰曲直、金曰从革、土爱稼穑)的有机整体。水曰润下的"润下",是指水(居北)具滋润柔顺、流动趋下的特性;水往低处流,流过润万物,具有助物生长、助人成功之意。火曰炎上,自然是指火(居南)有温暖、兴奋和向上向外发越之性;指热情、热烈、外向、高昂,喜欢往上走、不喜欢往下行的性情。木（居东）曰曲直，有升发、生长、伸展之性，又有柔和、屈曲之性；指条理清晰、能屈能伸，不畏艰险，有蓬勃发展之意。金（居西）曰从革，有顺从的意思，革原指兽皮治去其毛，革更之；这就有顺应天道而改革、披荆斩棘而换新之意。土爱稼穑，土有培育庄稼、长养万物的特性，即"土为万物之母"，居中而生发世间一切。

易理体系中还有许多模型，都具有系统性、无息性，牵一发而动全身，窥一斑而见全豹。其实，心和管理各学科的形成，也都具有这种系统性特点，同时又具有学科性原理。两者不仅可以无缝对接，更重要的是，心和管理学科具有中华文化基因的传承性、融通性、相合性，应用于管理实践也就更具有对应性、合理性和更高的价值。

二、心和管理学之学科构成

本书构建的心和管理理论，以本土管理内涵为主，学科形式上则吸收中外研究成果。这里以"企业管理"或"工商管理"专业方向为例，阐述心和管理学的学科体系。大体设计为决策韬略之道（领导管理）、人才开发使用（人才管理）、生产流通顺畅（生产管理与物流管理）、企业运营智慧、营销沟通谋略、信息财税治理以及文化伦理正道等六类二级学科体系，每一个二级学科体系暂设计一门主干课程、若干门专业性课程。为明晰专业方向、突出课程设置重点并兼顾深度与广度，每一学科都包含着各有侧重的心和管理思想、易经原理内涵。

前文阐述心和管理八大法则原理时提到的相关内容，如欣赏管理中的韬略方术、易理思想、道学道统等，品性管理中的职业道德、双和思想、中华伦理等，满意管理中的生产、品质、流通、服务等，感动管理中的物质激励、精神激励等，理解管理中的协调管理、沟通管理、信息管理、预测分析等，精神管理中的会计事务、财务活动、伦理关系、道德行为等，情绪管理中的领导艺术、人心把握、人才管理等，心态管理中的薪酬体系、工薪管理、工作心态等，都是以心和管理内涵为核心,可以参照目前国内管理门类的专业和课程设置(课程类别)情况,创新思想,提出新的课程设计方案,如表 6-1 所示。

表 6-1　心和管理学科基本框架

主干课程	专业课程举例	管理内涵	易理内涵
心和管理学	韬略管理学、易道管理学、决策技法学	文韬武略谋奇正双和	太极阴阳大道无疆
人才管理学	人才开发学、人才配置学、性格分析学	把握人心谋人心双和	三才五行道心觉悟
组织运营学	生产运行学、流通经营学、网商运营学	协调人心谋主客双和	四象皆稳顺畅通达
组织发展学	经营智慧学、市场方略学、职场沟通学	疏通人心谋彼此双和	六弥相合天地四方
组织治理学	财会治理学、税务治理学、信息治理学	警醒人心谋天人双和	七星九宫运筹帷幄
文化伦理学	中国文化学、中华伦理学、职场谋略学	人文化成谋道器双和	八卦相协文明万世

当然,这里的课程名称,只是提出一个学科建设方向和基本内容约定。为了适应表格,专业课程限制在每类三门课,每门课程之名限制在五个字,实际应用时可以进行必要的再论证,重新设计。

心和管理学二级学科设计思路之一:决策韬略之道。这是以文韬武略谋求奇正双和的学科方向。涉及管理哲学——中华易道易理,涉及宏观管理——治国、治军、治企韬略,涉及高层决策——阴阳变动、对立转化的刚柔、奇正、攻防、彼己、虚实、主客等决策性管理思想与技法。在中国古代,对阵交锋为正,设伏掩袭为奇,《孙子兵法·兵势》曰:"战势不过奇正,奇正之变,不可胜穷也。"这里显然以太极生两仪,以大道证无疆。中国 5000 年灿烂文明积累的文韬武略,可以促使现代企业在市场经营中既出其不意又追求正道,真正实现组织与国家的双和、组织与社会的双和、组织与自然的双和。故可设主干学科"心和管理学"。

在数千年的华夏文明传承中,中国人在管理人文背景方面逐渐呈现三个特点——变通心理定势、曲线思维模式、谋略文化底蕴,这就使中国人注重、崇尚韬略智谋。西方管理学引进中国时,构成战略和战术(有时统称策略)概念,战略为宏观谋略,战术为微观谋略。而事实上,中国古代较少使用"战略"概念。粗略查阅,发现晋朝时司马彪写过一部《战略》著作,主要分析战略战例、揭示战争规律、强调运筹帷幄的指挥能力。但也有人认为这是一部以三国为背景的小说体著作。《三国志》中,"战略"一词应用频率的确比较高。显然中国人也重视战略战术,从文化的中国性角度看,应该设计专业学科"韬略管理学""易道管理学""决策技法学"等。韬,本意是古代兵器如弓、刀、剑的套子,延伸为隐藏才能、隐蔽锋芒不外露,所以才有韬光养晦这一成语;也有韬钤、韬略之说。略,是省去、简化之意,举其要而用其精、用功少者皆曰略;即找到要害、用其精髓,所以"略"也是用计用谋,为经略。《左传·昭公七年》:"天子经略,诸侯正封,古之制也。"杜预注:"经营天下,略有四海,故曰经略。"中国韬略思想源远流长、博大精深,春秋战国时期兴起,秦汉时广泛运用,三国时发展迅速,韬略人物、韬略理论频出,韬略案例更是层出不穷。韬略著作中最为著名的莫过于《六韬》《三略》。《六韬》是战国时人托吕望(俗称姜太公)之名辑成,分文韬、武韬、龙韬、虎韬、豹韬、犬韬,共60篇,计2万余字。《三略》即《黄石公三略》,传说是汉初黄石公(又称圯上老人)所著,传授给张良(秦末汉初杰出大谋士,"汉初三杰"之一)。共分上略、中略、下略3卷,计3800余字。《六韬》《三略》为中国韬略管理学的经典。中国韬略理论汗牛充栋,韬略战例丰富多彩。

技法,是从中国原有的"方术"一词结合现代意义确定的一个词语。方术,方为方技,中国古代主要指医经、经方、仙术、法术等;术为术数(也称数术),指阴阳五行生克制化的数理。方术,《庄子·天下》曰:"天下之治方术者多矣,皆以其有为不可加矣。古之所谓道术者,果恶乎在?曰:'无乎不在。'"很显然,方术的本义是关于治道的方法,用今天的语言表示,就是关于管理思想或者说管理人心的方法。在科学不发达的古代,人们对许多自然现象和心理活动无法解释，于是就有观天象、察地理之术，就有意图长生不老之仙术，就有推测解释吉凶祸福、气数命运之术，由此产生了卜筮、算命、相面、望气、扶乩、祈禳、通灵、堪舆、炼丹、气功等术。于是道士、方士（运用方术之士）应运而生，道士从事算命看相、扶乩祈禳之术，方士从事占星术、堪舆术、房中术、炼丹术等古代四大方术。为在江湖中有一席之地，在民众中深入人心，尽可能将其原理玄化、神秘化，终成迷信之风。其实，回归方术本义，拂去迷信尘埃，去其杜撰部分，方术就是管理道心之术、管理人心之术，是心和管理具体方式方法的策划图谋。为避免"方术"一词妖魔化引起的误解，心和管理学采用"技法"一词，涉及的内容，可以是中国先圣、财神（还原为真实的人）以及《史记·货殖列传》记载过的成功人士的技法和历史上影响力比较大的一些人物探索出来的技法等。同时着重研究中国共产党创建的"红色管理"、改革开放时期创新的"本土管理"等技法。

心和管理学二级学科设计思路之二：人才开发使用。这是以把握人心而谋求天人双和的学科方向，是以易道易理体系的三才学、五行论为基础的人才管理学科的建设。从中国人文内涵角度看，人才管理的核心点是让人悟道而心有觉悟，即对人心的必要约束与合适梳理、引导与激发。故可设置主干学科为"人才管理学"。易道易理体系中的天地人"三才理论"，确立了人才开发的基本规则（遵循自然）、关键途径（求仁得义）及重要方法（刚柔相济）；木金水火土"五行理论"，明晰了人才开发管理的识人、选人、用人、育人、留人的五行运行体系。由此可开设以三才论为基础的"人才开发学"、以五行论为基础的"人才配置学"和以阴阳五行为基础的中国式人才测评课程"性格分析学"。人才配置既要考量人才之间因性格、学识、成长环境等内外因素形成的相生相克原理，也要考量最大限度的心愿激发、心界开拓、心境沉淀；考察工作的特性与人才的匹配度，人才的工作能力与产生效益、效率、效果的匹配度，心和管理称之为"能效匹配度"。

《易经·说卦》有云："有天道焉，有人道焉，有地道焉。兼三才而两之，故六。"上天固有的规律为天道，人们应遵守的准则为人道，大地存在的法则为地道。天人合一、天人双和就是培养人才遵循自然规律、遵守人道准则。易经卦图中每个三爻卦都包含天、地、人三才，两卦相叠就有了六爻卦。显然，天道地道是要符合大自然的规律法则，而人道则须顺德合义，即"观变于阴阳而立卦，发挥于刚柔而生爻，和顺于道德而理于义"（《周易·说卦》）。观天象的阴阳变化而确立卦象，察地理的刚柔相济而产生了爻，这就是卦爻的来源，也是测吉凶、看未来的占卜方法，和合顺应这天道地德，也就合乎事物发生发展的道理。可见，中国古代的占卜之法，其实是按天地规律与法则、人性道德与事物道理进行的，并不是杜撰，更不是神鬼迷信之说。另外，三才论中现代一般只说"天才""人才"，不说"地才"。这应该跟地为坤、坤为女，以及古代"女子无才便是德"观念有关。应用三才论，要理解"昔者圣人之作《易》也，将以顺性命之理。是以立天之道，曰阴与阳。立地之道，曰柔与刚。立人之道，曰仁与义"（《周易·说卦》）。地道是不可或缺的，毕竟天、地、人三才合一而成一卦，天地有自己应该有的位置，天地间的山与泽相互通气、风与雷互相迫击、水火互相之间不击射，正所谓"天地定位，山泽通气，雷风相薄，水火不相射"（《周易·说卦》）。

任何事物应在其位、应根据其位谋其事。这在五行论中进一步明确：天地之间，五行位分五方，木居东，金居西、水居北、火居南、土居中，各安其位、各负其责，互相之间又有生克关联。从现代管理视角看，这就是组织架构的合理性、适应性；而相生相克关系并非一成不变，这就需要有效沟通，木曲直而分条理、金从革而行创新、水润下而滋万物、火炎上而亮四方、土稼穑而有种收，各司其职、各有相通，进生门而成就大业，入克门则万事成空。从中医理论角度看，五行与人的身体对应；从心和管理角度看，五行与人的天性特征相关联。金的杀伐果断气势、木的枝杈分明长势、水的婉转渗透态势、火的热情奔放情势、土的敦厚稳实趋势，都非常典型地体现了人才的五种显明性格特点，彼此的相生相克、不同组合又可生出更多细化的性格特征，这才是人类社会丰富多彩、万花竞秀的原因所在。

心和管理学二级学科设计思路之三：生产流通运营。这是以协调人心而谋主客双和的学科方向，涉及组织运营、企业生产、商品流通等领域的主动方与接受方（客方）的双向和谐。这里的主客，在内部，"主"是管理方，"客"是被管理方；在外，"主"是本组织，"客"是与己相关联的各关系方。以企业为例，"主"是本公司，"客"是业务上与本公司相关联的各方（单位和个人）。企业的人流、物流、信息流的管理，生产、流通、电商的管理，归根结底涉及主客双方的人，彼此人和，则事和、业务和。而人和的真正标志是人心彼此协和，人心和企业和，人心稳企业稳，人心顺企业顺。四象学说是易理体系中"两仪生四象"的少阳（木）、少阴（金）、老阳（火）、老阴（水），与东西南北四方位对应，四方稳而天下定，四行运而四时畅。融合星宿四象又有东方（左）青龙、西方（右）白虎、南方朱雀、北方玄武之说。青龙腾活源（左活），白虎奔山林（右通），朱雀舞太阳（前聚），玄武定水神（后靠），企业运营皆需追求四象之激扬而稳定、智慧而顺达。故可设主干学科"组织运营学"。

四象来自阴阳力量的作用，水木为阴、火金为阳；水木火金冲气而结土，有土而成五行。土原本为太极（阴阳未分），一分为二后而有阴阳两仪；四象合而为土，即回归太极本原。故四象之变、四象之稳，与太极阴阳五行密切相关。企业未建是为太极，建而分两仪，一曰生产，二曰流通，即生产乃水木二行，流通乃火金二行。"行"为运动变化，探索企业运营之运动变化规律——阴阳变动规律，并以水行之顺畅流动、自然渗透原理，木行之条理分明、积极向上之原理设立心和管理学体系之"生产运行学"；以火行之光明照耀、热情温暖原理，金行之果敢创新、雷厉风行之原理设立心和管理学体系之"流通经营学"。

西方管理学中，有四象限分析法，如波士顿矩阵分析法、SWOT分析法等，其基本内涵与易经四象大同小异。也就是说，虽然途径不一样，分析的工具不相同，但分析的原理还是具有一致性的，分析的结论也同样具有科学性。心和管理理论中的"生产运行管理学"学科,包含了许多学科内容,如生产管理、流程管理、质量管理、安全管理等;"流通经营管理学"也包含了流通管理、仓储管理、物流管理、商务管理等。随着大数据时代的到来,管理升级,不仅仅是办公无纸化,更重要的是商务活动趋向网络化、数据化,带来了商业模式、商业业态的大变革,各路信息汇总,如同水木火金冲气而结土,电子商务、网络经营成为常态,所以有必要建立线上商务活动以及由此带来的网络管理相结合的学科"网商运营学"。科技不断进步、方法不断革新,但左显鲜活、右可畅通、前能聚财、后有靠山的四象本质,万古不变。只有如此,企业才能稳实、经营才有高效,人生才可通达、事业才会顺畅。

心和管理学二级学科设计思路之四:沟通经营智慧。这是以疏通人心谋求彼此双和的学科方向,彼此就是你我,与上司、与下属、与同事、与关联人……即天(上)地(下)四方(东西南北)六方弥合。这就是说,一个组织也好,一个员工也罢,需要将上级下属、左邻右舍、前后关系处理好。人际关系中,关键是上下级关系要处理好,即取得上司支持,获得团队拥戴,在此基础上处理周边关系。在组织关系中,关键是处理好业务关系,即取得业务方认可,获得业绩量提升,还需要上级支持、下属拥戴。由此设立主干学科"组织发展学"。

无极归零运筹帷幄。中华文化中的阴阳,是指一个事物、一个问题中的两个方面。所以,"生死"就有阳间与阴间之说,死后的期望,就有天堂和地狱之分;战争,就有胜败;竞争,就有输赢;企业,就有存亡;生产、流程、市场、营销、电商等企业活动,也就有成败两种可能,这就需要充分运用智谋予以设计、运作、指挥、协调,使之朝着成功的方向运行,减少失败的可能、减少弯路、减少成本、提高效率、提升效益,"君子爱财、取之有道",学会主动而合理地"舍",获取可能而必要的"得"。中国文化的思想体系,非常典型地体现了企业运营管理中的"和"的智谋,以达到彼此双和、彼此双赢。因此,循阴阳变动规律而设计"经营智慧学""市场方略学"等。生产性企业与商业性企业,科技性企业与创意性企业,资金密集型企业与劳动密集型企业等,企业方向与内涵不同,并不影响以道治企、以德兴企、以诚做企、以精壮企的本质;"忠恕观""仁和观""义利观""致中和""共认同""和天下",这些都是企业应用心和管理理论、运用中华谋略智慧而运行企业、经营企业、实现企业目标的内涵。

六合,除前面说的四象少阳、少阴、老阳、老阴所代表的东西南北外,还有阳中至阳的"阳明"、阴中至阴的"厥阴"。阳明为天,厥阴为地,天地四方为六合。中华文明历来讲究内部与外部的和谐,任何组织都面临着内部和谐、外部和谐和内外和谐的时空和谐问题,这是一个企业能否实现可持续发展的关键,所以企业运营、商务发展都需要梳理人心,谋求本组织的时空和谐,也就是组织内部的自身和谐,组织内部与外部各关联方的和谐。中国文化的核心是"和",追求和平、和谐、和美、和润等。企业作为一个社会组织,自然而然形成决策层、管理层和操作层。决策层如何领导企业发展、管理层怎样管理企业运行、操作层怎样操控企业每一个具体环节,是谋求人心双和的关键。这一切,同样要求企业发展过程中员工能同步成长,因为企业发展的一切作为,都是通过员工来实现的,是由员工来沟通上下左右内外的。职场管理的工作重心就是沟通,故有必要开设"职场沟通学"。

心和管理学二级学科设计思路之五:信息财税治理。这是以警醒人心而谋天人双和的学科方向,重点在于通过信息整合,以财务、税务视角切入进行企业治理。六合基础上加中心点而成北斗七星阵营,八卦基础上加中心点而成九宫格模型,皆是数字稽核、数据演化模式。根据其原理与规律,寻求其治理之路径与方法,设立主干学科"组织治理学"。

七星,本义指天枢、天璇、天玑、天权、玉衡、开阳、摇光的北斗七星,初昏时其斗柄指东,天下皆春;斗柄指南,天下皆夏;斗柄指西,天下皆秋;斗柄指北,天下皆冬。可见一切自有定数、一切皆有规律,把握人间信息、掌握事物规律,形成"信息治理学"。

九宫,本义是将天宫以井字划分乾宫、坎宫、艮宫、震宫、中宫、巽宫、离宫、坤宫、兑宫九个等份,在晚间从地上观天的七曜与星宿移动,可知方向及季节等资讯。在奇门遁甲中代表地（天地人神四盘中的地），地盘为坐同不动，但奇门遁甲变化无穷。演化出来的"九宫占""九宫术""九宫算""九宫八风""太一下行九宫""太一坛"等，在古代中国得到广泛应用。所以有必要根据中国术数、中华会计、税赋理论，结合新时代要求设立"财务管理学""税务治理学"等专业学科。

财务会计、税务税收、财务治理等，直接影响企业各方对企业的认同度，直接决定企业业绩和成效；其不仅是财务数据的鞭策、计划目标的预计，还涉及成本控制、风险控制、税务筹划等问题。所以，任何一个企业都须居安思危。《易经·系辞下》有云："子曰：'危者，安其位者也；亡者，保其存者也；乱者，有其治者也。是故君子安而不忘危，存而不忘亡，治而不忘乱。是以身安而国家可保也。'《易》曰：'其亡其亡，系于苞桑。'"组织行为中，不能因业绩而废管理，管理虽不直接产生效益，但可以降低成本、提高效率。企业出问题后再用管理来补救，其补救成本将呈几何级数增长。故少不了财、税方面的管理，以作警示，以期身安而业保。周易研究周朝存亡之道，心和管理研究组织（企业）存亡之道，二者异曲同工。

心和管理学二级学科设计思路之六：文化伦理正道。这是以人文化成谋求道器双和的学科方向。说起中国文化的起始或者源头，不能不提八卦，这也是易经的核心内容。八卦与阴阳五行一样，把宇宙间万事万物乃至万理都包容进去，其核心就是人与自然、与世间一切的协和，是精神层面的"道"与物质层面的"器"的相和，人世间各种自然现象、人事现象，其实最初或最根本的目标都是彼此相和。由此开设本方向的主干学科"文化伦理学"。

文化，就是将人类文明融化而成人的骨髓、血液、细胞，自然地融入人的思维与行为之中，即我们所说的"人文化成"。社会进步，科技发展，认识世界改造世界的工具不断更新，而人心的本真清纯、文明的初始化成、精神的高洁本义不应该被忘却、被污染、被更换。这不是复古，而是不忘初心。文化的"文",其意玄奥,与卦爻相关。在甲骨文中,"文"即"纹",如纹理纵横交错之形,也就是因天地万物的信息产生出来的现象、纹路、轨迹;更进一步说,就是纹理出阴阳二气在事物中的运行轨迹和原理。上古之时,文即符。伏羲氏画八卦、造书契,以代结绳(爻)之政,这便是"文籍"的产生之源。所以,凡实写或象征色彩美丽的,都以"文"名之,如文锦、文艺、文苑、文采、文治武功、文教礼仪等,其最重要的自然是文章、文化——文明的发生、留存、延续等,都是"文"。文化的"化",是会意字,甲骨文中,其形如二人相合约背之形,一正一反,以示变化。《黄帝内经·素问·天元纪大论》中关于"生、化、极、变"的事物发生发展规律是"物生谓之化,物极谓之变"。《黄帝内经·素问·六微旨大论》又说:"夫物之生从于化,物之极由乎变。"可见,"变"与"化"是有区别的;变,是事物从发生开始一直发展到极致,是一个量变的过程;化,是原本没有的事物,突然产生或者发生了,这是量变到极致后的质变。坐化、腐化、融化、化生、转化、气化等,都属质变范畴。这就是说,"文"是人类文明从量变到质变的过程,"化"是将"文"根植在人内心的文明修养、文德修养、文道修养的行为。"中国文化学"是一切组织文化、企业文化、社会文化的根基。任何行业、领域的文化建设,都需要以中国文化学理论和知识为基础。

将人文内涵化成人的道德修养,是文化,是伦理。懂道明道而修道器双和才是正道,才是真正的文化。心和管理体系中,不可能少了中华文明"人文化成"的内容。《易经·说卦》说:"雷以动之,风以散之,雨以润之,日以烜之,艮以止之,兑以说之,乾以君之,坤以藏之。"雨为水、日为火,艮对山、兑对泽,乾对天、坤对地,天地是统治容纳万物的,水火是滋润光照万物的,风雷是吹拂鼓动万物的,山泽是静止喜悦万物的。所以《易经·系辞下》说:"是故刚柔相摩,八卦相荡。鼓之以雷霆,润之以风雨。日月运行,一寒一暑。"伦理,是人伦道德之理,指人与人相处的各种道德准则。无论是社会伦理、企业伦理还是家庭伦理,其本源都涉及道德、人性与观念。易经哲学、诸子哲学思想以及后来发展、演化的中国哲学,确立和研究了人应该有的世界观、价值观、人生观,阐明了道德的准则、关系、修养和教育等问题。

伏羲八卦传到周文王时,文王对其作了演化。一方面,把原三爻一卦的八卦,演化成了六爻一卦的六十四卦。另一方面,是把原两两相对的伏羲八卦位置调整为震卦是起始点,位列正东。按顺时针方向,依次为:巽卦,东南;离卦,正南;坤卦,西南;兑卦,正西;乾卦,西北;坎卦,正北;艮卦,东北。这样,伏羲八卦就被文王改成了离南坎北,震东兑西。为示区别,伏羲八卦叫作先天八卦,文王八卦叫作后天八卦。一般认为,先天八卦为体,是"对待者数";后天八卦为用,是"流行者气",两者缺一不可。后天八卦问世后,就具备了预测功能。后人所谓的"算命""看相"即源于此。用现在的话说,其实是易理学、预测学、心理学、社会学的综合应用。据此可建立中国本土的"职场谋略学"。

三、心和管理学之技法体系

作为一个理论体系,心和管理理论必然要涉及管理之技、管理之法。这里,主要介绍中国先贤的一些技法,这些先贤在实践中运用商业技法成就大业。

中华先辈圣人的心和管理技法创建与运用,推进了中华文明。他们中的许多人被称为人文始祖,如"龙的传人"之"龙"——伏羲,"炎黄子孙"之说的炎帝神农、黄帝轩辕,他们在真正意义上将部落制改革为国家制,在行政、治军、富民等方面开创了人心为本、协和为要的中华人文。

还有被世世代代尊称为"财神"的一批古圣贤,他们在从"人"到"神"的演变过程中,把中国以人为本、以心为根的管理技法运用得炉火纯青,由此被中国老百姓代代相传。道教所称的"四面八方一个中"的财神群体最为典型:中斌财神王亥(中),文财神比干(东)、范蠡(南),武财神关公(西)、赵公明(北)(以上为民间供奉的五大财神),另还有四方财神端木赐(西南)、李诡祖(东北)、管仲(东南)、白圭(西北),加上前文提到过的商学创始人、范蠡之师计然,共十位,是中国古代商界人士以及百姓盛赞不已的十大商业领袖,其理论成就巨大、实践经验丰富。此外还有谋略传万世的鬼谷子、掀起战国政治风云的大商人吕不韦、战国初年开创大手工业的商人猗顿、战国时期的"钢铁大王"卓氏……春秋战国时代,不仅仅是思想家灿若繁星,经商大师、经济学家也层出不穷,更不要说后世涌现的一批批商界奇才了;秦时寡妇巴清、西汉邓通、元末明初沈万三等,到了清代,出现伍秉鉴、乔致庸、胡雪岩、王炽等著名商人。研究整理这些巨贾富商的经商方术,去粗取精,可以为心和管理理论提供有效的符合中国文化传统与职场人文环境的经商管理技法。这些中国"财神"、经济名家、经商大师,或因徒弟(学生)功勋卓著而名传后世,或因自身的经商创业奇能而闻名遐迩,或因机缘加自身拼搏而成就惊天伟业,在惜字如金的时代被历史记载下来。其中,出身于帝王或官宦之家的,不仅有实力开创先河,也因出身而被载入史册,而更多的民间经商奇才,在传媒不发达的时代里渐渐湮没在历史长河中。

比干,商代帝王文丁的次子,帝乙的弟弟,帝辛(商纣王)的叔叔,先后辅佐殷商两代帝王;鼓励发展农牧业生产,提倡冶炼铸造、富国强兵。

王亥是夏朝商丘人,商国第七任君主,王姓始祖。王亥开创了华夏商业贸易的先河,在商丘服牛驯马,发展生产过程中发明了牛车拉货,到外部落交易,促使农牧业迅速发展,使商部落得以强大。人们尊称王亥为"华商始祖""中斌财神"。正是从王亥的商业活动开始,后来人们渐渐地把从事贸易活动的商部落人称为"商人",把用于交换的物品叫"商品",把商人从事的职业叫"商业"。王亥是中国商业的真正开创者。

管仲,官至齐相,以"法家先驱""圣人之师""华夏文明保护者""华夏第一相"身份提出改革主张,推出经济政策,助推齐国成为春秋霸主。他是管理大家,整顿行政管理系统,确立取信于民的政绩制和奖惩制,开创职业教育,首提"华夷之辨"与"尊王攘夷"。他是经济大师,提出"遂滋民,与无财"

"轻重鱼盐之利"及"徼山海之业"国策,实行粮食"准平"政策,"相地而衰征",首创消费促进生产观念,鼓励必要的奢靡消费,并且凭借以"楚国购鹿"为代表的系列经济强国灭敌。

计然,前面说过,其名是精通计算之意。姓辛氏,字文子,号称渔父,春秋时期宋国人,据传为老子学生,著有《文子》《通玄真经》,收范蠡为徒。范蠡曾云:"计然之策七,越用其五而得意。既已施于国,吾欲用之家。"(《史记·货殖列传·范蠡传》)所以,计然之策是通过范蠡的实践体现出来的。内容由《史记·货殖列传》记载,现流传于世的计然的经商十八策,疑似后人根据其思想和主张而编写的。重要的佐证是,其语言、体式应非春秋时期的。但不管怎么说,计然对中国商业谋略、商业术数及至商业理论的贡献是无可争议的,他的商业理论、经济才华通过他的学生范蠡的实践得以全方位体现。

吕不韦,战国时期卫国商人,经商起家后投资政界,因"奇货可居"之策划成功而归秦为臣,官至秦国丞相;嬴政即位拜为相邦,尊称"仲父"。留下了一字千金的《吕氏春秋》。

旧时,中国商人常常在店堂铺面高悬"陶朱事业,端木生涯"八个大字。这里的陶朱即范蠡,端木即端木赐。范蠡的政治、军事才能和机变百出的谋略,世人熟知,他在商学、道学领域也有着巨大成就。世人皆知"孟母三迁"的故事,却不知范蠡亦有三迁传奇。据《史记·越王勾践世家》记载,范蠡助勾践灭吴后,"乃装其轻宝珠玉,自与其私徒属乘舟浮海以行,终不反。……范蠡浮海出齐,变姓名,自谓鸱夷子皮,耕于海畔,苦身戮力,父子治产,居无几何,致产数十万。齐人闻其贤,以为相。范蠡喟然叹曰:'居家则致千金,居官则至卿相,此布衣之极也。久受尊名,不祥。'乃归相印,尽散其财,以分与知友乡党……间行以去,止于陶……自谓陶朱公。"从楚国迁到越国,助越王成就霸业;从越国迁到齐国,悄然退隐成富商;然后挂相印散财帛,再从齐国迁到陶地(今山东菏泽市定陶区),仍成经商奇才富甲天下。他能根据时节、气候、民情、风俗等,人弃我取、人取我予,顺其自然、待机而动,凭借"知斗则修备,时用则知物"之策,抓住"现时得时无怠"之术,在价格上"上不过八十,下不减三十,则农末俱利"之法,"积着之理,务完物,无息币。以物相贸易,腐败而食之货勿留,无敢居贵"(《史记·货殖列传》)之要,加上坚持薄利多销,没过几年便经商积资而成巨富。

端木赐,很多人可能不熟悉。他复姓端木,名赐,字子贡,这"字"就名扬天下了。子贡为"孔门十哲"之一,孔子"受业身通"的弟子之一。在孔子的弟子中,他不仅政治才能顶尖(曾任鲁国、卫国之相),交流能力顶尖(善于雄辩,办事通达),尊师重教顶尖(孔子去世,子贡守墓 6 年),而且商业能力顶尖,为孔子弟子中的首富,以总结出"君子爱财,取之有道"的儒商法则闻名天下。《史记·仲尼弟子列传》有云:"子贡好废举,与时转货资……家累千金。"这里是说子贡善于分析预测市场行情涨落,并根据当时行情运行货物、运用资金,很快就积累成巨富。后世赞"端木生涯""端木遗风",是指子贡诚信经商的生涯,遗留后世的诚信经商风气。《史记·货殖列传》共记载了 17 人的经商活动,子贡被列在第 2 位,史称"儒商始祖"。

白圭,名丹,战国时期洛阳著名商人。传说鬼谷子将"金书"里的致富之计,即"将欲取之必先与之"(《老子》三十六章)、"世无可抵则深隐以待时"(《鬼谷子·抵戏》)之道,传于白圭。白圭为官经商时,提出贸易致富的理论,其著名的经商法则是"人弃我取,人取我与"。白圭认为,商场如战场,应当有"智、勇、仁、强"四种秉性,具备姜尚、伊尹等人的智慧,随机应变,巧用计谋;经商应当如孙吴用兵,审时度势,如商鞅变法,顺应时机,方可成就大业。《汉书·货殖传》称他是经营贸易发展工商的理论鼻祖,即"天下言治生者祖"。在今天激烈的商战中,商界仍尊奉"治生之祖"白圭。时代在发生翻天覆地的变化,人的认知水平与感悟层次也与时俱进,但是总有一些根植于文化深处的东西,历久弥坚,白圭的经商理论就是如此,成为中国商道的重要符号。

历史上,虽然重义轻利的儒家文化和农耕经济是社会主流,但商人从来就没有停止过活动,阶段性的重商主义也时有出现。汉朝农业、手工业迅速发展,商业和贸易得以前所未有地发展,当时有俗谚云"夫用贫求富、农不如工、工不如商"(《史记·货殖列传》)。汉代货币铸造水平和流通速度都显著提高,丝绸之路促进了汉朝和亚欧各国的贸易及贡品往来。唐代设工部管理官营手工业,民间私营手工业也十分发达,纺织业、陶瓷业和矿冶业名扬四海,金银器制造业、铜镜制造业、造纸业、造船业等兴旺发达。城市商品经济开始发展,逐渐形成长安、洛阳、苏州、扬州、成都、广州等地域性商业中心,长江流域经济振兴,海外贸易开始兴盛。宋朝的经济、文化、教育达到了封建社会的巅峰,一幅《清明上河图》生动记录了北宋都城东京(又称汴京,今河南开封)的城市面貌、商业繁华和当时社会各阶层人民的生活状况,是北宋城市经济情况的写照。元末沈万三的商业传奇、明代全国性的商业网络,以及明清时期形成的十大商帮,无不显示着中国古代的经济崛起、商业繁华、贸易发达。

唐宋出现、明清大成的中国十大商帮,是指山西商帮(晋商)、徽州商帮(徽商)、陕西商帮(秦商)、广东商帮(潮商、广府、客商)、山东商帮(鲁商)、福建商帮(闽商)、洞庭商帮(湖商)、江西商帮(赣商)、龙游商帮、宁波商帮(与龙游商帮合称浙商)。其中晋商、徽商、潮商是势力最大、影响最深的三大商帮。因商而成帮,可见当时商业的繁华与流通业的发达。这些商业大帮,秉承着先贤的教诲,与时俱进地丰富中国商业经营管理理论。这里简单介绍几位清代商帮中著名的大商人。

晋商代表乔致庸以儒术指导商业经营,以"人弃我取,薄利广销,维护信誉,不弄虚伪"为经商宗旨,亲拟对联挂内宅门上——"求名求利莫求人,须求己;惜衣惜食非惜财,缘惜福"[①]。乔致庸的经商理念是:一信(以信誉揽客)、二义(以义待人)、三利(信义为先,利取正途)。乔致庸尤善用人,培养

---

① 原见清梁章钜《楹联丛话》卷8载清代诗文家陈宏谋(1696—1771)的对联"惜食惜衣非为惜财缘惜福,求名求利但须求己莫求人"。乔致庸改而用之,以表心迹。

出了中国第一任银行行长。

徽商代表胡雪岩,中国近代著名红顶商人,在杭州开设的胡庆余堂,赢得"江南药王"美誉。胡庆余堂的"戒欺匾",独不朝外挂,而是挂在营业厅后面给内部员工看。上有胡雪岩亲书:"凡百贸易均着不得欺字,药业关系性命尤为万不可欺,余存心济世誓不以劣品弋取厚利,唯愿诸君心余之心。采办务真,修制务精……"这段文字体现了胡庆余堂的职业道德要求和对质量的执着追求,体现了中国商人的经营思想和管理技法。

广东商帮代表人物伍秉鉴,做中西贸易,主要经营丝织品、茶叶和瓷器。伍秉鉴是商业奇才,在经营怡和行时,同欧美各国的重要客户都建立了紧密的联系。他既是中国封建社会的官商,又懂得依靠西方商人的贸易发财致富。伍秉鉴的怡和行一度成为世界级的跨国财团。在那个时代,中国商业走向世界,许多人是从买办①开始的,也就是帮助外商在国内进行贸易。伍秉鉴从"广东十三行"②起步,进而成就商业王国。

从计然之策、陶朱之谋、子贡诚信、白圭智勇,到乔致庸用人、胡雪岩戒欺、伍秉鉴怡和……中国商人的一系列以走心为特点、以双向怡和为要义的经商内涵、经济学原理,构成了心和管理传统的经商技法体系。在中国原创性的管理技法中,人文修炼、文明脉络、大道体系以及宗教思想中都有大量的心和管理学原理与技法。在现代,同样有着许多伟大创新,比如中国共产党在战争年代创建了一系列红色管理技法(涉及在发动革命中如何唤起民

---

① "买办",从本质上讲是经纪人,是中国经纪人和经纪业发展史上的一个特殊的阶层。"买办"一词是葡萄牙人 Comprador("康白度")的意译,原意是采买人员,中文翻译为"买办"。清初,买办专为居住在"广东十三行"的外商服务的中国公行的采购人或管事,后来逐步发展为特指在中国的外商企业所雇佣的居间人或代理人。买办是一个特殊的经纪人阶层,具有洋行的雇员和独立商人的双重身份:作为洋行雇员身份的买办,得到外国势力的庇护,可以不受中国法律的约束;作为独立商人的买办,又可以代洋行在内地买卖货物或出面租赁房屋、购置地产等。

② 康熙年间,广东地方政府于 1686 年招募了 13 家较有实力的行商,号称"广东(州)十三行",指定其与洋船上的外商做生意并代海关征缴关税。演变过程中,多时达几十家,少时只有4 家。"广东十三行"们享有垄断清朝海上对外贸易的特权,涌现出一批豪商巨富,如潘振承、潘有度、卢文锦、伍秉鉴、叶上林等。

心、在暴力革命中如何争取人心、在创建新型军队中如何凝聚军心等方面），形成了民主集中制、实事求是和人民战争等管理原则。改革开放后，具有中国特色的中国企业管理理论进一步创新，形成了中国心和管理这一组织管理技法。在变革转型时期聚集人心、以物为本时期振奋人心、以人为本时期稳定人心的一系列伟大创新中，形成了独具特色的中国改革开放管理技法。这部分内容详见拙作《中国企业管理史论》（中国财政经济出版社，2017），而在"心和管理学——基于'四个自信'的中国管理理论"（2021年度国家社科基金后期资助项目，编号：21FGLB015)中，这部分内容概括为红色管理，包括红色革命、红色建设、红色经济、红色强国等阶段。鉴于本书重点在传统管理，红色管理另行研究，此处不再赘述。

第七章　心和管理史鉴

　　中国在几千年皇家政治治理、商业管理、社会发展过程中，虽然朝代在更替，文化却一脉相承，依靠着灿烂的中华文明而使管理文化的根基不变。无论战火如何蔓延，无论异族如何入侵，中华之魂不变、中华之根不变、中华之源不变。只要文化在，中华骨髓就在，中华魂魄就在，中华精神就在；只要中国人还在，中华风骨就还在，中华血脉就还在，中华人心就还在。中国文化，是中华血脉的重要部分，是国学基因的组成内涵。几千年的治理实践、管理行为，都紧紧围绕着中国的和文化来进行，都围绕着致中和来进行，都围绕着共认同来进行。哪怕是战争，也不能改变其本质内涵。中国的战争理论，注重"上兵伐谋，其次伐交，其次伐兵，其下攻城"，重谋用交，用心为上；伐兵攻城，心谋达和。商业活动谓之商战，三十六计、孙子兵法照样适用。无为，不是不作为，而是不作无谓之为，为则达心和。

　　中国，一直以人心和谐为根本，映照这清明世界、朗朗乾坤。故中国先贤早已有心和管理的实践，改革开放后的中国企业运行、经济发展中也有丰富的心和管理实践应用。心和管理理论就是在这样深厚的文化土壤里创建、融合的，并不断成长、壮大。本章讨论心和管理的应用主要涉及战谋、无为、人才心修三方面，暂不涉及其他领域的应用。

第一节　战而谋和乃中华智慧

崇尚文化,追求智谋,本意皆为展示文明,昭示人类脱离了原始本能中低级趣味的部分。把智谋应用于政治、军事、经济等领域,是思维能力的进步,所以中国文化有智谋一席之地。朝代更替、历史发展,中国积累了极为丰富的谋略智慧。有一个网站叫"中华智谋全集"①,总结了自春秋战国以来各个朝代的智慧故事、案例,并加了"现代智谋大全""少数民族智谋大全"(是否大全另说)。显然可以作为商战应用适度管理的案例库。

战谋,是中国古代流传和记载下来最为丰富的智谋,多姿多彩。本节把重点放在兵战及应用兵战原理的商战技法,从战谋视角探索中华智慧的应用。只是,中国文化的战是为了不战,战谋,是战与和关系处理的一种智慧,本质内涵是战而谋和。特别说明:商场如战场,是指商业竞争的运筹,而非人与人之间的你死我活——商场可战,人心须和。

一、兵家谋略之心和史鉴

中国"古代十大兵书",分别是《孙子兵法》《孙膑兵法》《吴子》《六韬》《尉缭子》《司马法》《太白阴经》《虎钤经》《纪效新书》《练兵实纪》。现存最早、影响力最大的是《孙子兵法》,被誉为"兵学圣典",其内容博大精深,思想精邃富赡,逻辑缜密严谨,不仅仅在军事学术和实战中起到极其重要的作用,也在政治活动、商业活动中发挥极其重要的作用。战争的目的是取胜,取胜后的目标是和平发展——交战的最高境界是和。无论科技如何发展,无论武器如何现代化,也无论战争形态发生怎样的变化,《孙子兵法》依然足称

①　网址:http://xy.eywedu.com/zhongguozhimou/index.htm。

经典。

这里，以《孙子兵法》中体现出来的心和管理智慧，择其几个点，对谋略作简要的管理应用分析。《孙子兵法·始计》中说要分析比较五个方面："一曰道，二曰天，三曰地，四曰将，五曰法。"这是说，战争不从战争起始，而从道开始。这里的"道"是"令民于上同意"的道，指君主与民众目标相同，意志统一。显然，这是中国人追求的"道和"之道。然后才是自然条件，即天时的"天"，地利的"地"，然后领兵打仗运用战谋的"将"、组织架构与资源调配的管理之"法"。《孙子兵法》强调道和、天和、地和、将和、法和"五和"，五和之先、之核心是"道和"——这是中国的战争观。

"五和"理念，无疑是"和文化"重要内涵，应用在组织管理、商业经营中，就须考察组织目标、商业行为是否符合道义，得道多助，失道寡助。无论是在国际、国家还是国内范围，无论是在政治、军事还是经济领域，无数的实践战例、组织沉浮、经营成败就已充分证明了这一点。所谓人和，实质就是道和。人心和则道心和；道正而后讲天时、地利。天，乃阴阳变动及其变动规律，如昼夜、阴晴、冷热，以及四时变动情况等；地，亦如此，如地形高低、路程远近、环境险易、场地广狭、死路生门等。所以，情报学、参谋团队等都要想方设法获取大量有用的信息，一方面把握战争的人心所向，另一方面以求能得先机掌控天时地利。无论是敌我战争还是商场竞争，成功战例在中外都不胜枚举，关键在于，为将者只有"智、信、仁、勇、严"五德俱全，才能让自己指挥的作战合道、合天时地利，也才能用"法"获胜，有效组建组织框架、明确职权、合理编制规章制度以及调配人力、物力、财力资源。这才有灿若繁星的元帅将领之丰功伟绩、风起云涌的商界领袖之叱咤风云。

《孙子兵法·作战》提出："故车战得车十乘以上，赏其先得者，而更其旌旗。车杂而乘之，卒善而养之，是谓胜敌而益强。"在车战中，能够获取十乘战车（一乘战车包括一辆战车、车上有主将、若干战士及若干附属步兵）以上的，就奖赏最先抢得战车的。而夺得的战车，要立即换上我方的旗帜，把缴获的战车编入己方车队。同时要善待俘虏,使他们有归顺之心。这就是战胜敌人而使自己越发强大的方法——也就是激励人心、攻心为上而得心和的方法。

《孙子兵法·谋攻》直言:"夫用兵之法,全国为上,破国次之;全军为上,破军次之;全旅为上,破旅次之;全卒为上,破卒次之;全伍为上,破伍次之。是故百战百胜,非善之善也;不战而屈人之兵,善之善者也。"无论是举国大战,还是局部小战,保全前提下的获胜才是首选,"不战而屈人之兵"才是最重要的。能达到"保全"、实现"不战而战",就是"无为而为"的最真实、最有效的注解,而这也正是"和"的另一层重要意义。商战中,企业的兼并案例也是数不胜数,为心和管理提供了极佳案例和有力注解——拙作《中国企业管理史论——物本、人本、心本管理思想的演变与中国管理理论的建立》(中国财经出版社,2017)一书中有较多案例分析。

《孙子兵法·兵势》又云:"凡治众如治寡,分数是也;斗众如斗寡,形名是也;三军之众,可使必受敌而无败者,奇正是也;兵之所加,如以碬投卵者,虚实是也。凡战者,以正合,以奇胜。"这里先是讲部队管理,治理大军团就像治理小部队一样有效,关键在"分数",即构建合理的组织、结构和编制;指挥大军团作战就像指挥小部队作战一样到位,重点在"形名",即组建明确、高效的信号指挥系统;无论是治理还是指挥,部队的多少不是问题,让部队达到上下协和、多寡相和才是重点。与敌对抗时,则"奇正"相和、虚实相应。所以,作战都是既要正面交战,也要出奇制胜。"奇""正"的组合变化,无穷无尽。奇正相生、相互转化,恰恰就是阴阳协调、对立统一后的"和文化"体现。所以《孙子兵法·虚实》再次强调:"夫兵形象水,水之形,避高而趋下,兵之形,避实而击虚。"

《孙子兵法·地形》指出:"夫地形者,兵之助也。料敌制胜,计险厄远近,上将之道也。知此而用战者必胜,不知此而用战者必败。"能名留史册的将军,无不亲勘地形,料敌制胜。这是计谋、地形与敌我等各种因素的相和——有机关联、巧妙运用。商场即战场,何地何时做何种项目,这是需要综合考虑的。仅地形而言,范蠡以战略家的眼光,认为陶地为"天下之中,诸侯四通,货物所交易也。乃治产积居。与时逐而不责于人"。于是将陶地选为他再次做生意的最佳处所。这就是心和管理应用于商业贸易的典型案例,"天下之中"便是选地的要素,因为可以"四通",交通便利,是货物贸易的必备条件。而且适宜治理产业,积聚货物,随时节变化而灵活应变,根本不必苛责求人来满足自己做生意的需要。范蠡既是兵家,助越王灭吴,又是商家,在陶地成世贾。现代中国"红色管理"历史上,也有一大批如粟裕将军那样极其重视勘察地形的常胜将领。

这样的心和内涵在中国兵书中比比皆是,限于篇幅,此处不一一介绍。认真通读《孙子兵法》,自会体会出其中的心和之味、心和之韵。

此外,中国兵家用计谋,经常使用的还有"三十六计"。民间有句谚语"三十六计,走为上策",其实三十六计中没有"走"这一策。原先只是有这一谚语(南北朝),表示败局已定,无可挽回,唯有退却,方是上策。"三十六"是指计策多多,其本义是说这么多计策都没有用,不如赶紧退却,"留得青山在,不怕没柴烧"。而后,有心人据此谚语弄假成真,编撰出《三十六计》(明清时期)。全书共分六套计策:胜战计、敌战计、攻战计、混战计、并战计、败战计,每一套六计,共三十六计。后有人取其每一计中的一字,按序组成一首诗:金玉檀公策,借以擒劫贼,鱼蛇海间笑,羊虎桃桑隔,树暗走痴故,釜空苦远客,屋梁有美尸,击魏连伐虢。诗中除"檀公策"三字外,一字一计:金蝉脱壳、抛砖引玉、借刀杀人、以逸待劳、擒贼擒王、趁火打劫、关门捉贼、浑水摸鱼、打草惊蛇、瞒天过海、反间计、笑里藏刀、顺手牵羊、调虎离山、李代桃僵、指桑骂槐、隔岸观火、树上开花、暗度陈仓、走为上、假痴不癫、欲擒故纵、釜底抽薪、空城计、苦肉计、远交近攻、反客为主、上屋抽梯、偷梁换柱、无中生有、美人计、借尸还魂、声东击西、围魏救赵、连环计、假道伐虢。

用计,只是手段,目的仍然是通过谋略计策获得最终的和平、和谐。三十六计,无疑都是在实践的应用成果中总结出来的。翻开《三十六计》书,或打开相关网页,任何一计的介绍说明、文章阐述,甚至各种演义,都会有许许多多的实践战例、案例,此不一一举例。有人曾有意把用计列入谋略,而非智慧,然后加以批判,指责中国文化用谋而无智慧。这显然是混淆视听,谋略本是智慧的一种表现形式,用文字游戏方式将二者割裂开来,毫无意义。若是把西方哲学与中国谋略放在一起比较,说中国没有智慧,更是无稽之谈。不在同一平台的比较,本质是双重标准思维下的强词夺理,无须辩论,一笔带过。

二、商战谋略之心和史鉴

明代冯梦龙的《东周列国志》,写的是西周末年(前789),至秦统一六国(前221),包括春秋、战国500多年间的历史故事,取材于《战国策》《左传》《国语》《史记》四部史书,春秋时期不仅写了诸侯国大国争霸(春秋五霸),也写了管仲、子产、曹刿、孙武等名臣大将的著名战例。战国时期所写的、让人记忆深刻的是"四大谋士""四大公子"。四大谋士是指孙膑、庞涓、苏秦、张仪四人,他们都是鬼谷子的弟子,其中孙膑、庞涓学兵法,苏秦、张仪习游说。苏秦游说六国合纵,联合起来抗秦;张仪助秦数次破苏秦的合纵之谋。四大公子又称战国四君子,是指孟尝君(田文,齐国)、信陵君(魏无忌,魏国)、平原君(赵胜,赵国)、春申君(黄歇,楚国)。门下养士,虽多为"鸡鸣狗盗",但也有"奇人异士",不仅为宾主出谋划策,也为宾主的策略付诸行动。

《东周列国志》中的谋略,最著名也最重要的就是"计然七策"①。范蠡用其五策就助越国反败为胜,灭了吴国,可见其威力。"计然七策"既可是国策,也可以是商战之策:

---

① "计然七策"参见:https://wenku.baidu.com/view/d62a6103f78a6529647d53dc.html。

第一策:捐货币以悦其君臣;

第二策:贵籴粟囊,以虚其积聚;

第三策:遗美女,以惑其心志;

第四策:遗之巧工良材,使作宫室以罄其财;

第五策:遗之谀臣以乱其谋;

第六策:疆其谏臣使自杀以弱其辅;

第七策:积财练兵,以承其弊。

其中,"捐货币"之策已为现代企业广泛应用,只是现今名称上改为"做慈善"了。"贵籴粟囊"之策在金融证券市场上常常应用,导致许多企业甚至小国家"虚其积聚",国库亏空经济崩盘而出现金融危机。"遗美女"之策就不用说了,不仅是中国历史上案例无数,现代竞争活动中也屡屡应用;在世界各国、各个领域,"美人计"同样是屡试不爽。"遗之巧工良材"之策,现代企业的股市作战、市场份额的竞争、企业与企业间的竞争,都会先"送"给对方舍不得拒绝的"利",在对方"罄其财"而无后续之力时,发起总攻,一举拿下。这也是战争布局中必须留有一定的预备队以应对突发情况的原因之一。"离间君臣"之策是谍战法宝。战谍、商谍,常常应用间谍和谍谋,谍战中"用间"更是常见,而且事半功倍。"富国强兵"之策,在于堵住自己一切漏洞、修正一切错失、革除一切弊端,达到己方不出错。这一策,大家都在用,只是"以承其弊"的程度没有最好,只有更好,而胜负之道就取决于谁做得更好。

在中央电视台 2011 年推出的《百家讲坛》栏目中,有专家讲过《商贾传奇》,提到了著名的"计然七策",并且认为计然之策"有三条商业原则:一是旱则资舟,水则资车……这也叫待乏。……二是贵出如粪土,贱取如珠玉。价格上涨到极点就会下跌,反之亦然。要踏准节奏。三是务完物,无息币,无敢居贵。……商品和资金不能压在手中,要流动。加快运转。"①这显然

---

① 《百家讲坛·商贾传奇》(五),由中国政法大学商学院李晓教授主讲,2011 年 5 月 8 日播出。

是从经济学角度理解"计然七策"。从经济管理角度阐述"七策"如下：

策之一：需求决定与经济周期论。"知斗则修备，时用则知物，二者形则万货之情可得而观已。""故岁在金，穰；水，毁；木，饥；火，旱。旱则资舟，水则资车，物之理也。六岁穰，六岁旱，十二岁一大饥。"

策之二：价格调控论。"夫粜，二十病农，九十病末。末病则财不出，农病则草不辟矣。上不过八十，下不减三十，则农末俱利，平粜齐物，关市不乏，治国之道也。"

策之三：实物价值论。"积著之理，务完物，无息币。"

策之四：贸易时机论。"以物相贸易，腐败而食之货勿留，无敢居贵。"

策之五：价值判断论。"论其有余不足，则知贵贱。"

策之六：物极必反论。"贵上极则反贱，贱下极则反贵。"

策之七：资金周转论。"贵出如粪土，贱取如珠玉。财币欲其行如流水。"

这"七策"，据说是范蠡助越时的经济策略、管理之道，以及退隐后的管理之道、经商技法。范蠡用的仍然是老师的"计然七策"，这部分内容已有许多学者作了研究和说明，这里也就不再赘述。除"计然七策"外，还有一则"古代商训"，有人称其为"计然十八策"（流传下来的仅为十六策）。我们分析，按照这十六策的语言特点，应该是后世应用者或是商业研究人员、教学者在深度理解计然之策后，结合经商实践整理出来的。

1.生意要勤紧，懒惰则百事废。

2.接纳要温和，躁暴则交易少。

3.议价要订明，含糊则争执多。

4.账目要稽查，懒怠则资本滞。

5.货物要整理，散漫则必废残。

6.出纳要谨慎,大意则错漏多。

7.期银要约定,延迟则信用失。

8.临事要责任,放弃则受害大。

9.用度要节俭,奢侈则用途竭。

10.买卖要随时,挨延则机会失。

11.赊欠要识人,滥出则血本亏。

12.优劣要分清,苟且则必糊涂。

13.用人要方正,诡谲则受其累。

14.货物要面验,滥收则售价低。

15.钱账要清楚,糊涂则弊窦生。

16.主心要镇定,妄作则误事多。

如果用现代教材编写法,把这十六策作为章节名称,用理论述之、用案例证之、将方法和应用途径细化之,应该就是一本极好的中国商业管理著作兼教材。

据传,陶朱公将"计然十八策"作了整理,加入了自己的理解和实战领悟,形成《陶朱公经商十八诀(法)》传世,应用于商战实践和人才培育中。此书是否真是陶朱公整理已不重要,"计然十八策"成为中国经商理论和实战规则却是板上钉钉。无论商业模式发生怎样的变化,也无论商业业态产生了怎样的变动,更无论商品本身发生了怎样的变更,中国的经济、商业运营与管理,仍然需要这些原理,以及隐藏于其中的中国管理之道、经商之道。《陶朱公经商十八诀(法)》是指:

1.生意要勤快,切勿懒惰,懒惰则百事废;

2.价格要定明,切勿含糊,含糊则争执多;

3.用度要节约,切勿奢华,奢华则财钱竭;

4.赊欠要识人,切勿滥出,滥出则血本亏;

5.物资要面验,切勿滥入,滥入则质价减;

6.出入要谨慎,切勿潦草,潦草则错误多;

7.用人要方正,切勿歪斜,歪斜则托付难;

8.优劣要细分,切勿混淆,混淆则耗用大;

9.货物要修正,切勿散漫,散漫则查点难;

10.期限要约定,切勿马虎,马虎则失信用;

11.买卖要随时,切勿拖延,拖延则失良机;

12.钱财要明慎,切勿糊涂,糊涂则弊窦生;

13.临事要尽责,切勿妄托,妄托则受害大;

14.账目要稽查,切勿懈怠,懈怠则资本滞;

15.接纳要谦和,切勿暴躁,暴躁则交易少;

16.主心要安静,切勿妄动,妄动则误事多;

17.工作要精细,切勿粗糙,粗糙则出劣品;

18.说话要规矩,切勿浮躁,浮躁则失事多。

这经商十八法,用现代语言表述,是综合性的内容,若作为一门学科衡量,则应该是边缘学科,因为涉及现代诸多学科的核心内容,如管理制度、会计制度、物流制度,定价策略、沟通策略、人才策略,质量管理、客户管理、品级管理,合同法、稽查法、检验法,等等。中国古代不分科,只因职业教育需要而综合相关知识。所以,小小的"十八法",寥寥数语,内涵却极为丰富,抵得过现代学校经管专业、商科专业的专业课程。理解多少、体会多少、应用多少,皆在于每个学习者自身的悟性、智慧、能力。

三、经商技法之心和史鉴

古代先贤在实践过程中积累的经商技法,体现了中国文化中的智谋。这与西方情况不一样,中国商人为了让学习者尽快掌握经商原则、法理、方式方法,编成顺口溜模式,朗朗上口。只是寥寥数语,没有长篇大论,不要说著作，连一篇论文都算不上，更没有数理模型，也没有经济原理加以解释。然而却是微言大义，每句话都让人们在大方向指引下自由理解、活学活用。所以，中国古代商人思想没有被束缚，而是广开言路、各人自悟，而后集思广益。

比如"陶朱商训"，仅仅五字：天，地，人，神，鬼。其意极为丰富。天，为先天之智，经商之本；地，为后天修为，靠诚信立身；人，为仁义，懂取舍，讲究"君子爱财，取之有道"；神，为勇强，遇事果敢，敢闯敢干；鬼，为心机，手法活络，能"翻手为云，覆手为雨"。在这一商训指引下，陶朱公的经商方术都是简洁练达的，实践应用者，可以随时、随地、随行情变动情况、随组织自身战略目标更新，从不同视角阐释并应用。古代商家奉为圭臬的经商技法，主要是陶朱公经商思想和实践经验总结成朗朗上口的规则，领悟后方可灵活运用。

其一，《陶朱公经商十二则》：

一是能识人，知人善恶，账目不负；

二是能接纳，礼文相待，交往众者；

三是能安业，厌故喜新，商贾大病；

四是能整顿，货物整齐，夺人心目；

五是能敏捷，犹豫不决，终归无成；

六是能讨账，勤谨不怠，取行自多；

七是能用人，因才适用，任事有赖；

八是能辩论，生财有道，阐发愚蒙；

九是能办货，置货不苛，蚀本便经；

十是能知机，售宁随时，可称名哲；

十一是能倡率，躬行必律，亲感自生；

十二是能运数，多寡宽紧，酌中而行。

其二，《陶朱公经商理财致富十二戒》：

第一戒勿卑陋：应纳无文，交关不至。

第二戒勿优柔：胸无果敢，经营不振。

第三戒勿虚华：用度无节，破败之端。

第四戒勿强辩：暴以待人，祸患难免。

第五戒勿陂惰：取讨不利，账目无有。

第六戒勿轻出：货物轻出，血本必亏。

第七戒勿争取：货重争趋，需防跌价。

第八戒勿昧时：依时贮发，各有常道。

第九戒勿固执：拘执不通，便成枯木。

第十戒勿贪赊：贪赊多估，承卖莫续。

第十一戒勿薄蓄：货贱贮积，恢复必速。

第十二戒勿痴贷：优劣不分，贻害匪浅。

其三，陶朱公经商"三谋三略"。

"三谋"为"人谋""事谋""物谋"。其中，"人谋"内容为：

用人要正，忠奸定兴废。

大事要慎，妄托受大害。

待人忌躁，暴躁交易少。

处事宜静，浮躁误事多。

言行宜和，和气能生财。

做事宜勤，懒惰百事废。

"事谋"内容为：

用度宜俭，奢华财源败。

做工宜精，粗糙出劣品。

货期要准，马虎失信用。

交易要速，拖延失良机。

> 进货要严，滥入货价减。
>
> 出纳要谨，潦草差错多。

"物谋"内容为：

> 优劣要清，混淆耗损大。
>
> 存物要整，散漫难查点。
>
> 价格要明，含糊多争执。
>
> 赊欠要审，滥出亏血本。
>
> 账目要清，糊涂弊端生。
>
> 查账要勤，懈怠滞本金。

"三略"包括"货略""价略""市略"。这"三略"，其实是对"计然之策"三条原则的具体化。也就是将陶朱公的"积著之理，务完物，审贵贱，无息币"（《史记·货殖列传》），具体化为经商贸易和经营管理的三条经典策略。

其中，"货略"就是货物（商品）策略，其核心是"务完物"。货物务必完备，这里的"完"不仅仅是货物各类数量的完备，更重要的是质量的完备。所以陶朱公说："以物相贸易，腐败而食之货勿留，无敢居贵。"（《史记·货殖列传》）那些容易腐烂败坏的货物，千万不要用来囤积居奇以谋高价，而应尽快脱手。由此，商业贸易领域留下了"腐食无居"的古训。可惜今天很多人不清楚这一古训或不愿想起这一古训，有的甚至将"腐食"充好货欺骗出售，损害顾客。

"价略"就是价格策略，核心是"审贵贱"。中国古人虽然没有"价格弹性"这一概念，但在陶朱公所处的时代，人们就已深谙其中原理，所以"价略"就是审核物价的贵与贱，贱买贵卖，果断出手。陶朱公强调："论其有余不足则贵贱之。贵上极则反贱，贱下极则反贵。贵出如粪土，贱取如珠玉。"（《史记·货殖列传》）现代价值投资理论说的也是这个道理。物价便宜时，"贱取如珠玉"大量收进；涨价时当然"贵出如粪土"，居高临下卖出。这与今天所讲的货物供求关系的供不应求与供过于求、价格变化中物极必反的原理异曲同工。

"市略"就是资本策略，核心是"无息币"。资本金要运营起来，保证现金流量、资本流动的快速有效。"无息币"的"息"不是利息，而是指不要让货物、钱币堵在手中（停息之意），而要让"币欲其行如流水"，不停地流转起来。显然，这与当今资本金营运策略中不停地循环、运转的原理，完全一致。钱币如泉，川流不息，乃至大汇。资金要流动，流动才能出效益。这就是"资金流"的意义。

中国历代成功商人，皆以这些原理应用于商战实践，并继续创新发展。可以说，这些成果既是实践总结，也是理论指导，是中国经商、中国管理培训教材的样板。这里将上述经商技法原文录之，是为了尊重先人的劳动成果，是为了避免现代人画地为牢，具体细化应用，待各人自悟。

第二节　无为而为之心和管理

无论是在思想领域，还是在文化领域，或是在教育领域，以及在民间的口口相传中，易学易理都是中国最早、流传最广、影响最大的"道"。传承、充实、发展几千年后，到春秋战国时期"生"出儒、道、墨、法、名等诸子百家。数百家学术流派在历史长河的沉浮变迁中，有的湮没、有的变异、有的融合、有的传承，逐渐形成最为重要的文化上的"三教九流"。儒道佛三教中，佛家非源自东周诸子，也不是中国原创，但不可否认的是，传入中国的佛学在研究、传教过程中中国化了，中国化的中国佛教更符合中国人的心理认知，并且与儒道两家相融。这是儒道佛三教相互认可、互为融合的原因所在。其共同点，都是直指人心、谋求和谐。

这种"心和"的境界，在一定程度上体现在无为之为、不争之争的思想，以及这一思想在现实治理、组织管理中的应用。显然，如何理解无为思想、不争思想才是关键,这将直接决定着心和管理的意义、价值及其在现实中的应用程度和应用效果。

一、无为而为的哲学史鉴

无为思想从何而来,似乎不是问题,因为大家都知道是从老子《道德经》中来。但当人云亦云的时候,有可能忽略一个最基本的道理:任何一种思想的形成,都会有一个过程,这个过程有长有短,只有在遇到一个契机,一个让人顿悟、让人有觉的契机时,才有可能出现思维豁然的情况。由此一种思想出现了,再经历充实、完善、修正,甚至有可能经过许多人、几代人的努力,才逐渐形成一套理论体系。无为思想在《道德经》写出来之前,应该已经出现,至少在文王《周易》时已有涉及,到《道德经》时集其大成了,故《易传》解释之。中国古代王朝的正统思想是儒学,《道德经》是道家经典,在中国,儒道佛三教彼此相融,一般不会因儒学的正统地位而排斥其他。后人在学习"四书五经"时,也不太会关注或强调《易经》乃百经之首、文化之根,这种情况下,认为无为思想起源于《道德经》也没什么不妥。

《易经》的先天八卦中,乾卦体现的是动、刚强、勇往直前,坤卦则表现出静、柔顺、德容万物。也就是说,坤卦揭示的是宁和、安静、顺其自然。在没有考证到《易经》之前已有"无为"思想出现,那么可以理解为《易经》是清静无为思想的起源。如艮卦有着当止则止的意义,讲究静如山岳,其知止思想也体现出无为思想、不争思想。其他像随卦、明夷卦、恒卦、谦卦、损卦、节卦、复卦等中,仔细探寻都有阐述"无为""不争"思想的内涵。比如谦卦的谦退思想、损卦的善损思想等。春秋战国时期,百花齐放的诸子百家,都受《易经》思想影响。最为著名、流传最广、影响最深远的儒道佛三教也深受其影响。将三教的特点、内涵等相对照(见表 7-1),就可以进一步明晰《易经》中显示的"无为"思想。

表 7-1 儒道佛三教哲学思想简易对照

三教	说禅	禅意要求	修心方向	修心侧重的内涵
儒学	有问必答	仁德教化,各安其位	道德心	德性立身、仁义为和、中庸为美
道教	答非所问	自参自悟,修身养性	自然心	自然清静、阴阳和谐、虚静守弱
佛教	问即是答	醍醐灌顶,有觉得悟	觉悟心	守戒持律、离相禅定、智慧渡劫

显然,中国文化的重心就在修心,修一颗道德心、修一颗自然心、修一颗觉悟心。儒学重在以仁义道德教化众生,让人在心甘情愿中安分守己,所以有问必答,引导大家修炼一颗道德心。道教重在以自然清静修身养性,让人在虚静守弱中参禅悟道,所以答非所问,引导自家修炼一颗自然心。佛教重在以守戒持律智慧觉醒,让人在离相禅定中去魔渡劫,所以问即是答,引导人们修炼一颗觉悟心。归根结底,都是人们在心灵世界里寻找到一种宁静、一种和谐、一种心灵按摩,而后于清心自在中去魔渡劫,于安分守己里参禅悟道。无为清静哲学思想至此形成。

心和管理理论,是鼓励无为还是有为、是无不为还是有不为,在现实中如何应用中华民族人文祖先留给我们的这一笔宝贵财富,达到治理、管理目的,这就需要深刻理解老子的无为哲学。据研究者统计,"无为"在老子的《道德经》中共出现 12 次。[①] 其中,第二章:"是以圣人处无为之事,行不言之教。"第十章:"爱人治国,能无为?"第三十七章:"道常无为而无不为。"第三十八章:"上德不德,是以有德。下德不失德,是以无德。上德无为而无以为,下德为之而有以为。"第四十三章:"天下之至柔,驰骋天下之至坚。无有入无闻。吾是以知无为之有益。不言之教,无为之益,天下希及之。"第四十八章:"为学日益,为道日损,损之又损,以至于无为。无为而无不为。"第五十七章:"故圣人云:我无为而民自化;我好静而民自正;我无事而民自富;我无欲而民自朴。"第六十三章:"为无为,事无事,味无味。"第六十四章:"是

① 尹海清.试论老子"无为而为"与"不争之争"的人生进取观[J].哲学史学研究,2011(29):93-94.

以圣人无为故无败,无执故无失。"

显然,这些"无为",不可能按现代字面意义理解为"无所为"或"不作为"。若如此简单,老子也就称不上亘古以来伟大的思想家、哲学家,《道德经》也成不了中国古代最伟大的哲学经典,自然也就没有老子这部著作中深邃的管理思想、深广的中华智慧。

分析"无为"思想,应该而且至少可以从中读出以下三层文化意义,然后归结为"无为而为"的哲学思想。将这一思想应用在现实中,才是中国智慧的绝佳表现。

其一,无为之为。《道德经》的核心内涵是"道","道"是不会表现在"为"的行动上的,而是表现在对"道"之规律的把握。所以,"道"是无为的,"道"之规律是有为的,这就是无为而为。"有物混成,先天地生。寂兮寥兮,独立而不改,周行而不殆,可以为天地母。"(《道德经》第二十五章)这里所说的"物",就是"道",是"大道",特点是"寂兮寥兮",寂静而空虚,即"虚静";道一直存在,"周行而不殆",可以成为天地万物根本。所谓"人法地,地法天,天法道,道法自然"(《道德经》第二十五章),无须刻意而顺应天命,最高境界就是自然而然。故,无为,是心灵虚静,无须刻意;有为,是掌握规律,顺应自然——这才是无为之为,或者说无为而为。

其二,无为无不为。有人可能会问:既"无为"又如何"无不为"? 读古文不能望文生义。因为是"道常无为而无不为",无为是道,无不为也是道。道,是客观存在,"先天地生",不是"为"能"为"出来的,所以它常无为;而"道"是自然的规律,遵循规律、巧妙应用是万事万物之常理,所以是可以"无不为"的。无不为却不能妄为,对道"若能守之",万物就会自我化育、充分发展而不至于产生贪欲。若产生贪欲,则必须用"道"镇之,达到"不欲以静,天下将自定"(《道德经》第三十七章)。一切都虚静安详、没有贪欲贪念了,天下自然而然就稳定安宁了。故无为就是不妄为,无不为就是静心而不起贪欲、循道而无所不为。依此理解,无为而无不为,是遵循"道"之规律顺其自然，静心平欲让天地万物自我化育充分发展。无贪无欲，静心悟道了；道明而安宁了，一切不为之事之物已然"为"了，故无不为。其实，生活中人们早就在实践这种"无为无不为"了，只是不自觉而已。比如，组织的管理中，两个部门或两个员工有矛盾或冲突，上司不参与进去，一切尚好；上司强行介入，反而把事情扩大化、严重化了。本来可以在"无为"中达到无所不为的，却偏偏以"有为"破坏了这种状态。任何经历过战争的统治者，都知道战后恢复时期，须得以"无为"让百姓休养生息；和平年代或繁华盛世时，须在一些领域比如学术、艺术领域的管理上"无为"，而后才有百花齐放。无为无不为的管理之道，须有大智慧、真正明大道有大德者，才有能力达成。

其三，无为而治（无为而自有为）。这是承接"无为无不为"的管理之道的进一步发展。清静无为，是老子对当政者的告诫，强调不与民争。所谓"以正治国，以奇用兵，以无事取天下"（《道德经》第五十七章）。显然，老子不想为政者伤害国之根本、民之生存。恰如"治大国，若烹小鲜"（《道德经》第六十章），不能老是骚扰普通民众，而应让黎民百姓顺应自然休养生息。其中的道理就是"我无为而民自化；我好静而民自正；我无事而民自富；我无欲而民自朴"（《道德经》第五十七章）。无为好静、无事无欲，这样的治国方略，才能让治下民众自我化育、自行正道、自然富贵、自在淳朴。当然，以今天的眼光来看，这样的无为而治思想，只有当国家治理中没有政治因素、没有无道者出现时才有可能，这显然是一切皆向着普通民众，有明显的理想化成分，在阶级社会里几乎不可能实现。但无论如何，这一思想的价值在于提出"为政者须以民为上"。至少在历朝历代中，当天下既定、时局可控时，当政者会采用"无为而为"策略让百姓休养生息。同时，当政者、管理者自己做到并引导组织成员做到虚静以空，顺应天道，达到"无为而不为"，社会就得以发展壮大了。这样，组织成员随性而为，发散思维，创新求变，进而"无为而治"了。从这个角度说，"无为"思想是针对君王而言的，在今天则适用于每一个管理者。

应用"无为"思想展开心和管理,是要从内心里懂得"无为"首先是静心而清心、涤心而净心,这与中国文化的修道炼心、修身养性是完全一致的;其次,自己"无为"是为了引导和鼓励他人"有为",这是管理中一种激励方法的应用,可能是智慧地"示弱",也可能是智慧地放手,当无法肯定什么是正确的、怎样做是最佳的时候,更需要通过自己"无为"而从他人的"有为"中探索和发现新路、新法、新智慧;最后,"无为"是一种民主行为,更是一种协和方式,即充分尊重他人的"思"、他人的"为",调动一切积极因素的同时,协和人心、协和各方,最终实现管理的目的,达到管理的目标。此谓之"无为而无不为,有为而有不为"。

二、不争而争的哲学史鉴

如果说"无为而为"是一种"道"之思想理念,那么"不争而争"就是对这种"道"的注解、对这种"道"的实践应用。所以,要正确理解"不争"之内涵。不争,是道家认为的天道自然准则,不是消极退让,而是因为不争了,对手无从下手、无法相争,是一种积极的人生进取观。不能正确理解"不争哲学"者,才会无端批判这一思想。

据统计,"不争"在老子的《道德经》中共出现 8 次[①],分布于 7 章。其中,第三章:"不上贤,使民不争。"第八章:"上善若水。水善利万物而不争。"第二十二章:"夫唯不争,故天下莫能与之争。"第六十六章:"以其不争,故天下莫能与之争。"第六十八章:"善为士者,不武,善战者,不怒,善胜敌者,不与;善用人者,为之下。是谓不争之德……"第七十三章:"天之道,不争而善胜……"第八十一章:"圣人之道,为而不争。"

显然,"天之道,不争而善胜",不争是为了更好地争。"不争"是"天道",

---

① 尹海清.试论老子"无为而为"与"不争之争"的人生进取观[J].哲学史学研究,2011(29):93-94.

"善胜"是不争之后的自然结果,也就是遵天道守天德之后才会有的结果。所以,我们也从三个层面去探索、理解"不争"哲学思想。

其一,"不上贤,使民不争"(《道德经》第三章)。这里"上"为"尚",不崇尚有才德的人,民众就不会去争夺这"尚德"之称。原文后面还有几句:"不贵难得之货,使民不为盗;不见可欲,使民不乱。"意思是不把难以得到的东西看得特别贵重,民众就不会去偷盗这些东西;不把可以产生欲念贪心的事物显现、炫耀出来,民众就不会为这些事物迷乱心性。这些道理非常明确地表示出了老子"不争"的本意,并且在当今现实中也能体现出来:没有炫富之心,何来奢侈品之说;没有学术利益化,何来"砖家"之讥;没有货物紧缺,何来走私必要……官员、学者都"上贤",特供、地位都"货贵",教育、艺术都"欲见",又如何"使民不争"!官炫权,商炫富,士炫识,无有"善若水"。

"水善利万物而不争",善利万物是不争的前提,不争才是如水"上善"。这里以水为喻,重点是学习"善利万物"这一高尚的水之品质,要求一名上位者(管理者)能做到不与属下争位、不与百姓(员工)争利。"夫唯不争,故无尤",有高尚品德(水德)之人,已"居善地、心善渊、与善仁、言善信、政善治、事善能、动善时",已然"上善",自然不会与人争名、与民争利;故而不争便是上善,上善了自然无尤。归根结底,还是回归到中国文化的核心:修养身心、培育美德。上不争,下亦不争;官不争,民亦不争;有德者不争,德弱者学之亦不争,不争而彼此协和。中国文化,不太会谈及"竞争"这一理念,而鼓励互相之间友好"竞赛",不争是上善之德。

其二,"夫唯不争,故天下莫能与之争"(《道德经》第二十二章)。这里阐述了不争就是争的道理,这一道理需要从两个方面理解:将"不争"看作一种策略;将"不争"视为社会清明世道公平下的"不争"。所谓策略,是指在三方以上的竞争、战争中,主动以"不争"示人,即"曲则全,枉则直,洼则盈,敝则新"(《道德经》第二十二章)。这时候的委曲求全就是一种策略,在多方关系中,先让自己退隐,避免成为他人、他国的主攻目标。当然,这需要极高的审时度势能力,不然很容易就先被人家联合清除。所以要有一个重要的前提,就是互相之间的牵制,即自己退隐,人家也因为互为牵制而无法针对自己,最后便可能渔人得利,达到"不争而争"。这就是屈枉便能直伸、低洼就会充盈、陈旧必然更新的道理。如果不是策略的运用,那么"不争"就适宜于在公平、公正、公开的环境下应用,唯其清明公道,"圣人抱一为天下式"(《道德经》第二十二章),才有天下人人都能"抱一",即坚守道这个一以贯之的原则。若不能把此作为天下处事的基本范式,小人出、奸人行,便不可能出现"不争而争"之清朗公允境况。要达到老子构想的美好境界,就需要创造一个干净清明的社会环境、组织环境,心和管理致力于创设这样的环境。

争,会恶化人与人之间的关系,会使心与心失和。中国的儒道佛三教都会涉及一个道理:人生一世争来争去,最后只是一场空;所有认为得到的东西,其实只是手里一过,暂时保管,然后传递给下一任保管,再传递……真正想明白了就知道,不争是一种境界,没必要凡事都争个明白。即使争赢了,也可能是亲情没了、感情淡了、情义失了。争了理、输了情、伤了己;争了利益、输了德性;争了享受、输了健康。守好自己的心,是黑还是白,公道自在人心。放下执念,便是得道;宽心做人,赢得平和,多一点温暖,"以其不争,故天下莫能与之争"。

其三,"圣人之道,为而不争。"(《道德经》第八十一章)实现洁净明朗组织环境以达"不争而争",这就需要应用圣人的教化之道,让大家明白"信言不美,美言不信。善者不辩,辩者不善。知者不博,博者不知"(《道德经》第八十一章)的道理。花言巧语,既不真实,也不善良;卖弄学识,既是乏知,也是浅薄。所以,帮助别人、给予别人才是真正的"为",在这样的"为"中自己也积累更多、学识越丰,这才是"天之道,利而不害。圣人之道,为而不争"。"为"而得利,"争"必有害。

不争,自然便有为,这个道理用现代哲学来解释,就是辩证法。"无为"是无须刻意为之,"不争"是不必为己争之。有高尚品德的圣人,一切为了他人,将自己的一切无私地给予他人。圣人正是在这种意义上不争的,因为这样的不争,体现出高风亮节,为人们所景仰、所崇尚、所拥护,也就是"得人心"。得人心者得天下,故不争而有为。与天斗、与地斗、与人斗,其乐无穷的意义,不在于在斗中自己争得什么,而是为他人、为人民争得什么。这种境界,用中国古典文化来解释,就是圣人的境界;用今天的话来说,就是"全心全意为人民服务""牺牲自己为劳苦大众谋幸福"。这种斗,争的不是个人的名利、地位。故不争,是不为自己争名位,是要谦下,将自己的一切无私奉献于天下子民,此谓"为而不争"之天道。

"使民不争""不争而争""为而不争",显然,这三层意思都有一个重要条件,就是有统治者、管理者的治理与运作,然后逐层递进,才能达到圣人之道。没有为官者的无上特权和以公谋私,就不会有社会的"仇官";没有商人的黑心发迹和为富不仁,就不会有社会的"仇富";没有学界的官学相附和"五谷不分",就不会有社会的"拍砖"。"使民不争"的关键是管理出一个让民无须争、不必争的环境。更进一步说,就是管理者能营造出一个干干净净的社会环境、组织环境,而不是强权横行、社会浮躁、极度自私、一切向钱看的社会或组织环境;当人人都担心"不争"吃亏、"不争"无路可走的时候,就不可能有"不争"之现实,也就不能出现"不争而争"的结果,所以,管理者须"有为"。只有管理者真正意义上有所作为,才有可能创造一个"为而不争"的美好社会环境、组织环境。

因为无为,所以心和;因为不争,所以心和。因为得人心,所以得天下;因为稳人心,所以天下和。"齐家"是如此,"治国"是如此,"平天下"亦如此;经济发展是如此、组织管理是如此、治理国家亦如此。

三、心和管理的现实案例

本书第四章图 4-9,基于苏州固锝电子股份有限公司创造幸福企业的八个模块,结合人心管理理论和易理模型,设计了"心和管理企业八心模型"。这里对固锝公司应用中国传统文化管理企业的实践作简单介绍。资料由该公司提供。

固锝公司认为,"家"在中国人的文化血脉中具有特殊的意义,人们围绕着"家"衍生出人际关系和群体秩序,例如家道、家规、家学、家训,甚至把"家"作为以示尊敬的人称后缀,例如,书法家、画家、数学家、文学家。如今,企业取代传统的家庭社会成为产业社会中重要的人群组织,企业家也应当把公司当作"家",把员工当作"家人"。为此,固锝公司在企业的内部管理中,充分运用中国文化中的"家文化",开展企业之"家文化"的建设。他们学《弟子规》、学《了凡四训》、学中国古典礼仪、学修道炼心之法,把全体员工作为家人来看待,大家也尽心尽力地维护好"固锝"这个大家庭。公司对员工的关心,细到极致;员工对公司的关爱,真到极致。所谓的"5S"管理,在这里不需要专门导入,仅凭员工的自觉性就可以做到;所谓的"看板管理",在这里无须挂看板,员工心中都有一杆秤,只要计划下达,每道流程井然有序;所谓的人力资源管理,不必是西式的绩效管理,按照员工守则就已实现。为什么能够这么高效?我们从固锝公司给员工提供的福利待遇中可见一斑,这是企业从人文关怀角度展示其"仁爱心志"的表现,如表7-2所示。

一人入职,老人、孩子、直系亲属都可享受到福利,正常收入之外还有各种补贴、节假日慰问及员工个人节日慰问,培训、社保、休假一应俱全。还有一些具体细节,这里可撷取固锝公司把"仁爱"撒播员工心田的几例,看看企业管理中如何展现把员工当作家人,把爱献给家的"心志"[①]。比如,在公司1900多名员工中,年轻女员工比较多。对于处在婚恋期、哺乳期(现在很多企业为节省人力成本而不招收这些女工)的员工,公司在餐厅设立准妈妈专用软座、制定营养菜谱、赠送育儿书籍、上下班志愿者陪伴,保障其出行安全;怀孕超过6个月的准妈妈则享受晚到1小时或提前1小时下班的待遇;针对产妇,特别提供长达2年的"育婴假",以便回家照料孩子,其间公司正

---

① 资料参见该公司经验介绍"苏州固锝幸福企业八大模块"。

常缴纳社保等福利并每月给予"育婴假"补贴,期满后可回公司继续上班。

表7-2 固铻公司福利

项目	内容
对员工子女的关爱	孩子入当地公办学校就读、少儿医保费报销、员工小孩教育基金、独生子女费
员工关爱	生病住院员工关怀、员工或家属急难关怀、特困家庭和重大疾病员工或家属关怀、员工直系亲属往生关怀、公司于当地公立医院建立固铻绿色通道、免费住宿、员工工龄续接(针对再次入司的老员工)、准妈妈关怀、育婴假、幸福宝宝关爱假、关怀金、黄金老人关爱金
各种补贴	餐补或免费工作餐、夜班补贴、星级补贴、工龄补贴
公司额外福利	庆生会、结婚庆贺、员工生子庆贺、中秋国庆慰问、妇女节慰问、发放年货、工会会员福利、开门红包、发放年终奖、工资之外的奖金
提升性培训福利	带薪在公司内外部培训、优秀员工特别福利(与家属国外旅游度假)
法律法规要求的福利	缴纳社保、带薪年休假、住房公积金

公司还相应推出"幸福宝宝关爱计划":为公司员工留在原籍的0～12周岁子女(俗称"留守儿童")送上志愿关怀和关怀金,父母每年享有3次、每次7天的带薪假期回家探望孩子,并报销路费,这让员工能够多看望孩子而没有后顾之忧。

给职工和职工子弟免费送《弟子规》《成长日记》等书籍,让大家学习和践行,与子女共同成长;公司还为外来务工人员子女在苏州当地入学提供力所能及的帮助。

其他还有"困难员工及困难家庭关怀及生病员工的看护和照顾""知心姐姐疏导员工心理健康解决实际困难""黄金老人关爱计划""离职员工关怀计划""残障人士就业计划""志愿者关爱员工行动计划"等一系列人文关怀活动。

我们再看看固铻公司加强人文教育、促进员工"明德心修"的做法。最为直接的"明德心修"活动，是创办明德书院。孝亲尊师、善良朴实、敦伦尽分、恪守本分、乐于奉献是中华传统美德，透过圣贤教育，可找回做人的初心、久远的孝道和爱心，找到生命的价值和意义，让每一个社会人都能够扮演好自己在家庭、社会以及工作中的不同角色。为此，全体员工轮班脱产带薪进行每年 5.5 天的圣贤教育学习，每天有 5％的员工在明德书院学习。而公司高管及重要的管理干部每周集中共修 4 小时，职能部门人员每天午间学习半小时的传统文化视频课程。同时，固铻公司把一些教育活动形成制度，如全体员工每天早晨工作前晨读中华文化经典，并分享心得体会，传递正能量；每月开展升国旗活动，对员工进行爱国主义教育；每年开展祭孔、祭祖活动，重视孝道教育。公司还举办儿童夏令营，为员工子女的成长提供帮助。

固铻公司在推行"家文化"建设后就取消了打卡制度。公司认为，让员工充分感到被尊重、被信任，有了尊严感，其才能产生内在的自律与工作动力，形成企业可持续发展的动力。因此，固铻把"明德心修"分为三个层面的教育活动：第一层面是家庭教育，或称孝亲教育。固铻推崇中国传统文化中的"百善孝为先"；设立"孝亲电话吧"，员工每周可以免费给家里打 10 分钟电话，跟父母说说工作情况，唠唠家常；鼓励员工回到家中给父母洗脚和奉茶。第二层面是工作教育。这体现在强化员工对工作的正确认识方面，令员工对工作有"恭敬心"，主张员工在本职工作中"敦伦尽分，匠心匠魂，不断追求精益求精"。第三层面是公民教育。这一层面与其他活动相结合，如将慈善公益、绿色环保结合起来，鼓励员工参与志愿者活动，倡议员工在各方面成为一名公民楷模。例如，在低碳出行方面，公司高层带领管理干部，每周少开一次车，出差自带水杯、牙具，减少浪费。由此，公司内部 60 余名有车的干部自发组成"爱心车队"，免费接送下班晚的员工或来访的员工家属。甚至为了响应低碳号召，走入工作一线，高管至少每周住在工厂 1 天，这样不仅减少了上下班的时间，还能深入了解员工的需要。

还有,通过绿色环保表明"环保心意"。固镥人最为注重的三个字是"恭敬心",对一切人、事、物怀有一颗平等的恭敬心。环保就是体现人们对生存环境、对地球母亲的那一份恭敬心。固镥公司秉持"4G"理念——绿色设计、绿色采购、绿色销售、绿色制造,在经营生产中践行绿色低碳,同时更注重生态环境的保护。在企业管理中,强调生产过程的节能降耗,并将其列入各部门的年度计划;每年度设置 20 万元的绿色奖励,引领供应商加入环保行列。每周 4 天健康低碳餐,引领公司全体员工体验绿色低碳饮食观念。专辟土地,建设幸福林场、农场、果园,为地球增绿、让员工吃到无污染的绿色蔬菜。固镥公司还大量制作环保酵素,用于厨房清洁、卫生洗涤、净化空气、蔬菜种植等多个方面,在减少厨余和环境保护方面发挥了一定的作用。

其他如"敦伦心境""慈善心动""精神心得""健康心愿""奉献心态"等,都把其内涵落实在具体的生产、管理活动和员工的工作、生活中。

按照西方的经济理论、管理理论,办企业是为了赢利,是直奔利益而去的。在中国,企业追求利润无可厚非,但只要其中有人存在,就必须考虑人心是否接受、人心是否认同、人心是否和谐。在固镥这样的企业里工作,员工觉得踏实,也觉得有价值。这就是心和,是无为而为的心和,是不争而争的心和。

第三节 心和管理创清朗世界

中西管理的比较,似乎较少从文化的深层次去探索,更少从人心视角进行探索。目前,一些西方国家的高校与中国高校关于管理学领域的合作项目,在进行西方式管理与东方式管理(或者说欧美地区与亚太地区)的比较时,着眼点有两个特点:一是西方为主,拿"你"来跟"我"比,还没开始比较便有了主次之别,甚至有了高下之别。这种居高临下式的分析,难以做到客观真实。二是重在外在表现和管理家族的影响。所以,比较的维度主要是个人发展、冒险精神、合作创建文化、管理变革的方式、反馈与同伴督导、鼓励与授权员工等行为表现方面，其结果一般会凸显出中国人劣根性的那一部分，未入人心，有失公允。

这是对中国文化、中国管理、中国职场环境了解不透彻所致。管理，无法回避政治因素，无法回避历史文化，无法回避人性差异。中国人追求内心的修炼，追求内心坦荡、思想清朗，这往往是西方管理研究者、实践者很难领会和理解的。中国管理，是深入人心谋求和谐的心和管理，是人心和谐映照出一个朗朗乾坤的管理。中国管理，重点在于弘扬真善美、传递真善美，让世界清净明亮。

一、人才环境的心和清朗

社会的进步、组织的发展、国家的强盛，归根结底在于人才。心和管理，首先是人才的心和环境、人才生存与发展环境的清朗。这样，人才开发与管理，才会是清明的、爽朗的。

"士为知己者死，女为悦己者容。"（《战国策·赵一·晋毕阳之孙豫让》）这两者都有一个非常重要的前提条件：前者须是知己，后者要能悦己。人才不能为"我"所用，就存在着风险。"士"不能成为"我"之知己，便没有可能成为"我"之死士；"女"也一样，不能让"我"喜欢他，也就不可能为"他"精心化妆打扮。所以，人才管理必须让人才感觉到组织对"他"的赏识、对"她"的真爱，组织与人才才有双向协和的基础。这是天道，是为乾。而人才之所以是人才，不仅仅在于他的专业水准、业务能力，更重要的在于他的德性，在于他的品格。这一点，无论中外应该都是一样的，人品在前。有人品而才华横溢者，才是组织、社会、国家认可的人才，这是地道，是为坤。人品低下却才高八斗者，极有可能是组织、社会甚至是国家秩序的破坏者、洁净环境的污染者，成为协和人心的唾弃者。

所以，对人才进行心和管理，首先是人才的识别，识别出优秀的人才，提供清明晴朗的人才成长环境。图 4-2 展现了人才开发涉及人才的识别、人才的选拔、人才的培育、人才的使用、人才的留住五个大问题。如果说后四项内容在人心管理八大法则中已有解析，那么人才的识别就需要有专业的测评体系。

任何测评都是对其过去行为的推导、对其天性部分的测量，并从其性格特点及其处事方式中预测其人生轨迹。人品情况是个人历史的推论，性情性格和处世习惯则需定量测之。西方有比较成熟的测评体系。中国人耳熟能详的可能是十二星座性格分类。其实十二星座中的任何一类对任何人来说，都有 60％以上的相似性，尤其是在心理暗示极强的情况下，这种相似性更高。但有一些比较专业的人格测试、性格分析法，如"火土风水占星学"①"DISC 性格学"②"九型人格"③"MBTI 16 型人格分析"④等，已经广泛应用于西方人力资源管理，中国也有很多人力资源部门使用。其中 MBTI 源于瑞士著名哲学家、心理学家荣格在 1923 年提出的"性格类型分析"，又名"心理类型"（psychological types）研究。后由美国著名的心理学家布里格（Katherine Cook Briggs）女士和她的女儿伊莎贝尔·布里格·梅耶（Isabel Briggs Myers）总结出"梅耶-布里格性格分析法模型（Myers-Briggs Type Indicator，MBTI）"，俗称"16 型人格"。为了分析人格、性格形成的生理与心理原因，国外许多学者从大脑对心理、人格的作用、影响和机理切入研究。如《全脑革命》提出了人脑的四大象限及其对工作、生活、领导力、创新力的作用。⑤《左脑中风，右脑开悟》的作者作为一名神经解剖学家，用亲身经历说明可以在左脑中风后开发出右脑。⑥ 而日本的春山茂雄干脆提出"脑内

① 史蒂芬·阿若优.生命四元素：占星与心理学[M].胡因梦，译.昆明：云南人民出版社，2008.
② 阳亚菲.性格决定领导力[M].广州：广东经济出版社，2012.
③ 戴维·丹尼尔斯，弗吉尼亚·普赖斯.九型人格：自我发现与提升手册[M].程晨，译.北京：中信出版社，2012.
④ 裴钰.16 型人格[M].北京：北京航空航天大学出版社，2010.
⑤ 奈德·赫曼.全脑革命[M].宋伟航，译.北京：经济管理出版社，1998.
⑥ 吉尔·泰勒.左脑中风，右脑开悟[M].杨玉龄，译.海口：海南出版社，2011.

革命"的概念,认为人类的大脑是可以用心灵来调控的,依照心态的不同,身体会分泌出不同的调节性物质。[①] 春山茂雄用西医学解说了大脑与脑内吗啡,用中医学阐释了修身养性以及彼此间的关系,提倡有效培养左、右脑,开发全脑思维。

西方学科分类细化,对大脑科学的研究也以解剖学视角和生理学视角为主。但不可否认的是,作为最高级、最神秘的人类大脑,是一个思维法器,许多原理无法从纯粹的生理解剖学角度解释。中国就有学者从精神分子论视角来破解大脑之谜。[②] 荣格则承认他的"性格类型"受到东方《易经》理论的启发,并且在理论中融入了中国道家思想的成分。只是,毕竟荣格的性格类型理论体系建立在西方文明的语境之下,对应的是西方民族性格、人种性格、地域性格和文化性格特征。布里格母女的"16型人格"的理论,立足于美国文化背景,她们所设计的量表,其社会特点、职场特点、文化特点、表述风格都具有鲜明的西方背景,虽然对中国而言已经具有很好的参考价值,但直接应用仍旧牵强。

中国有适合自己的分析预测方法。《易经》(主要是后天八卦及演化的六十四卦)所涉及的各种预测方法,经历几千年传承发展,虽不可避免地有一些玄学成分、神秘化倾向,但剥离其虚幻部分,仍然具有较高的科学性和应用价值。以"字相学"为例,今天有笔迹性格分析法,现代刑侦学则广泛应用笔迹分析。心和管理理论也创立了一些推陈出新的性格分析法,如阴阳性格分析法、五行性格分析法、人生吉凶八卦推理等。其中,五行性格分析的内容和量表,可参见拙作《人心管理论——基于国学与东方思维的中国管理理论》第15章。

中西方在表述性格特征时,也会因其地域特点、人种特点、语言特点和文化特点而有巨大差异,所以,对研究者而言,可以互相学习、互相借鉴。但

---

① 春山茂雄.脑内革命[M].赵群,译.南京:江苏文艺出版社,2011.

② 陈定学.破解大脑之谜:精神分子论[M].北京:群言出版社,2005.

对于应用者而言,则必须有适合本民族、本地域、本土文化的测试模式和语言表述。有研究者专门进行了中西方民族性格的比较研究[①],将其内容提炼、整理后,如表 7-3 所示。

表 7-3　中西方民族性格之比较研究

地域	文化特征	人的观念	行为准则	人性特征	表现形式
中国	天人合一 整体综合	集体主义 宗祠家族	爱好和平 追求和谐	内向求稳 静定安分	讲究面子 注重情分
西方	天人二分 分类征服	个人主义 个性自由	崇尚力量 鼓励竞争	外向求变 流动开放	讲究实际 注重求利

这样的研究成果,是从文化视角进行的平等比较、客观比较,不是对错、高下、好坏的主观认定,很有价值。中国的各类组织要开发人才、识别人才,西方测量法可以作为借鉴,但从适应性和准确性来说,还是应该采用中国本土的人格或性格分析法、测量法,采用经过实践检验的本土量表。

二、组织环境的心和清朗

中国心和管理,既指组织内部的心和,也指组织与外部的人、组织的心和,还指组织的生存与发展环境的心和。一个组织中,如果能让组织成员做到东汉史学家荀悦在《申鉴》所说的"食和羹以平其气,听和声以平其志,纳和言以平其政,履和行以平其德"(即食用调和的羹汤以安定气性,听和谐的声乐以平定心志,采纳平和的言论以治理政务,遵从适度的行动以稳定德性)这样的组织之和,就非常有意义了。和,就是通过组织管理使组织成员安定气性、平定心志、治理政务、稳定德性。这就是心和管理原理在组织管理中的应用。

在"和"的文化意象中,本是阴阳二气相冲以为和,即阴阳彼此融入、互相对冲,达到双方均衡共存的一种状态。《淮南子》卷 13 云:"天地之气,莫

---

① 吴艳华.中西方民族性格之比较研究[J].考试周刊,2010(42):38-39.

大于和。和者阴阳调、日夜分而生物。"即天地之间的气,没有比中和之气更珍贵的了。所谓中和之气,就是阴阳协调、昼夜分明,这样万物才能生长。前文已有提及,中国的研究范式是全局的、宏大的、整体的,所以讲和平是"天下和平",说和谐是"天人合一","和"是整体的"和",不是局部的"和"。但不可否认,和,延伸出来的意义或者对"和"字的使用,虽有和平、和谐之意,但只是和平、谐还不能全部包含"和"的文化意义。

组织管理中实施心和管理,一要走心,二要冲和,也就是说要让组织所有人都从内心里获得"和"的结果。从文化传承的结果来看,西方文化中没有这种"和"的基因,个体都是独立的,彼此不兼容,如同用餐的 AA 制,每个人都有同等的话语权,各自管好自己;所以,西方的"民主"就是让民众各做各的主,在意识上,非彼即此,不能共存,最终是谁强大谁做主,而非"民"做"主"。中国人的"和"是"花花轿子众人抬",你理解我、我认同你,你给我情分、我给你脸面,彼此相融而和。

《论语·学而》一针见血地道出了中国式管理的本质:"礼之用,和为贵。先王之道,斯为美。小大由之,有所不行。知和而和,不以礼节之,亦不可行也。""礼"的应用,以"和"为贵。同时又指出,不能大事、小事都奔着和谐去做,那样有时就行不通。为和谐而和谐,而没有礼来节制,是不可行的。所以,和谐不是没有限制的,当用"礼"来保障。

在中国文化熏陶下,礼是一种言语制约的修正,和是一种内心认同的理念;礼是一种守规表现出来的行为,和是一种内心表现出来的态度。以礼为用,以和为贵,是一种站在宇宙高度认识世界的境界,是中国人的思想准则和行为准则。中国人,中国的组织,是通过一定的礼追求一种心灵干净清朗的和。

心和管理便是以此为要义。在组织管理中应用心和管理时,可以做量表测试;在引入心和管理一个阶段后,再以同表进行测试,前后比较,得出心和管理的应用成果。心和管理效应的测试量表,如表 7-4 所示。

表 7-4　心和管理效应测试量表

序号	测试类别 （心和八法）	一级要素 （200分）	二级要素 （200分）	三级要素 （200分）	备注
1	欣赏之和	凝聚人心 （25分）	自强不息	员工自信心（6分）	
				团队黏合力（6分）	
			用人机制	员工成就感（6分）	
				团队贡献值（7分）	
2	品性之和	正道人心 （25分）	厚德载物	员工道德心（6分）	
				团队影响力（6分）	
			选人机制	员工正义感（6分）	
				团队品性值（7分）	
3	满意之和	获得人心 （25分）	德行习教	员工满足心（6分）	
				团队规划力（6分）	
			经营机制	员工自豪感（6分）	
				团队忠心值（7分）	
4	感动之和	温暖人心 （25分）	明照四方	员工向上心（6分）	
				团队向心力（6分）	
			情感机制	员工归属感（6分）	
				团队爱心值（7分）	

续表

序号	测试类别 （心和八法）	一级要素 （200分）	二级要素 （200分）	三级要素 （200分）	备注
5	理解之和	理顺人心 （25分）	申命行事	员工包容心（6分）	
				团队沟通力（6分）	
			沟通机制	员工顺畅感（6分）	
				团队认同值（7分）	
6	精神之和	振奋人心 （25分）	恐惧修省	员工自警心（6分）	
				团队协调力（6分）	
			育才机制	员工责任感（6分）	
				团队修养值（7分）	
7	情绪之和	稳定人心 （25分）	思不出位	员工平常心（6分）	
				团队疏通力（6分）	
			疏导机制	员工清静感（6分）	
				团队稳定值（7分）	
8	心态之和	喜悦人心 （25分）	朋友讲习	员工自然心（6分）	
				团队感染力（6分）	
			留人机制	员工诚信感（6分）	
				团队幸福值（7分）	

　　这张量表主要是心和管理价值体现出来的相关要素，总分为200分，总共8个类别，每个测试类别各25分。进行问卷调查时，可以直接用表7-4调查，也可针对每一要素设计出具体问题，就当次调查的主题确立重点后重新立表。即可以针对三级要素的内涵设计细化问题，然后组合而成问卷。比如，第一项"欣赏之和"情况调查，侧重凝聚人心视角，分为两个方面：自强

不息的情况与用人机制建设情况。前一项分为员工自信心（6分）、团队黏合力（6分）；后一项分为员工成就感（6分）、团队贡献值（7分）。以此类推，可以设计不同的问卷题型、不同的问题，形成专项的或综合的调查问卷。

设计问卷时，还应根据调查样本量、研究深度和广度等情况，确定题目类型、问题方法，确定每一调查要素的问题量，同时还要考虑调查后的统计分析的便利性、可靠性。最简单的是一个要素设置一个问题，每个问题就是6分或7分，也可以一个要素设置两个问题（每个问题3分或4分）、三个问题（每个问题2分或3分）甚至六个问题（每个问题1分或2分）。如表7-5就是将一个要素分成两个问题询问的细化测试量表。这仅仅是举例，若有必要，内容也允许，自然可以更深入、更细化地设计更多问题。回答问题的选项，这里也只是提出一种思路，应用者可以根据实际需要斟酌。分值设计同理。

表 7-5 心和管理效应测试调查问卷题设计举例

项目	内涵	问题	选项（在你认为最正确的选项上打√）					分值
自强不息	员工自信心	1.您对单位的工作和节奏感受如何？	很愉快	较适应	一般	不适应	很痛苦	3分
		2.只要有可能，您最希望改变的是哪些？	知识	出身	财富	性格	外貌	3分
	团队黏合力	1.您在团队中能否自由发表见解？	能	有时能	不知道	基本不能	不能	3分
		2.所在团队遇到巨大困难时您会怎样？	合力解决	协助解决	争吵不休	各干各的	放弃	3分
用人机制	员工成就感	1.您的上司一般隔多久与您交谈一次？	一周	一月	一季	半年	从无	3分
		2.您认为上司和同事对您的才华了解程度如何？	很清楚	较清楚	不知道	不太知道	没人知道	3分
	团队贡献值	1.您所在团队在单位的认可度怎样？	最高	较高	中等	不高	最低	3分
		2.您所在团队在单位创造的价值水平如何？	最高	较高	中等	不高	最低	4分

表 7-5 只涉及表 7-4 中第一项"欣赏之和"的细化测试。其他各项内容调查量表的设计,应用者可自行把握。如有必要,一项内容(一个要素)设计一份问卷也完全可以,只是调查工作量会增加,答卷人的配合程度也许会降低。所以,具体测量表细化到何种程度,须根据实际情况把握,问题的回答方式可以根据内容多样化设计,以合理有效为要。

三、德政环境的心和清朗

洁净心灵的维护需要整个社会、整个组织的共同努力。德净,就是要遵循"国之四维",即讲"礼、义、廉、耻",就是要克己复礼、克己奉公,就是要道义为先、仁爱兼利,就是要清正廉洁、修身养性,就是要守住底线、知耻后勇。中国传统文化有着道德修养的完整体系,也有着切实可靠的道德修养方法,如"立志""学习""克己""内省""实践""慎独"等,主动自律,达到眼不花、嘴不馋、耳不偏、鼻不塞、喉不哑、心不贪、身不懒、手不伸、脚不软,一心清明、一意干事、一身干净。

政清,一方面,是政治清明。为官清正、政府清廉、政治清明,这是政治生态文明的根本保证。另一方面,是政清人和。古人云:"会稽内史诸葛恢莅官三年,政清人和,为诸郡首,宜进其位班,以劝风教。"(《晋书·诸葛恢传》)为官三年而政清人和,给官员树立了榜样,给教化引领了风气。显然,"人和"的前提就是"政清",即人心聚拢,上下团结。

为营造清朗的德政环境,心和管理应用于实践时,针对第四章提到的心和管理"八目""八德""八政"进行实施效果的测量,设计出如表 7-6、表 7-7、表 7-8 所示的调查量表。

表 7-6　心和管理"八目"调查量表

序号	一级要素（200分）	二级要素（200分）	三级要素（200分）	备注
1	格物 （25分）	探究事物能力	学习与思考能力（6分）	
			探析与研究能力（6分）	
		循规守法情况	循规蹈矩的情况（6分）	
			遵纪守法的情况（7分）	
2	致知 （25分）	理解知识能力	掌握知识的程度（6分）	
			理解知识的程度（6分）	
		知行合一情况	行动能力的评价（6分）	
			学以致用的成果（7分）	
3	诚意 （25分）	慎独自省能力	自我反省的能力（6分）	
			慎独自控的能力（6分）	
		心意诚恳情况	谦虚不自欺情况（6分）	
			意念真诚的情况（7分）	
4	正心 （25分）	中正平和心态	为人正派的评价（6分）	
			情感调节的表现（6分）	
		正义稳重心境	端正心态的结果（6分）	
			修身养性的成果（7分）	
5	修身 （25分）	修养身心能力	择善而从的行为（6分）	
			人品修养的程度（6分）	
		涵养德性情况	约之以礼的情况（6分）	
			人格陶冶的情况（7分）	
6	齐家 （25分）	家族稳定能力	家族成员稳定性（6分）	治理家族是 治理国家的 前提
			慈爱孝悌表现力（6分）	
		家族合力情况	齐心协力的成果（6分）	
			和睦相处的事实（7分）	

续表

序号	一级要素(200分)	二级要素(200分)	三级要素(200分)	备注
7	治国 (25分)	治境安民能力	民富国强的能力(6分)	人们在工作中助人致富和安定团结的情况
			国安境和的能力(6分)	
		经济治理水平	治下富裕的水平(6分)	
			经济发展的水平(7分)	
8	平天下 (25分)	德治天下能力	安抚民众的能力(6分)	管理者管理单位、团队的能力和成果情况
			德威感召的能力(6分)	
		经济稳定水平	民众收益的水平(6分)	
			业绩提升的水平(7分)	

表7-7　心和管理"八德"调查量表

序号	一级要素(200分)	二级要素(200分)	三级要素(200分)	备注
1	忠:尽忠报国 (25分)	忠于国家的心	对国家忠诚之心(6分)	可指爱国、爱民、爱单位与爱工作
			对事业忠诚之心(6分)	
		报效国家的行	报效国家的行动(6分)	
			报效国家的成效(7分)	
2	义:正道大义 (25分)	人间正道的路	热血写正气事例(6分)	指单位内外的公正平等的正道大义情况
			铁肩担道义行为(6分)	
		匡扶正义的果	人格平等的表现(6分)	
			大义公道的作为(7分)	
3	诚:求真务实 (25分)	诚实质朴的人	真实不欺的表现(6分)	
			淳朴自然的作为(6分)	
		恭敬坦诚的礼	待人恭敬的表现(6分)	
			处事公正的作为(7分)	

续表

序号	一级要素(200 分)	二级要素(200 分)	三级要素(200 分)	备注
4	信:守信可靠 (25 分)	守规守信的准	言行合规的表现(6 分)	
			信用程度的评价(6 分)	
		诚笃可靠的真	属下信服的考量(6 分)	
			各方信任的事实(7 分)	
5	孝:孝长爱幼 (25 分)	孝顺长辈的顺	遵行孝道的尽孝(6 分)	
			遵行孝道的顺意(6 分)	
		爱护晚辈的护	关爱晚辈的慈爱(6 分)	
			培养晚辈的呵护(7 分)	
6	廉:清正廉明 (25 分)	清和正心的能	两袖清风的表现(6 分)	
			品行方正的作为(6 分)	
		廉洁奉公的善	不纳不受亦不贿(6 分)	
			不贪不污也不窃(7 分)	
7	礼:文明礼貌 (25 分)	礼仪传家的礼	对内礼仪的章程(6 分)	
			对外礼仪的条例(6 分)	
		崇敬留心的敬	文明敬人的行为(6 分)	
			文明敬事的行为(7 分)	
8	耻:知耻警醒 (25 分)	闻过知耻的愧	接受意见的虚心(6 分)	
			承认错误的勇敢(6 分)	
		耻而后勇的起	检讨改错的行为(6 分)	
			发愤图强的行为(7 分)	

表 7-8　心和管理"八政"调查量表

序号	一级要素(200分)	二级要素(200分)	三级要素(200分)	备注
1	食:管理粮食 (25分)	组织绩效管理	获得荣誉成就(6分)	民以食为天;食之问题,在今天即绩效薪酬
1	食:管理粮食 (25分)	组织绩效管理	绩效考核成果(6分)	民以食为天;食之问题,在今天即绩效薪酬
1	食:管理粮食 (25分)	单位薪酬水平	基本工资概况(6分)	民以食为天;食之问题,在今天即绩效薪酬
1	食:管理粮食 (25分)	单位薪酬水平	绩效收益部分(7分)	民以食为天;食之问题,在今天即绩效薪酬
2	居:管理民居 (25分)	员工福利情况	基本福利待遇(6分)	居所问题,其实就是百姓的基本生活条件
2	居:管理民居 (25分)	员工福利情况	独特福利待遇(6分)	居所问题,其实就是百姓的基本生活条件
2	居:管理民居 (25分)	员工居住水平	办公场地面积(6分)	居所问题,其实就是百姓的基本生活条件
2	居:管理民居 (25分)	员工居住水平	生活住房面积(7分)	居所问题,其实就是百姓的基本生活条件
3	徒:管理教育 (25分)	知识技能教育	学历教育情况(6分)	
3	徒:管理教育 (25分)	知识技能教育	生活品质教育(6分)	
3	徒:管理教育 (25分)	人才培育成果	单位培训情况(6分)	
3	徒:管理教育 (25分)	人才培育成果	人才梯队情况(7分)	
4	祭:管理祭祀 (25分)	组织经营现状	市场占有概况(6分)	古代祭祀,其实就是预测分析以求吉祥
4	祭:管理祭祀 (25分)	组织经营现状	组织赢利情况(6分)	古代祭祀,其实就是预测分析以求吉祥
4	祭:管理祭祀 (25分)	组织发展预测	行业发展预测(6分)	古代祭祀,其实就是预测分析以求吉祥
4	祭:管理祭祀 (25分)	组织发展预测	组织前景预测(7分)	古代祭祀,其实就是预测分析以求吉祥
5	师:管理军队 (25分)	队伍基本概况	专业队伍情况(6分)	组织管理中的队伍管理
5	师:管理军队 (25分)	队伍基本概况	干部队伍情况(6分)	组织管理中的队伍管理
5	师:管理军队 (25分)	人才配置成果	团队配置水平(6分)	组织管理中的队伍管理
5	师:管理军队 (25分)	人才配置成果	领导配置水平(7分)	组织管理中的队伍管理
6	货:管理财货 (25分)	物流仓储管理	货物储存能力(6分)	
6	货:管理财货 (25分)	物流仓储管理	货物流通能力(6分)	
6	货:管理财货 (25分)	财务运行结果	现金流量分析(6分)	
6	货:管理财货 (25分)	财务运行结果	成本利润分析(7分)	

续表

序号	一级要素(200分)	二级要素(200分)	三级要素(200分)	备注
7	宾:接待宾客 (25分)	外交内联做法	来客接待制度(6分)	
			业务出访效果(6分)	
		公共关系成效	对外公关能力(6分)	
			公关成效评估(7分)	
8	寇:管理治安 (25分)	组织人员流动	员工流动频率(6分)	
			留住人才成果(6分)	
		人财安全保障	人身安全保障(6分)	
			财产安全保障(7分)	

心和管理理论认为,将《大学》"三纲八目"古为今用,赋予新时代的内涵与精神,那么"明明德,亲民,止于至善"既是高校教育的重要内容,也是职场、中小学、公民之为人处世、研修与做学问的纲领;八个条目则是人生成功的八个方面,如表7-6中所示的一级要素。应用八个条目的方法,子思有论述:"物有本末,事有终始。知所先后,则近道矣。"(《大学》)所以,今天仍应遵循自然规律而格物致知、诚意正心、修身齐家、治国平天下。

不仅如此,还要"自天子以至于庶人,壹是皆以修身为本"(《礼记·大学》)。即不管是什么身份,都要以"修身为本"。只有修好己德,才能去治理别人。天下是天下人的天下,天下唯有德者居之,由有德者教而化之。所以,也需对"八德"情况进行调查。如表7-7所示,就是要"明明德",培养每个人的美好品德,并发扬光大。还要以自己的美好品德同化周围的人,形成美好的人格魅力,即"亲民",使民众亲附,达到道德的至善境界,所谓"止于至善";为政者则要达到"民为邦本"(企业管理就是"企本"、学校管理就是"校本",依此类推)。

"八政"源于《洪范九畴》,是古人对国家管理八个方面的提炼和概括,结合现代管理理论、现代管理思想、现代人文精神,设计如表7-8所示的调查量表。与前面各表一样,表中的二级要素、三级要素各调查内涵,结合了现代管理的要素。

这几份调查量表是总体设计，是内容把握、测量要点和部分数值说明。具体问卷调查实施时，与前述心和管理效应调查一样，须结合课题研究的需要和被调查单位的实际情况，针对心和管理后的成效、德政环境是否清朗等另行设计。

另外，表中的二级要素、三级要素，并非不可更改，应用者可以依据实际需要进行掌控，这里提供的是一种思路、一种方法，运用时不可机械式、教条化。

第八章 心和管理价值

心和管理根植中国文化经典《易经》和诸子百家思想，所创建的心和管理学及心和管理技法，与东方思维模式和中国人文环境无缝融合，在传承的同时不断创新，以适应新时代创新发展中国特色管理学的内在需求。因而，心和管理符合中国优秀的文化基因和研究范式，协和于中国几千年传承、充实和发展起来的哲学思想，融于中国成熟的易理系统。所形成的阴阳五行人才开发系统、八卦八法人心管理系统、心和原理"八心八目""八德八政"系统，以及对立统一关系与"致中和""共认同""和天下"心和思想、心和管理体系，应用在中国管理各个领域，成为具有本土特色的从心灵深处生发出来的心和力量，成就千百年谋略积淀并创新发展的心和智慧。

第一节 万物协和内生性力量

"内生性"是指经济主体可以自己决定的东西，也就是主观可以确定的东西。有内生性，自然就有外生性。经济主体自己决定不了的东西就是外生性的，也就是无法改变的外在的客观现实。借用经济学这一概念，是基于心和管理本质内涵的需要——心和管理是走心的，更多的是内心的思维、情绪和意念等精神、思想层面的，如梳理心绪、解开心结、正和心态、调节心情、温暖心灵、树立心志、增强心识、稳定心念、打开心扉、明亮心灯,通过这些由心理疏导、梳理、引领等活动引起的心理成果,达到和通万方、和融万事、和谐万物,最终实现组织目标的人和心和。落实在具体的管理行为中,就是使与己有关的各方达成双向同和、形式与内容共和、人类与自然相和。总而言之,心和管理是通过管理让人从内心里生发出新力量的一种理念、一种方法。所以,心和管理中的内生性力量,是指已开发的人的内在的力量,是从人的内心里激发出来的力量,是人的思想顿悟后的一种精神力量、精神生产力的开发,同时又是一种知识的力量、科技的力量的开发。简单地说就是:心生和,和生力——心和管理之力生生不息。

一、无极生太极之无中生有

"道",中华思想创新的起点,中国哲学内涵的核心,中华文明升华的基座。"道"的概念是起始于老子的《道德经》还是起始于孔子的《易传》,难以说清楚,一般认定是老子先提的,但这应该与后来的道教把老子列为祖师爷有关,后人也多有把诸子的道家与宗教的道教混同起来的情况,道教宣传自然以老子为尊。事实上,老子比孔子早20岁出生,但孔子又比老子早8年离世(老子101岁,孔子73岁),老子比孔子出道早,孔子曾求教于老子。老子是隐世之前写下《道德经》,孔子是在开创教育编撰"六经"作教材时,与其弟子一起为《周易》本经加写了《易传》而合并成《易经》。故孰先孰后,实难认定。事实上,春秋战国诸子百家大都谈论过"道",关尹子提过、庄子提过,《尚书·洪范》有记载、《春秋左传》也有记载……这至少说明,诸子论道时,"道"的概念、理念已客观存在,只是所论的道各有侧重而已,老子将之名为"大道"。

相对而言,老子的"道"虚灵一些,孔子的"道"现实一些。老子所说的道,"先天地而生",为"万物之始""万物之母","寂兮寥兮,独立而不改,周行而不殆"(《道德经》第二十五章)。意思是,"道"这个东西浑然天成,在天地形成以前就已经存在,所以是天地万物之母,既听不到它的声音也看不见它的形体,不依靠任何外力而独立长存,循环运行而永不衰竭。显然,这个"道"是"无中生有"的。虽然老子在《道德经》中明确说明可以将其具体化为"德",要求人们在明道基础上守德,但这"德"也是抽象的,需要通过德行彰显出来。孔子所说的"道",是"一阴一阳之谓道""形而上者谓之道",粗看也貌似虚灵,但事实上已现实化为一切阴阳(天地、上下、黑白、明暗、正反等两仪)之和、之变,只不过这个"道"超越"器"而成为形而上的哲理;更重要的是,孔子把这个"道"明确为天道、地道、人道(三才),"乾道成男,坤道成女",这男女即天地之间的人,即"三极之道也";而"人",既可以成"君子之道",也可能成"小人之道",这中间的"变化之道",在于是否"显道神德行",做到了便是君子,甚至可以是"圣人",做不到就会沦落为"小人"。孔子的"道"从抽象的理论落实为现实的做人之道,也是"无中生有"的。

但老子、孔子以及当时诸子所论的道,有一点是共同的,即都源于"元气论"之"气"。老子说"道生一,一生二,二生三,三生万物",与孔子儒学理论结合起来,这"一"便是"气",是已经有天地边际、有先后时间的"太极之气","二"为阴阳两仪,"三"是天地人。问题是,"道生一",这"道"是什么、从何而来?"一"为太极,太极从无极而来,那么"道"自无极而生。无极即没有中心,没有中心又没有边际,是无穷无尽、无形无象的混沌一气原始状态,经时间推移,孕育孵化而"生"太极(类似西学"大爆炸理论"中的爆炸),即"生"出物质性的气,气渐分阴阳,互为冲和,而成有形有象,成宇宙万物变化的本原。这就是"道"自无极始,生太极,太极生两仪,两仪生三才,有了这三才,万物也就能生长了。

无极生太极,因而有无极之道、太极之道、阴阳之道、天地人之道,这些"道",都是"无中生有"。《道德经》第四十章云:"天下万物生于有,有生于无。"其中的玄理和奥妙是说,世间万物皆从"无"起,从"无"生"有",又从"有"生发成万物,有万物便有天下。这里的重点应该不是简单地解说宇宙的起源（宇宙起源是否如此不在这里讨论），而是一种理念，一种哲学思想：天道彰彰，源于无中生有，有生万物。

这就是说，事物之间都是有联系的，创新时需无中生有，发展时需有生万物。如何让人内生出无穷无尽的力量，用之于事业、家族、组织、社会，关键在于心中有道。对一个处在懵懂中的人，应无中生有，让他闻道、明道；对懂道、守道之人，则应通过"有"生万物发展壮大他的事业、他所在的组织。所谓"上士闻道，勤而行之；中士闻道，若存若亡；下士闻道，大笑之"（《道德经》第四十一章），是努力去践行，还是将信将疑，或是报以大笑，就是上士、中士、下士的区别。"下士"懵懂不明，闻道而不知其所以，更不知其所以然，是未开化者。只有一听就明白的上士才"勤而行之"。所以，要让"下士"无中生有，空白的大脑里生出道的概念，明了道的理念，懂得循道而行；让中士尽快明道，从"若存若亡"中走出来，不再是一知半解，而是懂道、明道；让"上士"根据"道"之指引，竭尽全力，去努力发展。心和管理，就是要区分不同的人群，确立不同的管理方法。只要去努力，"大器晚成"又何妨？闻道不分先后，关键是"无中生有"后能达致"有"生万物。

要让人的内心生出无穷无尽之力量，首先要解决思想问题、明道问题。心中无道，便没有"一"，没有一，无以生二、生三、生万物。古代统治者在读到《道德经》第六十五章中的"古之善为道者，非以明民，将以愚之。民之难治，以其智多。故以智治国，国之贼；不以智治国，国之福"时，如获至宝，对黎民百姓实施了"愚民政策"，这是一种极大的误解、误用（或许是故意误用）。前后文联系起来，这里的"明"与"愚"不是简单地"明白"与"傻笨"，当然也不是"心明眼亮"与"欺骗耍弄"之意，这里的"明"与"愚"要与后文的"智"相对应。"明民"即让黎民百姓懂得机巧伪诈，而"愚"则是敦厚、纯朴、老实之意。意思是，善于用道的人，不是让黎民百姓掌握机巧伪诈去骗人害人，而是要让大家敦厚朴实、善良忠厚。这才是道之本义。"以智治国"，这里的"智"对应上文，就不是褒义的智慧、智谋之意，而是贬义的机巧奸诈之意。所以，用机巧奸诈治理国家，必然危害国家；不用机巧伪诈治理国家，才是国家之幸。这个道不懂，生二、生三生出来的将会是什么结果，可想而知。用什么思想武装人的头脑，是一切问题的关键。致力于让人用武力解决问题，致力于让人为利争来夺去，世界将无法得到安宁，人民难以真正获得幸福。只有让人心灵和顺下来，心态平和下来，心情快乐起来，才是国之幸、民之幸。组织管理亦如此，不应该鼓励钩心斗角，而应该创设心和环境，这才能生发新的力量。

现在的管理，多少偏离了这一轨道，甚至有把含蓄内敛简单化为阴谋诡计、把冷静理智曲解成为机巧奸诈、把敦实厚道者看作愚笨、把率真直爽者看成无能的情况。说得严重一点，人才管理成流水线，只允许一种"规格"存在：喜怒不形于色的阴谋家。一些组织、一些企业总喜欢以"智"治理——培养机巧伪诈的"聪明人"，而且很自然地形成圈子，美其名曰"抱团取暖"，其实就是"新门阀主义"形成，组织内部派别林立。新人进来，进入某一派别才有可能生存，也就是让新人一开始就"站队"。组织成员或企业员工的晋升之路，皆掌握在各派别的掌舵者（有话语权，是既得利益者）手中，否则将寸步难行。各派别之间倾轧敌对、互相斗争，斗争到一定程度，有的倒下、有的崛起；势均力敌者在妥协中获得暂时的平衡；一旦平衡因一个契机被打破，新的斗争又开始了……

如此，更需要以道引路、以道规范：先有道然后有知识智慧、方法技能等，再由智慧技能生出无限力量。老子说："我有三宝，持而保之。一曰慈，二曰俭，三曰不敢为天下先。慈故能勇；俭故能广；不敢为天下先，故能成器长。今舍慈且勇；舍俭且广；舍后且先；死矣！"（《道德经》第六十七章）慈爱、节俭二宝可以理解，"不敢为天下先"，很多人也许难以把握了，因为大家熟知的是"敢为天下先"，做前人未做过的事才是英雄豪杰这一观念深入人心。可老子为什么说"不敢"呢？如果做天下人没有做过的事，而且其目的是为国为民，自然应该是"敢为天下先"，老子所说的"不敢"则是指不敢居于天下人的前面，即没有必要出人头地、争风光于人前，这才能促进万物生长。真正的智慧是慈爱而让大家勇武，节俭而能蓄精积德推至广远，不出风头而能得到大家的拥戴。用今天的语言来说，最好的管理是：通过慈爱维护人心，使人们有勇气、有能力；通过节俭凝聚人心，使人们有德性、能大气。

就企业而言，应使其有道并实施心和管理：让企业有明确的发展方向，再增强企业运作效率；让企业财务清晰、资本结构合理、投融资恰当，向顾客提供满意的产品和服务，以道树立形象、为社会多做贡献。如此，企业效益随之提升。人心，方能无中生有，促使以道引路。

二、对立生统一之凝聚合力

太极生两仪，阴阳两仪既对立又统一。宇宙有阴阳、自然有阴阳、社会有阴阳、人自身有阴阳、人心也有阴阳，阴阳存在于一切人与事物之中。阴阳既是矛盾对立的，又可以协和统一，任何事物都存在着这两个方面。一方面，阴阳互对；另一方面，阴阳相和。事物的两面既有统一又有斗争。斗争是由矛盾的特性所决定的，斗争到一定程度时矛盾可以转化，转换到一定程度就可达到相和。和，是对立过程中发生的"统一"结果。

矛盾由对立到协和统一，是一个由量变到质变的过程。人的思想观念转变、事物矛盾对立的转化，很多时候就在一念之间。说出这一念非常容易，动出这一念非常难，因为动念的过程是格物、致志、正心、诚意、修身、齐家的过程，这就是量变，有这个过程才具备动一念之能力；而动念之后的行动，就是走出家门、走向社会治国和平天下，这是质变，也是转化。这一转化，是事物或现象的总体属性的改变，即属阳者在一定条件下转变为属阴，属阴者在一定条件下转变为属阳。所以，矛盾对立体的两个方面，其实是你中有我、我中有你的关系，阴阳二气相冲而激荡，激荡到彼此转化也就到了冲和的境界，"冲"是对立，"和"是统一，二气相荡而致和，这就是易理，或者说是太极原理中的"对立生统一"。

这里的关键是"生","生"就是创新,阴阳相成、阴阳互根之间的创新。阴阳彼此依存,无法脱离对方而独立存在(彼此存在的前提和条件),而且阴阳互相吸引。从这个角度说,矛盾对立是客观存在的,不以人的意志为转移。管理活动中,矛盾无处不在,对立时时发生,管理水平的高下就体现在能不能把对立的矛盾双方,在一定时段和一定条件下使其相和,达成统一。过了此时、换了空间,条件发生了变化,这种相和就可能被打破,出现新的矛盾、新的斗争,然后又通过进一步的管理活动,促成新的相和。如此循环往复,导致管理向更高一级的层面进发,组织也向更高的层面发展。这就是人心协和、阴阳和顺的管理。

心和管理提倡用"八目"修身养性,用"八德"提升能力和层次,用"八政"开展具体的组织管理活动,用人心管理八大法则来达到心和的结果。矛盾是客观存在的,斗争是不可避免的,而要在斗争中达到双向统一,重要的不是升级斗争形式,而是让人心干净。只有干净的人心才能容纳"和"的思想,也只有干净的人心才会以道修行、以德加持,从而达到心与心的相和,才能在斗争中、在对立状态中找到彼此相和的理由、彼此相和的做法、彼此相和的那个节点。否则,对立状态会持续,也就无法产生统一。这才是心和管理所提倡的"心洁才是道、心和才是真"的道理,斗为不斗,争为不争;也是心和管理所说的从本心开始到相和状态的过程,每经历一个这样的过程,就是一次质的飞跃,阴阳凝聚,合力产生。

也许有人会对在中国古人思想的阐释与解读基础上发展起来的心和管理,持以虚幻的评价,对无极生太极、太极生两仪以及阴阳对立、阴阳互根、阴阳消长、阴阳转化这样的内容感到玄之又玄,更对心和管理的实施和效果产生疑虑。这是试作辩驳。老子用一篇《道德经》阐述了道家思想,5000 余字,其内涵、其意义,历久弥坚;孔子用一部《论语》解析了儒学内涵,公认"半部《论语》治天下"。老子、孔子这两位中国古代最伟大的思想家,他们的巨大贡献就在于,一个为中国文化建构了"道"与"德"的思想体系,使个人、社会、集体在修养和治理过程中不至于偏离道德规范；一个为中国文化确立了"仁"与"礼"的思想体系，使个体、组织、国家在运行与发展过程中不会违背仁道礼治。至于统治者选用什么内容作为治国方略，是统治者的思量，不是文化创立者可以左右的。褒（拥）老贬（反）孔或贬（反）老褒（拥）孔，都是没必要的。

在老子的道德体系中，认定一个人或者一个统治集团是否有道合德，要由圣人来做，而不是统治者自己，这对统治者就有制约。老子所说的"圣人"，不是拥有统治权就可以的，而是"圣人去甚、去奢、去泰"（《道德经》第二十九章），即没有了过甚的欲望、过奢的欲望、过强的欲望的人，才是圣人；欲望无止境的人、生活奢华的人，都不可能是圣人。老子强调心静、心洁者才能成圣，判断圣人的标准是"圣人无常心，以百姓心为心"（《道德经》第四十九章），即圣人不能有自己的意志，不能以自我为中心，而要以百姓的意志为意志，此为顺应大道。所以，"圣人之道，为而不争"（《道德经》第八十一章）。这对于统治者、当权派而言，极难做到，自不可能以此为治国方略、管理之道。

孔子的仁礼体系，对统治者而言，也难以实现。所以孔子带着弟子周游列国，不断向诸侯国推介他的思想体系，仍未能成功。真正使得孔孟之道成为文化正宗、应用于治国的是汉代的董仲舒。他提出"推明孔氏，抑黜百家"，把神权、君权、父权、夫权贯穿在一起，形成帝制神学体系，神化了专制王权，深得汉武帝的赞赏，并为历代统治者所推崇。而这一思想，虽仍属儒学，却已不是春秋战国时期儒家思想的原貌。自汉以降，仍提"仁政"，但前提是必须服务于王权；也讲"礼乐"，"三纲五常"是核心；也谈"家文化"，但首先须是"家天下"。儒家文化、儒学学问，本身就是中国文化的重要内容，变质变味不是文化自身决定的，而在于其使用者。

今天我们学习中国文化，应用其中的内涵创建中国管理学，是从管理须遵循人文环境的规律这一角度出发的，取其精华而必剔其糟粕，回归本原而必掀掉强制。老子思想与孔子思想,道家文化与儒家文化,都是中华文明的瑰宝,都是中国文化的奠基成果。创建中国管理、创设心和管理理论和体系,既要传承并发扬中国文化精华,也要与时俱进创新管理内涵和技法,这才是"中庸之道",这才是"道生之,德畜之,物形之,势成之"(《道德经》第五十一章)的道德本然。这里,中庸之便是融合之,融合到适宜合理便是最佳的学问创新。道也罢、仁也好,都是中国文化基因,这一基因生成万事万物,只有"德"才是适宜合理的环境,适宜于养育万事万物。如此,万事万物显现出各种各样合理的形态,这样的环境使得万事万物得以成长壮大。

有人认为,中国传统经典"玄",中国文化治世不可能。这里再作辩驳。苏格拉底没有专著留下,他是在广场、庙宇、街头、商店、作坊、体育馆等场所,与穷人、农民、手艺人、贵族、平民进行对话。其根本没有采用现今西方流行的研究范式,却给世界留下了宝贵财富。他的学生柏拉图,也是假借老师与他人对话的形式,用《理想国》向后人展现了一个完美优越的城邦。中国古代的老子与孔子是师生,古希腊的苏格拉底与柏拉图也是师生,他们差不多生活在同时代,分别成为东西方思想家的先驱。西方崇敬、继承、应用苏格拉底与柏拉图的学术是科学,为什么中国崇敬、继承、应用老子与孔子的学问是玄学?老子与孔子是在中国的土壤上诞生的思想家、哲学家、教育家,苏格拉底与柏拉图是古希腊时期欧洲大陆土壤上诞生的思想家、哲学家、教育家,他们同样为人类、为世界作出了巨大贡献。仔细研究,他们那个时代产生的许多思想,有着异曲同工之妙。东西方先贤共同创造了那个时代的思想辉煌,并传承延续到今天,让东西方世界彼此可以交流、比较、融合、共存。所以,从今天来看,东西方古先贤的思想、学术并不矛盾,更不对立,甚至可以是统一的。两者结合,优势互补、思想共享,没有必要厚此薄彼。

达到了对立统一,中西交融,道哲相通,人心凝聚,那么人民之伟大力量就自然而然产生,发展到一定阶段,出现质变而爆发出巨大能量。太极生两仪,两仪生三才,三才生四象,四象生五行,五行生六合,六合生七星,七星生八卦,八卦生九宫,一切归十方——一切事物都有关联,有效结合可以产生巨大的能量。而这种事物之间的联系,有一个重要条件或前提:和。万事万物相和而生合力;人与人之间是心和而生合力。

三、心中生自愿之人心激励

中国民间有句俗语:有钱难买人乐意,俗事勿扰我心情。前半句流传甚广,说的就是人是否心甘情愿的问题。愿意,什么都好说;不乐意,什么都别说。所以才有后半句——"别用俗事来破坏我心情"。这就是中国以心和为本的管理要义:让人心甘情愿。让人心甘情愿遵守规则,才是最高境界的管理,也就是管理要努力的方向。管理的重点,应该是让人从内心里"生"出自愿来,这自愿的内容必须是管理制度制定者、实施者所认同和需要的。

西方管理的重点不在于人愿意不愿意、乐意不乐意,而在于有没有必要、应该不应该。有必要、应该的,你不乐意也得乐意。"有必要"与"应该",应该是大家从心里认可了、情愿了,否则规则同样会是一纸空文。从这个角度说,我们向西方管理学习时,应该去了解西方企业怎样做到让组织成员心甘情愿遵守规则。

中国管理根植的不是强迫而是自愿,不是霸道而是王道,是一种通过心灵梳理、思想修养让人从内心乐意从之的文化。管理中,人如果不理解制度就不会从内心里信服,内心不信服就会在执行力上大打折扣。一边是心甘情愿执行,一边是高压下被动执行,效果大相径庭。

管理,需要"润物细无声",是长期的不懈努力。而这细水长流的过程,是管理工作中最艰难也最花费时间、精力甚至财力的。做思想工作,若想走捷径,意味着在培养阳奉阴违的"阴谋家",培养溜须拍马的"马屁精"。"为什么人做事有时情愿、有时不情愿?为什么人在心甘情愿时能焕发出惊人的能量?为什么人在窝火不畅时便会成为阻碍者甚至于破坏者?根源在哪里？相由心生，人的一切外在活动都由心引起。"①试想，一个人内心里窝着火、堵着气，他如何会在做事时畅快、顺和、专注而高效？有时候可能起的是反作用。所以，心和管理理论认为，管理，尤其是平时的常规管理，不适合采用简单的指令式（分配工作时除外），不适合采用强制式，更不适合对不服从者执行"战场纪律"，而应是从调查了解开始，和风细雨进行，圆满收官为要。当然，必要的情况下需要"杀一儆百"，也需要"杀鸡给猴看"，但这些不是常规管理，只是特殊情况下的处理。"棍棒之下出孝子"有没有道理？有一定道理。确实，只有怀柔，不是教育也不是管理，但只是"棍棒教育""大棒管理"一定是错误的，西方也倡导以"胡萝卜加大棒"方式进行管理。但什么时候用"胡萝卜"，什么时候应该"加大棒"，这是管理的关键。时机不准确，方式不对头，人家吃了"胡萝卜"依然我行我素，面对加"大棒"也可能直接反抗。

心和管理，就是要找到人内心愿意接受的方式，在合适的时间，用合适的方式方法提供"胡萝卜"或"加大棒"，目的都是心和。所以说，如何让人从内心里产生自愿，这是一门艺术，更是一门科学，同时还是一种心理学的应用。

激励机制，不是把理论直接应用就可以达到激励效果的，西方人力资源管理中的绩效激励，并不尽如人意，至少在中国企业中如此。且不说把"人"当作一种资源进行管理是否适合、是否符合人性、是否切合天地人大道，单单看绩效管理本身，从绩效计划、辅导沟通、评价考核到绩效反馈的整个循环中，员工并未被当作"人"来看待，即使看上去是针对"人"才会有的绩效辅导，但充其量也不过如同给设备加点润滑油，归根结底是一种"物本管理"。计划是如此，考核亦如此，这些管理不考虑"人心"问题，只涉及"人应该且可能达到的力"的问题。绩效考核的常用方法是"360度考评方法"，即主管考评、自我考评、同事考评、下属考评，很多企业还加上顾客考评，这就是全方

---

① 徐井岗.人心管理：生产力之新崛起[M].香港：中国教育文化出版社，2006：6.

位考评。当这种管理模式应用到中国的企业时,带来的直接问题就是绩效考核的真实性、公平性、有效性,以及剥削性问题,考核过程一片哀鸿;职位分析形同虚设、量化指标人情分、反馈机制走过场。所有的责难没有指向绩效管理这一模式本身,往往认为是领导无战略、部门不支持、措施不配套、业务不纯熟……事实上,绩效管理最大的问题,是不把人当"人",漠视"心"的作用,忽略"集体"的价值。物本管理把人视为"物",这一点无须多说;人心不顺无以谈能动性,人心不稳无以求积极性,人心不善无以论绩效,人心不聚无以说激励。

激励有物质激励,也有精神激励,很多人认为现在精神激励没什么作用了,就只剩下物质激励了。这实在是极大的误解。美国心理学家赫茨伯格(Frederick Herzberg)于 1959 年提出的双因素理论(hygiene-motivational factors,又称激励保健理论)认为,保健因素是指造成员工不满的因素,而激励因素是指能让员工感到满意的因素。他提出来的激励因素如工作表现机会、工作带来的愉快、工作上的成就感、对未来发展的期望、职务上的责任感等,都是精神激励层面的。这说明西方管理学理论也是承认精神激励的。我们讲物质文明与精神文明"两手抓",是说要从精神和物质两个层面激励、两个层面抓文明建设。

精神激励的巨大作用,几乎是无限的,是可以拿生命、用热血来实现的。若是把人的思想引导到利益至上,"逐利"为唯一目标,"钱"为唯一动力时,精神激励便失去作用了。这就是社会上没有底线现象频出、组织内员工没有归属感的深层次原因。简单地把精神激励判定为唯心主义而否定,这本身也是错误的。

所以,我们提出心和管理,强调人心要干净、思想要纯洁。只有在这个基础上,对应的激励才起作用。西式的绩效管理,在中国并没能创造出西方发达国家的辉煌;西式的薪酬制度,在中国也没能出现西方发达国家的成功典范。所谓的"没有任何借口"的西式激励,亦没能在中国职场书写传奇,倒是中国式的"心灵鸡汤"在职场发挥着西方管理理论无法企及的作用。说这些,不是否定西方管理理论的贡献与价值,只是为了说明"适合的才是最好的"。企业管理实践中,员工的奖金制度已经异化,起到的奖励作用微乎其微;荣誉称号,因为不被员工认可,很多企业已经取消。这说明相关的激励制度需要调整。

用欣赏管理,让员工感受到被尊重、被需要、被重视的"心灵快感";用品性管理,让员工体会到心灵安宁洁净、品格高尚大气、德性积极向上的价值;用满意管理,让员工得到心灵合理满足、适度满意的心理美感;用感动管理,让员工激扬起心灵温暖、正道感染、前路光明的希望……心和管理,能从心灵深处真正凝结起自觉自愿的巨大力量。

第二节　人心协和治国平天下

人心,不是用数字可以标注的;协和,不是用模式可以定型的。在中国,治国也好、平天下也好,归根结底是谋得人心协和。也就是说,用谋用韬略,都是为了人心协和、天下一家。谋略,往往作为一种文化现象呈现在世人面前,因为在中国人心目中,善用谋略之人是高智商、高智慧、高品位之人,通俗点说就是聪明的人、有本事的人、有德性的人;对谋略高手,人们不吝给予"谋略家"的称号,其谋略故事也会不断被演绎。在演绎中,谋略家渐渐被神化,以至于无所不能。由此,谋略逐渐发展为中国智慧的重要部分。谋略智慧的应用,对于国家而言是治国平天下,对于企业而言是治企得市场。无论是国家治理还是企业管理,其谋略智慧的应用都重在谋求顺人心、得人心。人心和顺、人心和畅、人心和睦,是谋略智慧的一种追求。

谋略,是思维的成果,也就是人心力量的体现;谋略文化,是精神力量的呈现,也就是心和管理又一视角的价值体现。谋略之能,是智慧能力的一种。

一、创业济世需要中国谋略

中国百姓很喜欢听谋略家运用谋略的故事,每每听到紧要之处,便会在心底热切盼望着想象中的"智慧大师""谋略智圣"出现,力挽狂澜于既倒,解救危难于水火;直到期待中的谋略主角真的出场,便放心地松了一口气,坐等主角潇洒自如出奇计、谈笑风生献谋略、轻轻松松横扫一切牛鬼蛇神,从而获得"心灵快感"。所以,民众看《封神榜》,重点不在如何封神,而在渭水钓鱼的姜太公如何智计百出收服各方;看《三国演义》,重点不在三国鼎立的天下大势,而在诸葛亮隆中对、出祁山奇谋不断。对兵家之圣孙武、帝王之师张良、破案高手狄仁杰、开国谋臣刘基等足智多谋者,黎民百姓关注的重点从不改变,那就是他们神乎其技、神鬼莫测的用谋之能,机巧奇变、袖里乾坤的智计万端。对于这些善用谋的高智慧者,中国人愿意相信他们的道德心是美好的,因为只有心美才能让谋略用在正道,只有用于正道的谋略才称得上智慧——有智还须有慧根。

中国管理的探索,往往会从古代中国的国家管理思想、管理原则、管理方式方法中去寻觅,而且即使是商业管理的探索,也是从那些手握重权且有商业意识的国君、皇亲国戚、股肱大臣的经济行为中去探寻,因为他们的经济管理,或多或少会与国家管理相关、相类,甚至相同。这也就是治国谋略与经商谋略不分家、庙堂智慧与民间智慧相共存的原因所在。从夏、商到西周三朝的1300余年,到春秋战国战火不息、探索国家治理的500多年,再从秦朝到清朝的2200余年,无论朝代如何更替、无论国土缩减还是扩张,中国文化之根始终不变,只是内容充实发展着、修正完善着,其中的谋略文化自然也代代传承、世世创新,融合成一股历史清流。

显然,谋略得以流传的重要特点,就在于其是用于治理国家平服天下的,故官家记载着、民间传颂着。其中,中国谋略的经典专著,可以追溯到被称为上古之书的《尚书》,书中不仅有我们提到过的十六字中华心法,还在

《大禹谟》《皋陶谟》《洪范》诸篇中阐述了中国最早的政治谋略思想。老子的《道德经》是中国文化的经典，也是道家学术的源头，但很多人也许不知道，此书还是谋略学家的心爱之书，几千年来，其理论广泛应用于军事学、国家管理。当然，真正最早直接以"谋略大师"之称闻名于世的鬼谷子，则将中国的谋略艺术演绎得淋漓尽致，其留下的作品《鬼谷子》（后人总结鬼谷子谋略所作）号称谋略宝典，享有"智慧禁果、旷世奇书"之美誉。管子作为各家学派的集大成者，其《管子》（亦为后人整理）一书，涉及经济、政治、文化、教育、军事、外交和个人修养、人际关系等各领域，其精言妙道、智谋韬略，蕴藏着极为丰富的哲理和智慧。儒家的《论语》《荀子》，兵家的《孙子兵法》、法家的《韩非子》等，即使在今天看来，仍然是谋略大家所留下的旷世奇书。此后各类谋略书籍不断涌现，如：西汉的《战国策》，智言睿语，机锋敏锐，在政治谋略、军事谋略、外交谋略方面独步天下，堪称谋略大典，洋溢着令今人叹为观止的人生智慧；三国刘劭的《人物志》号称识人宝典，其中描述的识人、用人的智谋，天下无双，应该是中国人才管理者必不可少的案头书。唐时有两本书很重要：一是《贞观政要》，这是治国谋略经典之作，称得上是中国真正的领导管理学鼻祖；二是名气并不太大但在谋略策略、知人善任、待人处世、整治时弊等诸多方面提供了经典案例和深邃思想的实用性韬略奇书《反经》（唐代赵蕤著）。宋朝的《资治通鉴》大家耳熟能详，是从政者案头必备之教科书，是管理者的金科玉律、至尊宝典。明朝也有两本书值得一提：一是洪应明所作的《菜根谭》，融合了中国先贤的谋略精华而创建了"菜根谋略"；二是冯梦龙所著《智囊》，这是一部真正运用中国智慧排忧解难、克敌制胜的处世奇书，是智谋锦囊，集社会生活谋略之大成。清朝时期，需要提一提曾国藩的《家书》《冰鉴》，其中《家书》435封，涉及修身养性、为人处世、交友识人、持家教子、治军从政，堪称谋略学百科全书；《冰鉴》是一部纵横中外的人才学教科书，一部关于识人、相人的经典文献，是曾国藩总结自身识人、用人心得而成的一部传世奇书，也是曾国藩体察入微、洞悉人心的心法要诀。

漫长的中国历史,谋略大家、谋略之作不计其数。择其一二,就可证中国谋略之广博、谋略文化之精深、谋略体系之完善。综上所述,中国谋略之学问,是从治国平天下开始的,论述最多的就是"权谋",如道家权谋、纵横家权谋、法家权谋等。兵家在论权谋的同时,更直接的是战谋,后世的《三十六计》亦如是。谋略从权谋渐渐延伸到国家治理、组织运行、社会发展、家庭生活、个人成长各个方面。最终,中国谋略渐成一种文化现象,为社会所广泛认同。

另有一位谋略始祖,叫吕尚,中国老百姓更熟悉他的另一个名字——姜太公。本姓姜,名尚,字子牙,后从其封地"吕"为氏,故曰吕尚。吕尚助姬发灭商立周,被封为齐侯,尊为齐太公。由是姜子牙又称姜太公。他的谋略主要体现在三方面:一是战谋,以军师之职辅佐周文王、周武王两代君王南征北战而成大业,征战立国过程中的计谋皆出自吕尚;二是人谋,麾下文臣武将云集,其识人、用人之道运用自如、独具慧眼;三是治谋,因功劳卓著,武王将齐国分封给吕尚,建都营丘,太公治国按国情风俗,精简礼仪,发展工商业,给渔盐等以便利,所以各地百姓争相归齐。

张良,字子房,号称"千古第一谋臣",以出色的智谋,协助汉高祖刘邦在楚汉战争中最终夺得天下。刘邦赞曰:"运筹策帷帐中,决胜千里外,子房功也。"(《史记·留侯世家》)张良与韩信、萧何并称为"汉初三杰"。与张良有关的智谋故事千古流传,如:举世闻名的"鸿门宴"中的斗智;入咸阳提出"杀人者死,伤人及盗抵罪"的"约法三章"(《史记·高祖本纪》);入汉中时明修栈道,暗度陈仓,平三秦夺关中;巧用矛盾用三人破楚的"下邑之谋";还有造成"霸王别姬"千古绝唱的"四面楚歌"之计等。这些智谋故事把张良善谋能断之能体现得淋漓尽致。

刘基,字伯温,属今浙江省温州市文成县人,被朱元璋称为"吾之子房也"。民间有"三分天下诸葛亮,一统江山刘伯温""前朝军师诸葛亮,后朝军师刘伯温"之说。刘伯温以神机妙算、运筹帷幄著称于世,在辅助朱元璋消灭群雄、推翻元朝、建立明朝的历史活动中发挥了智囊的作用。也因此,刘伯温在民间被神化,是先知先觉者,料事如神,"前知五百年,后知五百年"。后世评价他为"立德、立功、立言"三不朽伟人。

需要说明的是,中国古代数不胜数的谋士中,真正成为谋略大家、盛世之骄的,实属凤毛麟角。毕竟古代中国走仕途才是正道,一部分"学而优则仕"而最终不能"仕"的读书人,只能以"门客""军师""幕僚"等身份投入皇家、官府之中,为"主公"出谋划策、排忧解难。再成功的谋略大家,也基本上只是皇家谋臣。而成功后,聪明的谋略家大都选择归隐,因为创业元老功高震主,因为"飞鸟尽,良弓藏;狡兔死,走狗烹"。所以,谋略者,还得会谋自身退路。

谋略容易谋心难,谋心至"和"难上加难;能谋善谋心和者,方可立不世之功。

二、治国平天下显中国智慧

谋略,字面上看是通过计谋策略的运用,获取己方利益的一种积极的谋划并制定策略的思维活动和过程。它涉及创造制胜条件所要参考的一切信息,所要动用的一切力量,包括物质层面的设备、物资、人力、财力等,以及精神层面的知识、文化、思想、意识等。它体现了智力水平,但不仅限于智力,还包括阅历、经验、社会关系、实践能力和综合分析应用能力等。当这些要素与感知、记忆、理解、联想、情感、逻辑、辨别、计算、分析、判断、中庸、包容、决定等要素综合在一起,上升为智力体系、知识体系、方法与技能体系、观念与思想体系、审美与评价体系等体系后,便形成必要的智能结构、社会结构、思维结构等,就不再是以点子、计策、图谋、策略为特点的谋略,而是升格为一个新的概念——智慧。从这个意义上说,智慧是谋略的升华。前面提到的政治家、谋略家、思想家,大多是从师爷、谋士等角色升格为有大智慧的大家;智慧的核心是心智、心性,心智的要义是慧根开,心性的本质是德性与定性。慧而有德且坚毅,中国智慧的本色。

西方智慧的源头是柏拉图,印度智慧的源头是《奥义书》,中国智慧的源头是《周易》。《周易》的智慧关乎治国平天下的道理,是治国安邦、经世致用、体现着东方智慧的管理哲学。这个哲学用一个字来解释就是"和",用两个字来说明就是"心和"——人心协和,智慧自现。

第四章"人心管理理论"体系中,提到过《大学》中的八条目、管理中的"八德"之孝悌之德。八条目以"齐家"为基础,能管理好家庭、家族的人,才有治国平天下的基础能力。《周易》的治国智慧,也是从"齐家"入手的。中国八卦依次为乾卦、坤卦、震卦、巽卦、坎卦、离卦、艮卦和兑卦。乾为天,是纯阳之卦;坤为地,是纯阴之卦。乾坤两卦被看作父亲和母亲,父母交合以后生出六个孩子,就是"乾坤六子"。震卦为长男,坎卦为中男,艮卦为少男。巽卦是长女,离卦是中女,兑卦是少女。八卦中每一卦代表一个卦象。如图8-1所示。这样的一个家庭,是阴阳和谐、男女和睦、生活和顺的,因为符合阴阳相和的原理。中国家庭的亲戚关系,也是以此为本构建的:父系亲属中与父亲同辈的兄弟姐妹,男称叔伯(其妻为婶娘)、女呼姑妈(其夫为姑父);母系亲属中与母亲同辈的,男称娘舅(其妻为舅妈)、女呼姨妈(其夫为姨父)。同辈兄弟姐妹中,同父母的,男称哥或弟(其妻为嫂子或弟媳)、女称姐或妹(其夫为姐夫或妹夫);父亲兄弟姐妹的儿女,男称堂哥或堂弟(其妻为堂嫂或堂弟媳)、女称堂姐或堂妹(其夫为堂姐夫或堂妹夫);母亲兄弟姐妹的儿女,男称表哥或表弟(其妻为表嫂或表弟媳)、女称表姐或表妹(其夫为表姐夫或表妹夫),形成父系堂亲、母系表亲的关系。

作为家庭,是指图8-1所示的一家子。但若儿女各有嫁娶,男方成家后若另立门户(分家后独立),就是自成一家(男方成家后也可不分家,合一起过);女方出嫁后从夫。男方各房各立门户,彼此之间就是家族关系(也有女儿招婿,或特许女儿成家入家族的)。一般三服(堂或表、再堂或表、三堂或表的三阶关系谓之三服)之内都可以是家族,也有的大家族只要不出五服

图 8-1　八卦家庭和谐示意

（堂表关系在五阶之内）皆算在家族之内。古代最完整的大家族就是"九族五服"（从高祖、曾祖、祖、父母、本人到子女、孙、曾孙、玄孙九代谓之九族）。所谓大户人家，一方面是官大财大，另一方面就是家大族大。从一个小家庭到一个大家族，其管理的确不是一件容易的事，人情纠葛比社会关系更复杂，不然也不会有"清官难断家务事"一说。

正因为如此，修身之后是齐家，然后才可以治国平天下。《易经》最讲究阴阳协调、男女平衡，这是管理家庭或家族的基础。阴阳二气相冲，到一定程度达到彼此相和。所以一个家庭要和谐，需要有男有女，子女成双，而且长、中、小齐全。这就是中国人对家庭成员的基本理解。在计划生育时代，这样的理念被冲破。而一旦恢复"二孩"政策、鼓励"三孩"政策，百姓最大的盼望还是有儿有女。这叫龙凤呈祥、儿女双全。只是家族关系在"破四旧"年代被打破了，那时候宗祠牌坊都给砸了，以小家为主，家族间也只是作为亲戚来往，一般到三服就基本上不来往了，五服就更无关系了。

虽然家族关系淡化了，但齐家治国理念还是有参考价值的，管理不好小家，管理一个组织、一个区域、一个国家这样的"大家"，就很难让人信服。处理好家务事，也是智慧的一种体现方式。这也是从易理开始就展现出来的中国"家文化"内涵之一。

修身是个人修养,齐家是家庭或家族管理能力,治国平天下是中国智慧的应用。《易经》原理中处处体现出这样的中国智慧。三爻卦,两两相叠组成新的六爻卦,其展示的智慧内涵就更丰富。比如乾、坤两卦相叠,就有了否卦、泰卦。乾在上坤在下的组合叫否卦,乾在下坤在上的组合就叫泰卦。否卦是不好的卦,因为乾在上是阳气上升,坤在下是阴气下降,阴阳背道而驰了;泰卦是好卦,因为阳气下沉,阴气上升,阴阳交合,符合自然规律,当然是好的。所以,中国智慧中的重要一条就是天地交合而为泰,反之而为否。同时,六十四卦是一个相连的圆,泰卦排在第十一卦,否卦排在第十二卦,否卦绕行一圈,便到了泰卦,所以有否极泰来的成语,是说逆境达到极点,就会向顺境转化,也指坏运到了头好运就来了。这一物极必反的原理也成为中国智慧的重要内涵。同理,坎、离二卦相叠,生成既济卦与未济卦。坎上离下为既济卦,水在上,火在下,水火既济,自然是成功的。离上坎下则成了未济卦,火在上,水在下,阴阳不协调,自然不成功。既济卦,水在火之上,不至于出现危险;但未济卦火炎向上,水流往下,互不相交,危险是肯定的。但同时,既济卦告诉我们盛极将衰,所以要小心谨慎;未济卦告诉我们物不可穷,事情尚未完结,还要向前发展,未来还有变数。这些都为中国智慧之库提供了宝贵财富。

以此类推,易经六十四卦,卦卦暗藏玄机。睽卦,离上兑下,火往上动,泽往下流,两相背离。这一卦就提供了"忍"的智慧,因为若不肯忍,消灭了一方,自己这另一方也没有了,最好的办法就是"求同存异"。革卦,则是兑上离下,出现泽(水)火不相容情况,于是提出了"变革""革命"的概念:"天地革而四时成。汤武革命,顺乎天而应乎人。"(《周易·革卦》)意思是天地的变革形成了四季变化,商汤、周武王的革命,顺从了天道规律又应合民众的愿望(所以取得胜利)。晋卦,上离下坤,火为光明,坤为大地,光明普照大地。所谓"明出地上,晋。君子以自昭明德"(《周易·晋卦》)。说的是太阳从地面升起,象征晋升增德,一个有为君子,自当效法,努力昭示自己的光明德性。而明夷卦坤上离下,"明入地中,明夷。君子以莅众,用晦而明"。夷,创夷,伤害的意思。光明藏入大地之下,需明白;有伤害,应远离以避。有道君子管理众人时,应学会隐锋芒、大智若愚、韬光养晦,直到光明出现……限于篇幅,这里不一一介绍六十四卦,但每一卦所揭示的中国智慧,直到今天仍然在启示着人们。而《周易》每一卦所体现的核心智慧,综合起来就是一个"和"字。达到心顺人和,是中国智慧的境界。

中国智慧,不仅能平天下,也能治企平市场、治家平环境,促进整个社会、整个国家、各个组织的和平发展、和谐共进。心和管理,提倡、鼓励、践行这样的中国智慧。

三、人心治理协和谋略智慧

无论是"谋略"一词还是"智慧"一词,汉语意义都十分丰富,两者既有关联也有区分。一般来说,谋略是具体化的智慧应用,是将相关信息、现实情况和长远打算放在一起考量后所制定的问题对策、行动方案。智慧是人的智能体系(聪明才智)与聪慧机理(理清纷繁)的集合,慧者拥有一双慧眼、一颗慧心,而佛家说的慧根明见,是生命所具有的高级创造思维能力。从道器角度说,智慧是形而上的"道",谋略是形而下的"器"(虽仍非有形,却是智慧的展示形式)。所以,智慧光照下谋略自现,谋略善胜者智慧积聚。具体说,谋略是计谋策略,智慧是才智慧明;谋略是成果体现,智慧是内在本质。有内在智慧的谋略是智慧性谋略,是大师的谋略。

就"智慧"一词而言,智为道家言,慧为佛家语,智慧为儒家词。智者能知阴阳判吉凶,能审时势明盛衰,能顺机理通成败。故而足智则多谋,但若贪利则智昏;智是否用得好、用得巧、用得准,在于是否有慧,即有没有慧根、慧海、灵慧、定慧。达精明而看得深、看得远,谓之有慧眼;达真理而勘得破、悟得透,谓之有慧根;有智慧则照破一切而成就功德无量。佛家谓"六根",

即眼、鼻、耳、舌、身、意(心),慧根即意根,为念虑之根,故慧根即慧心。慧心决定"智"内在的本质、应用的方向,聪慧就是用慧心"看"清一切,故有慧眼、慧目等说法,如此才智才能用到最佳处。"智慧"一词的真正意义,便在于此。

智者知阴阳,慧者明大道,一切谋略也分阴阳。阴谋是见不得阳光,即在暗中做坏事,所出之计为诡计,其特点是以躲于暗中阴人为目的,令人防不胜防,但毕竟有破绽,遇高手便难以得逞,还可能"赔了夫人又折兵";阳谋是堂堂正正、光明正大的谋略,是随势而动、应势而发,其特点是对自己的各种资源进行有效配置,因势利导达到目的,无空子可钻,但难度极高、实施困难。这就需要有一颗慧心,懂得对敌可用阴谋亦可用阳谋,针对内部矛盾尽可能用阳谋;所有谋略皆指人心,人心顺则一切顺。这就是智慧谋略治理人心。

智慧谋略治理人心者大道至简。婴儿懵懂,有吃便欢;少儿无邪,天真烂漫。成年了,烦心事便越来越多。为何?无他,简单二字而已——少时简单,长大复杂。简单,便是纯朴坦然;简单,便是真理之本;简单,便是慧根清静。所以,真正的大道,回归无邪坦荡,至简便可。

江湖术士,窃得《易经》之皮毛,将简单的问题复杂化,把预测之学神秘化,然后蒙骗他人得些许钱财。因此,永远成不了真正的大家。现实中常常见到:原本简单的手续烦琐了,原本简单的知识繁杂了,原本简单的路径繁复了……管理者捧着一本本看不懂的书,对着一个个无效用的模型,反而更加不知怎么管理了。

这说的就是治理人心的第一大谋略原则——大道至简。

智慧谋略治理人心者大智若愚。经验可以让人少走弯路,但只信经验,则不如无经验。一步一个脚印,笨一点、慢一点没关系,总是在往前走着。古人有云:"一室之不治,何以天下家国为?"尚不会走路就想跑,一室之小都没治理好就想治国平天下,乃好高骛远。所以,真正有智慧的人不张扬、不猖狂,而是心态平和,遇事沉着,胸中自有丘壑,能藏百万雄兵;心境顺和,行事冷静,心内自有计较,深谙变化之道。大巧若拙,大事心中洞若观火,小事闭眼难得糊涂。懂得"欲要取之、先要予之"之理,明了彼此平衡双向和谐之道。如此便是"大直若屈,大巧若拙,大辩若讷"(《道德经》第四十五章)。

由此得出治理人心的第二大谋略原则——大智若愚。

智慧谋略治理人心者有容乃大。有容乃大之意,《尚书·周书·君陈》如此云:"必有忍,其乃有济;有容,德乃大。"这里是说有忍耐精神,才能让事情成功;有宽容胸襟,才能让德行广大。所以,包容、宽容的雅量是"有容"之本义。后人根据这一内涵,写出许多文章对联,如明代兵部尚书袁可立所写的自勉联"受益惟谦,有容乃大",是从修养的视角勉励自己要谦虚谨慎、胸怀宽阔。清末,民族英雄林则徐在书室中悬挂八字联——"海纳百川,有容乃大;壁立千仞,无欲则刚",表明自己"有容""无欲"的心迹。中国楹联中有"宰相肚里能撑船,将军额上能跑马""有容德乃大,无求品自高"等流传。这就是中国智慧谋略所要体现的"厚德载物"。这里需要说明的是,大人物胸中有天下,手中亦有天下,这"有容"可以是"海纳百川"。但从管理角度看,芸芸众生虽可以"胸中有天下",但毕竟"手中无天下",如何有容? 其实,中国文化深奥无比,既有"海纳百川",也有"曲径通幽"。千山万壑固然波诡云谲,更显得出大智慧大谋略,然小院亭台亦有山水曲径,自能昭示出百姓平凡中的伟大智慧。职位有高低,平台有宽窄,心中有天下,曲径能通幽。"有容"才是核心,"有容"才有大智。大智而谦逊,谦逊而简单,自不会事事争,旁人看来"若愚",实者,大智慧也!

故而可见治理人心的第三大谋略原则——有容乃大。

智慧谋略治理人心者上善若水。人类选择居住地,皆有一个共同点:近水而居。水与空气一样,不可或缺,所以无论是东方还是西方,无论是南半球还是北半球,人类选择居住的地方,一定方便取水、用水;远离水源之地便是贫瘠之地。所以,水是人类共同尊崇的。老子观水而见其德,曰:"上善若水。水善利万物而不争,处众人之所恶,故几于道。居,善地;心,善渊;与,善仁;言,善信;政,善治;事,善能;动,善时。夫唯不争,故无尤。"(《道德经》第八章)人最好的品德便是水德,因为水有三德:一是"利万物",即水用自己滋润万物,使其生长——润泽天下的美德;二是柔而"不争",水柔顺而流,不与天争、不与地争、不与人争、不与万物争——谦让无争的美德;三是"处所恶",水流向人所不喜的地方,不占用好的处所——任劳任怨的美德。也就是说,水可以忍辱负重,尽其所能奉献自己帮助别人。有水一样美德的和善之人,所居之地,不影响他人为要;维持心静,保障心深如渊为贤;与人相处,保持仁爱无私为紧;与人言语,保持恪守信用为德;处理政务,保证治理好国家为先;办理事项,以能发挥能力为优;开展行动,以能准确把握时机为强。水有着不与万物相争的美德,所以"无尤",即没有过失,没有怨咎。水是德,水是智,水是慧。

治理人心的第四大谋略原则,也是做人用谋之至高境界——上善若水。

只着眼于谋略,可能会过多关注城府心计、注重非常规运作。久而久之,人心会黯然失色,所以谋略要上升到智慧。用谋用智,皆要引导人心向上,明大道至简,懂大智若愚,能有容乃大,得上善若水。有此四者,深谙心和管理精髓也。

第三节　天下协和谋世界大同

古代世界,因地理原因,东半球与西半球山高水长交通不便,沟通交流难上加难。看看外面世界的欲望、寻找新机会的梦想、天灾人祸的逼迫,让一些冒险家走进了彼此,发现东西方在方方面面都有着巨大的差异。文化有差异、风俗有差异,治理方式也有差异,但是人类的梦想,虽然表述形式不一样,本质却极为相近甚至相同。比如,西方有"理想国"的梦想——柏拉图构造的乌托邦式的理想政治社会模式;中国有"大同世界"的梦想——孔子描述了一个人人贤德、天下为公的美好蓝图。"理想国"的梦想具体化为伊甸园,"大同世界"具体化为陶渊明的"世外桃源",它们是纷争不断的现实社会中的一泓清流。虽然我们知道,乌托邦和世外桃源都只是一种空想,但不妨碍我们理解和追求人类心中深藏着的对"国家"的期望,因为从"理想国""大同世界"中,我们可以发现其中有一个本质性的共同点:追求人善心和。"理想国"的最高理念是"善",具备智慧、勇敢、自制、正义四种德性;"大同世界"的最高理念是"和",具备仁爱、德和、均等、和平四个条件。

一、西方蓝图规划之理想国

孔子在《礼记·礼运》中记载"大同世界"的时候(孔子时候的《礼》是六经之一的原本,不是大小戴《礼记》),柏拉图以及他的老师苏格拉底都还没有出生。而那时的文化交流也还不可能让古代中国与古代希腊有交集。但是在他们的哲学思想中不约而同地有着世界大同的理想国。虽然由于政治、经济、文化环境等方面的不同,描述的内涵千差万别,但在今天被一同评价为"乌托邦"。不可否认,这几位人类思想的先驱者,都执着于"国家"理念,追求以善为德、以和为贵。

苏格拉底与孔子一样,既是哲学家又是教育家,但都没有留下著作。他们又不一样,苏格拉底的道德善、智慧真思想,存在于他的弟子柏拉图和色诺芬的文稿记载中,这两人的记载有许多内容是矛盾甚至冲突的,后人很难确定到底是苏格拉底的思想还是记载者的思想。孔子虽没有自己的著作,却修订过《诗》《书》《礼》《乐》《易》《春秋》六经,而且孔子的弟子及再传弟子,把孔子与其弟子的言行语录和思想记录下来,整理编成《论语》。即,研究孔子的思想是有案可据的。《理想国》是用授业恩师苏格拉底与人的对话方式表述出来,由此一般认为,《理想国》的思想是柏拉图的,至少是柏拉图理解的苏格拉底思想。

一般认为,柏拉图的《理想国》是人类历史上最早的乌托邦,这不太准确,因为孔子修订《礼》的时候,就已有了"大同世界"的思想。所不同的是,"大同世界"在《礼》中是作为一种思想、理念提出来,有具体的社会形态要求,却不是以国家模式设计。后人一点点补充,到陶渊明时有了一个完整的"世外桃源"的范本。而柏拉图的《理想国》概括和总结了柏拉图前期的哲学思想,在探讨哲学、政治、伦理道德、教育、文艺等各方面的基础上,以理念为基础,构建出一个系统的"理想国"国家方案。

柏拉图在《理想国》中认为,一个好的国家应该具备智慧、勇敢、自制、正义四种德性。前三种德性具备了,也就有了正义。四种德性的关键是要有正义。智慧只有少数人才具有,因为它需要有治理整个国家的知识;勇敢的属性归于保卫国家的卫士们;自制是国家和谐的一种结果,因为当统治者与被统治者能够和谐一致,就达到了自制。柏拉图认为智慧是属于哲学家的,哲学家是爱智慧的人,只有热忱于寻求真理的人才是爱智慧的人,他们才是哲学家,那种对任何事情都好奇的人算不得是真正的哲学家,治理国家应该由最高哲学者担当,就是"哲学王"。他认为"哲学王"为国王的国家是最理想的国家。

柏拉图根据智慧、勇敢和自我节制这三种品德,把国家分为三个阶层:一是有智慧之德的统治者,即受过严格哲学教育的统治阶层;二是有勇敢之德的卫国者,即保卫国家的武士阶层;三是有自我节制之德的供养者,即平民阶层。统治阶层、武士阶层可以拥有权力但不可拥有私产,平民阶层可以拥有私产但不可以拥有权力。在上者治国有方,在下者不犯上作乱,三个阶层各居其位,各司其事,就像一个人身体的上、中、下三个部分,协调一致,就像一首完美的乐曲那样达到高度和谐。这与中国儒家"三纲五常"思想异曲同工。

柏拉图心中至善的城邦,是鄙视个人幸福的,却无限地强调城邦整体和他所理解的"正义"。所以,他认为,人的心境应该是平和的,强烈的肉欲会破坏这种平和,而肉欲是兽性的表现、是生物体的本性。作为高级动物的人,应该是人性节制兽性,人与人最美好的、最道德的交流应该是精神交流。这就是后来被称为"柏拉图式爱情"的精神恋爱之来源。也正是因为这种观念,在柏拉图眼中,第三阶层的人民没有高智慧,不懂精神交流的美好,是低下的、可以欺骗的。他在《理想国》中赋予了统治者无上的权力——为了国家利益可以用撒谎来对付敌人或者公民。这与贵族高人一等的思想、森严的等级制度相通。

显然,在柏拉图的社会分工体系中,哲学家是最聪明的人,因此他把实现国家改造和治理的理想,全部寄托在哲学家执政治国上。这与中国老子所论有异曲同工之处。老子提出君王要"无为而治""不争而为",至于是否达到了这样的高境界,应该由"圣人"来判定。与柏拉图一样的观点是都体现出"人治论"(柏拉图后来提出第二等国家是法治国家),但柏拉图是由"哲学王"直接管理国家,老子是让君王管理国家,由"圣人"负责监督指导和鉴定。

此外,柏拉图以理念论为其思想核心,认为理念是事物的永恒不变的"范型",是独立于个别事物和人类意识之外的实体。感性的具体事物只是完善的理念的不完善的"影子"或"摹本",所以是不真实的。他给理念分了等级,最高的是"善的理念"。他认为理念来自灵魂,灵魂具有一种认识能力,由此提出了《理想国》的另一个重要思想——教育。教育使认识能力掌握正确的方向,促使其从黑暗转向光明,从现象的世界走向真实的世界。于是,理想国版图里有了一套理想的教育课程:初级课程为体育和音乐,专业课程为算术、平面几何、立体几何、天文学、哲学等。此外,柏拉图在文艺、美学等方面,也有成套的理论主张。

柏拉图的理想国,主要是构建了一个哲学思想体系所主导的城邦国家,设计了一个真、善、美相统一的政体,即可以达到公正的理想国,并没有对国与国之间的关系处理、道德标准、哲学思想有所涉及。老子在《道德经》第六十一章中对此则有比较明晰的规划:"大邦者下流,天下之牝,天下之交也。

牝常以静胜牡，以静为下。故大邦以下小邦，则取小邦；小邦以下大邦，则取大邦。故或下以取，或下而取。大邦不过欲兼畜人，小邦不过欲入事人。夫两者各得所欲，大者宜为下。"老子非常鲜明地提出国家之间应互相谦让，大国要像水流到下游一样让百川交汇。这种女性的柔顺以安静守定胜过男性的强悍。所以大国谦让小国，可以取得小国的信赖；小国对大国能谦让顺和，就可以被大国认可而相容。大国不要过于迫切地统治小国，小国也不用过于顺从和事奉大国。大小国家都可以各取所需，但大国应该特别谦让小国。从中可以看出，东西方先贤在许多思想问题上有共通之处，但又各有各的坚持、各有各的思想内涵。

其实，在西方，还有一个更美更和谐的理想国，这就是《圣经》中描绘的伊甸园，即上帝为人类准备的美好家园：参天大树林立、鸟语花香遍野，四季常在；各种美味果子包括生命树上的鲜果垂挂满树；鲜花美景中，清澈的活水从生命水的河里源源不断地流淌……亚当、夏娃幸福快乐地生活在其中。这是人类共同渴望的美好的、理想的家园。而在这个理想家园中，我们仍然可以读出和平、和顺、和谐、和睦、天人合一的大同世界的诉求。

二、中国千年期盼大同世界

对一个美好社会、理想家园的期盼，是人类共同的梦想。传说中国早在远古大道盛行、周公治世的时候，就是一个和谐美好的社会，春秋战国诸子百家十分怀念这个社会中的治理模式。孔子十分赞赏这样一个没有私心、没有罪恶，而是充满慈爱与秩序的理想社会、理想国家，于是与其弟子一道，把这些追忆的内容编纂成六经之一的《礼》，期望能恢复这样完美的大同社会。他曾说："凤鸟不至，河不出图，吾已矣夫！"（《论语·子罕》）传说舜、周文王时都出现过凤凰，预示"圣王"将要出世。孔子感叹自己遇不到这样的好时代，心心念念的周礼也不可能恢复了，不免心伤。他去世前七天，子贡（端木赐）去看他，"孔子因叹，歌曰：'太山坏乎！梁柱摧乎！哲人萎乎！'因以涕下。谓子贡曰：'天下无道久矣，莫能宗予……'"（《史记·孔子世家》）泰山将崩塌、梁柱将摧毁、圣人将枯萎，是因为天下无道很久了，孔子感叹自己的思想主张没人采纳……孔子一生是凄凉的，但身后其思想却被广泛认同，他提出的大同世界，后代一直在不断探索和追求着。对于孔子而言，"大同世界"是先辈实践过的。

从诸子百家留下的著作看，他们相信大道盛行的大同世界不是理论空谈，是存在过的，是中华民族协和管理的最早实践。孔子干脆与弟子一道，将大道理念、协和理论结合在一起，勾勒出一个世界大同的治国方略，并周游列国，试图说服各国君王施仁政，用仁爱重建这样的美好社会。虽然这一理想未能实现，孔子也未能成为当时各诸侯国的治国"圣人"（中国文化"至圣"是后人赋予的），但这大同世界的思想、模式却在《礼》中保存下来了。

《礼》是孔子及其弟子用于教授弟子的教材之一。因记载下来的材料文义古奥，怕后人看不懂，孔子亲传的七十子在学习过程中以作业形式撰写了大量阐发经义的论文，总称"记"。流传至东汉时，很多就失传了，版本也比较多。当时最为有名的是戴德和戴德的侄子戴圣的两种选辑本。戴德辑的称《大戴礼记》，流传不广；戴圣辑的称《小戴礼记》，因郑玄作注而畅行于世，后人称之为《礼记》。《礼经》佚失后，《礼记》成为正本。建立人与社会公正平等、人人各得其所的以中华和文化为特征的大同社会的内涵，在《礼记·礼运》篇有所记载："大道之行也，天下为公。选贤与能，讲信修睦。故人不独亲其亲，不独子其子，使老有所终，壮有所用，幼有所长，矜寡孤独废疾者，皆有所养。男有分，女有归。货恶其弃于地也，不必藏于已；力恶其不出于身也，不必为己。是故谋闭而不兴，盗窃乱贼而不作，故外户而不闭，是谓大同。"这就非常清楚地描述了一个人类社会发展的最高境界——大同世界，以及这个大同世界（国家以大道治理而形成）的理想状态。

所谓大同，其国家理念就是"大道之行也，天下为公"，符合自然规律和公共道德的"大道"，成为国家治理与发展的指导思想；人人都懂天下是天下人的天下，人人都努力为天下人的利益而奋斗；在这个国家内，人人都享受着平等的待遇。

所谓大同，其管理准则就是"选贤与能，讲信修睦。故人不独亲其亲，不独子其子。老有所终，壮有所用，幼有所长"。选择品德高尚而才华横溢的人来管理国家，国家能顺利而迅速地发展前行；管理者以及子民都能讲究诚信，修邻睦好，社会氛围就会和睦协调，四海之内皆为亲朋。整个社会，不只是赡养伺奉自己的父母，不只是抚养培育自己的儿女，还要赡养伺奉天下所有的父母，抚养培育天下所有的儿女，让老人乐享天年，青中年效力社会，幼少苗壮成长，全天下实行大同。

所谓大同，其社保体系就是"矜寡孤独废疾者，皆有所养。男有分，女有归"。也就是说，鳏夫（无妻的人）、寡妇（无夫的人）、孤儿（幼年丧父的孩子）、独老（老而无子的人）、病残（残疾人）之人，皆得善养。男子就业理想，妇女婚配幸福。

所谓大同，其社会公德就是"货恶其弃于地也，不必藏于己；力恶其不出于身也，不必为己"。也就是厌恶、反对那种把货物弃置在地上的行为，也不能把掉在地上的东西捡起来据为己有，所谓"路不拾遗"；反对那种不肯出力办事的人，也不能把资源（所出的力）用在自己身上，所谓"不谋私利"。

所谓大同，其社会环境就是"闭而不兴，盗窃乱贼而不作，故外户而不闭"。这是说奸邪之事不会发生，盗窃、造反和害人的事也不会发生，因此，家家户户也不需要关门上锁，因为"天下无贼"了，所以"夜不闭户"。

这个大同世界里，形成人人为我、我为人人、各尽所能、各取所需的社会关系；人民都不诈、不贪、不懒。在这个大同世界里，天下无贼，世间绝匪，家家户户路不拾遗、夜不闭户。而要实现这样一个大同世界，就需要讲礼仪、施仁政，家国一体；大道行、贤能出，天下为公。所以，民本思想成为中国文人向统治者不断推荐的国策。《诗经·商颂·玄鸟》云："邦畿千里，维民所止。"人民所居之处才是邦国，人民是国家存在的根本，民心是社会发展的决定因素。"《诗》云:'殷之未丧师,克配上帝。仪监于殷,峻命不易。'道得众则得国,失众则失国。"(《大学·治国平天下》)这是说,殷朝没有失去仁义之师之名(即未失民心)时,还是配做天帝之子的(即符合上天旨意)。所以,须以殷朝为鉴,固守天命不被替代。正是秉持着这种大同世界的治国理念,中国人一直以德为重、以财为轻,这也是中国社会一直以来可以"重农"、可以"重学",但不会"重商"的政治原因所在。"德者本也,财者末也。外本内末,争民施夺。"(《大学·治国平天下》)国家管理者如果把根本的"德"表现为在外做做样子,而内心里却只重钱财的占有,那就一定会与民争夺财富利益,所施手段也会失德,即巧取豪夺、不择手段。这样永远也不可能创建出一个大同世界。

2000多年以来,大同世界的理想虽一直没能实现,但却成为一代代有识之士无法磨灭的理想。有人认为大同世界不切实际,不值一提;对其展开的研究根本不是学术探索,而是毫无价值的空想、幻想,没有任何实际意义。其实,这才是最危险的。当人们对实现美好社会、创建理想家园的梦都不想做、不敢做、不会做的时候,人脑的联想还有意义吗?理想还有意义吗?对于理想国、对于大同世界,可以把它当作一种远大的理想,分阶段地、一步步地朝着这个目标前进,最终实现大道之世。

这就是心和管理重提大同世界的缘由。

三、心和管理谋求命运与共

东西方哲学先贤、教育圣人、影响整个世界的思想家,都不约而同地期望创建出世界大同的理想社会,这至少说明,人类最终的理想是相通的、相同的,那就是建设一个人人有德有识,个个敬老爱幼,家家安居乐业,社会融合大同的理想社会。历经几千年,这一理想仍然没有实现,是因为弱肉强食的生存法则没有得到根本改变。山有高低大小之分,水有洪水涓流之别,这是自然法则。动物界没有思想、没有智慧,强者吃了弱者,这也是自然法则。

所以动物界任何一个物种，必须找到保全自己的法门，找不到保全之法就得消亡；存活下来的，其保全自身的法门，与别的动物族群保全自身的法门，形成了一种生态平衡。然而，动物界的智者——人类，会去破坏这种生态平衡，自然法则便被打破了，也就是中国先贤所说的天人合一法则被打破了。人类的贪婪，导致生态失衡，也导致矛盾不断、冲突不断、战争不断，世界大同的理想越来越遥远。

国与国之间也是如此。强者，用自己规定的法则肆无忌惮地压制别国政权、人权，压榨别国资源、利益，还要堂而皇之地用自己的话语权欺骗民众、践踏他国主权和生存权。民众的知情权掌握在强者的手中，所谓的民主是让"民"在"我"允许的范围内做"主"。强国居高临下制定的世界游戏规则、世界瓜分秩序，是永远也不可能在真正意义上达到世界大同的。柏拉图的"理想国"也不行，因为并没有真正意义上的众生平等，其仍然是一种高高在上的设计，只不过认为主宰世界的人应该是有智慧的人，即像他那样的"哲学王"，而没有"民本"思想观念。

那么，为什么在有着"和文化"传统的中国，几千年来也没能建成大同世界？还是人心问题。古代中国的强人也没有老子所说的谦让思想，认为谦让就是示弱，示弱就会受人欺负。所以强者不谦让弱者，而弱者想要改变弱势地位。彼此都心比天高，都想成为霸主。人心没有平和，世界无法大同。

人性本善还是人性本恶，几千年来没能争出个结果。于是假设人性本善的从"性本善"角度提出治理国家、统治臣民的方略，假设人性本恶的从"性本恶"角度提出治理国家、统治臣民的方略。无论哪一种，都无法真正治理好国家、管理好臣民。

显然，人性中有一个劣根性阻碍着大同世界的创建：人心不足。中国有一个"人心不足蛇吞象"的典故（《山海经·海内南经》）。这里所说的"人心"，其实就是人的欲望。人的欲望无止境，总是这山望那山高。欲望，既成为人们奋斗拼搏的动力，却也成为人们迷失自我的毒药。人在欲望中奋起，也在欲望中沉沦,不同的人生阶段会萌生不同的欲望。所以,古人早就有告诫——"难得糊涂",也早就有提醒——"知足常乐",警示"祸莫大于不知足,咎莫大于欲得。故知足之足,常足矣"(《道德经》第四十六章),更有警示"勿以善小而不为,勿以恶小而为之"①。老子的"无为而治""不争而为"、孔孟的"克己复礼"其实都在说明一点:任何事物都有一个度。"有君而为之贰,使师保之,勿使过度。"(《左传·襄公十四年》)有了国君还要设置辅佐他们的人,让他们教诲、保护国君,以免他做事过分。怎样才能不过度呢?这就需要建立一个机制,"是故天子有公,诸侯有卿,卿置侧室,大夫有贰宗,士有朋友,庶人、工、商、皂、隶、牧、圉皆有亲昵,经相辅佐也。善则赏之,过则匡之,患则救之,失则革之"(《左传·襄公十四年》),不仅要有公卿大夫辅佐,还要有亲朋好友、各行各业的来帮助他,好的就赞扬,过了就纠正,有难就帮助,有错就革除。这样还不够,还可以用史书、诗歌宣传(即舆论监督),大夫、士庶、商工各色人等规劝、批评(即现实监督)等。

老子《道德经》云:"失道而后德,失德而后仁,失仁而后义,失义而后礼。"这里涉及道、德、仁、义、礼五个方面,无道表现出来便是无德,无德便不讲仁,无仁则义也会失去,无道德、无仁义,谁还讲礼?!这揭示出,道在心中,表现出来就是德。上面这段话的前面还有这样几句:"上德不德,是以有德;下德不失德,是以无德。"意思是说,道德高尚之人不认为自己有上德,这才是真正有德;道德低下之人从不承认自己失德,所以无德。据此解读"失道而后德,失德而后仁",应该是说心中无道之人得修德(修到有德为有道),下德之人须求仁(求得上仁才有德);以此类推,下仁之人应讲义,不义之人就要从有礼开始做起。这就可以理解中国古代"以礼治国"的文化缘由了。总结起来,从完全内在的道到完全外化的礼,是一个由内而外、由外而内的修炼过程与修心规律:道→德→仁→义→礼,心中有道,德性就在,由德性而

---

① 这是一代代圣贤学习、研究者综合而成的中国道德观念,后在《三国志·蜀书·先主传》中正式出现。

德行,表现为有仁有义,自然待人处世彬彬有礼;若大道已失,那么从礼开始修行,礼→义→仁→德→道,由外化的礼之行动重归忠信,由忠信而凝聚成义之品性,由人品好而修炼出仁之品质,高品质者彰显出德之光辉,最终回归到内在的心中有道。

是以,为了一己私利而无礼、无义、无仁,便是无德、无道,便是毁坏人类的进步成果、阻碍文明的发展。"大丈夫处其厚,不居其薄;处其实,不居其华。故去彼取此。"(《道德经》第三十八章)真正对世界有担当、对人类有责任的"大丈夫",深信人类命运是共同的。反之,便是"下德"者、"居其薄"者。无论是人类管理、国际管理、国家管理,还是人际管理、组织管理、社会管理,理皆如此。这里的"厚"与"薄",一般都解释为"敦厚"与"浅薄"。心和管理理论认为,"厚"应该是"厚德","薄"应该是"薄德",即"下德"或"无德"。厚德方能承载万物,薄德无以承载,所谓德不配位。而"实"就是道德高尚、忠信仁义的"实诚","华"则是道德低下、虚夸浮华的"华而不实"。凡能成"大丈夫"者,一定是修行、修心修到"厚德"者、"实诚"者,而非不修而成"下德"者、"华而不实"者。是以,心和管理提出,人须修心,心到一切才到,心和一切才和。

心和管理,谋求天下一家、世界大同。

参考文献

[1] 安德鲁·纽伯格,马克·瓦德门.改变大脑的灵性力量[M].邓伯宸,译.南京:译林出版社,2012.

[2] 巴里·施瓦茨.选择的悖论:用心理学解读人的经济行为[M].梁嘉歆,黄子威,彭珊怡,译.杭州:浙江人民出版社,2013.

[3] 查尔斯·霍顿·库利.人类本性与社会秩序[M].包凡一,王湲,译.北京:华夏出版社,2015.

[4] 陈定学.破解大脑之谜:精神分子论[M].北京:群言出版社,2005.

[5] 陈小拉.从"人本"到"心本":访"人心管理理论"创立者徐井岗[J].世界经理人,2014(7):7.

[6] 春山茂雄.脑内革命[M].赵群,译.南京:江苏文艺出版社,2011.

[7] 大卫·凯尔西.请理解我[M].王甜甜,译.北京:中国城市出版社,2011.

[8] 戴维·丹尼尔斯,弗吉尼亚·普赖斯.九型人格:自我发现与提升手册[M].程昃,译.北京:中信出版社,2008.

[9] 段正元的太上元仁[M]//金泽,赵广明.宗教与哲学(第4辑).北京:社会科学文献出版社,2005.

[10] 冯梦龙.东周列国志[M].蔡元放,改编.北京:中华书局,2009.

[11] 弗洛伦斯·妮蒂雅.性格解析[M].江雅苓,黄思泓,译.北京:经济日报出版社,2001.

[12] 郭炳洁."西京无太学"争论的思想文化史阐释[J].理论月刊,2009(8)：57-59.

[13] 黄颂杰,主编.二十世纪哲学经典文本：欧洲大陆哲学卷[M].上海：复旦大学出版社,1999.

[14] 姬昌,等.易经全书[M].呼和浩特：远方出版社,2010.

[15] 姬昌.周易全书[M].呼和浩特：远方出版社,2010.

[16] 姬昌,等.全本周易[M].北京：北京出版社,2006.

[17] 吉尔·泰勒.左脑中风,右脑开悟[M].杨玉龄,译.海口：海南出版社,2011.

[18] 孔丘.论语[M].呼和浩特：内蒙古人民出版社,2009.

[19] 老子.道德经[M].呼和浩特：内蒙古人民出版社,2009.

[20] 李志明,主编.中华古书·全本周易(卷1—卷4)[M].北京：中国言实出版社,2002.

[21] 林甫,主编.黄帝内经[M].呼和浩特：远方出版社,2010.

[22] 刘汉一,陈谨祥.管理学[M].武汉：武汉大学出版社,2009.

[23] 罗伯特·伯顿.人类思维中最致命的错误[M].任小红,译.北京：中国人民大学出版社,2010.

[24] 马克思恩格斯全集(第47卷)[M].北京：人民出版社,1979.

[25] 奈德·赫曼.全脑革命[M].宋伟航,译.北京：经济管理出版社,1998.

[26] 奈德·赫曼.全脑优势[M].宋伟航,译.北京：中国人民大学出版社,2006.

[27] 培根.新工具：让科学的认识方法启迪智慧人生[M].陈伟功,编译.北京：北京出版社,2008.

[28] 裴钰.16型人格[M].北京：北京航空航天大学出版社,2010.

[29] 钱继磊.试论易经与先秦法家思想的渊源关系[J].华中科技大学学报(社会科学版),2012(6):53-61.

[30] 史蒂芬·阿若优.生命四元素:占星与心理学[M].胡因梦,译.昆明:云南人民出版社,2008.

[31] 司马光.资治通鉴[M].呼和浩特:内蒙古人民出版社,2009.

[32] 司马迁.史记[M].呼和浩特:内蒙古人民出版社,2009.

[33] 孙武,等.孙子兵法与三十六计[M].呼和浩特:内蒙古人民出版社,2000.

[34] 孙熙国.《周易》古经与墨家思想[J].易经研究,2001(4):48-59.

[35] 王大刚,席酉民.和谐管理理论研究评述[J].生产力研究,2007(6):141-145.

[36] 王阳明.王阳明全集[M].北京:蓝天出版社,2015.

[37] 吴楚材,吴调侯.古文观止[M].呼和浩特:内蒙古人民出版社,2009.

[38] 吴苏林.品易经(上)[M].乌鲁木齐:新疆青少年出版社,2008.

[39] 吴晓,主编.二十世纪哲学经典文本·序卷:二十世纪西方哲学的先驱者[M].上海:复旦大学出版社,1999.

[40] 吴艳华.中西方民族性格之比较研究[J].考试周刊,2010(42):38-39.

[41] 席酉民,刘鹏,孔芳,等.和谐管理理论:起源、启示与前景[J].管理工程学报,2013(2):1-8.

[42] 席酉民,肖宏文,王洪涛.和谐管理理论的提出及其原理的新发展[J].管理学报,2005(1):23.

[43] 徐井岗.民企老板管理突围[M].上海:上海三联书店,2005.

[44] 徐井岗.人心管理:生产力之新崛起[M].香港:中国教育文化出版社,2006.

[45] 徐井岗.人心管理论:基于国学与东方思维的中国管理理论[M].北京:经济科学出版社,2013.

[46] 徐井岗.员工管理突围[M].哈尔滨:黑龙江人民出版社,2008.

[47] 徐井岗.中高层管理突围[M].哈尔滨:黑龙江人民出版社,2007.

[48] 徐井岗.中国民营企业改革与发展实践[M].沈阳:辽宁教育出版社,2016.

[49] 徐井岗.中国企业管理史论:物本、人本、心本管理的演变与中国管理理论的建立[M].北京:中国财政经济出版社,2017.

[50] 阳亚菲.性格决定领导力:不可不知的 DISC 性格学[M].广州:广东经济出版社,2012.

[51] 杨成寅.太极哲学[M].北京:学林出版社,2003.

[52] 杨先举.孔子管理学[M].北京:中国人民大学出版社,2000.

[53] 尹海清.试论老子"无为而为"与"不争之争"的人生进取观[J].哲学史学研究,2011(29):93-94.

[54] 俞吾金,主编.二十世纪哲学经典文本:英美哲学卷[M].上海:复旦大学出版社,1999.

[55] 曾参,子思,等.大学·中庸[M].呼和浩特:内蒙古人民出版社,2009.

[56] 张钢.论语的管理精义[M].北京:机械工业出版社,2019.

[57] 张其成.管理大智慧:张其成讲周易[M].北京:当代世界出版社,2009.

[58] 张其成.五行识人[M].北京:当代世界出版社,2009.

[59] 张涛,孙世平.《周易》经传与先秦兵家[J].理论学刊,2014(9):112-118.

[60] 赵晓康,杨宇弘,袁慧婷.新常态下的东方管理理论思维与实践创新:第十九届世界管理论坛暨东方管理论坛观点综述[J].管理世界,2016(7):168-171.

[61] 中国佛教文化研究所,点校.中阿含经(下)[M].北京:宗教文化出版社,1999.

[62] 周德义.论中国传统文化的"一分为三"哲学思想[J].南华大学学报(社会科学版),2002(1):15-20.

[63] 朱熹.四书五经[M].呼和浩特:内蒙古人民出版社,2009.

[64] 庄周.庄子[M].呼和浩特:内蒙古人民出版社,2009.

[65] 左丘明.春秋左传正义[M].杜预,注.孔颖达,疏.北京:北京大学出版社,2000.

后 记

作为一项长达 30 年的自选课题的研究，借这最后一项阶段性成果付梓之际，简单回顾一下本研究所经历的几个阶段，以便读者进一步理解研究意图和成果内涵。从最初的朦胧设想或意念，到提出概念、形成理论，然后修正、充实、更新、完善，最终形成中国本土管理理论的一个体系，是一个极其艰难的过程，是真正坐冷板凳的过程。

第一阶段：20 世纪 90 年代，本土管理文化探索阶段

基于中国文化的管理学探索，萌芽于 20 世纪 90 年代。当时，中国经历了改革开放十余年的洗礼，政策稳定下来，而经济与管理领域，也在国门开放时涌进五花八门的西方模式与方法、西方理念与理论（眼花缭乱中整书成套移植）。就当时而言，紧闭几十年的国门一点点打开，无论是理论界还是业界，皆以引入西方管理为荣、为时尚，中国本土管理无人会提也无人敢提。笔者那时在财经类学校教授语文、财经写作，兼经济学（包括银行学）、管理学（包括营销学）等学科的教学工作，探索新经济形势下的"谋略文化""母语精神"和"专业院校语文教育"等课题，并将这些研究内容与当时最热门的话题"私营（民营）企业"关联起来。研究中，笔者渐渐产生一种深深的忧虑：新形势新理论似乎没有中国文化什么事！经济、管理领域理论与实践脱节明显，尤其是管理理论与管理实践，"你打你的锣，我敲我的鼓"，基本上互不相干。文明古国的宝藏、东方文化的滥觞，难道就这样断裂甚至消亡?! 这忧

思一经出现便克制不住,如火苗般升腾。无奈当时的现实不容许出现这样与主流理论不协调的疑问。灵光一闪间,"第二职业"一词撞入心头,既然这样的思想理念、学术观点暂时不能提出,也不能否定,何不投身管理实践,去探索、去思考。"心动不如行动",决心一下,笔者便义无反顾地到企业应聘兼职,从房地产公司策划员、策划师到策划部经理、公司副总经理,再转行到策划广告公司任总经理,自己创办文化类公司,为企业做管理培训、管理咨询,同时深入机关、团体、企事业单位开展横向课题研究,探索和思考管理问题……就这样,笔者"脚踩两只船",一脚教学和研究(校内、理论),一脚管理和经营(校外、实践),试图从经营管理实践中实验、摸索上述问题的答案,然后结合理论展开思考。这个过程中,在校内,笔者凭着自己多年在学校开设经济管理类课程的便利,在研磨西方经济管理理论的同时,进行比较研究。而在校外,笔者基本上在江浙中小企业辗转,发现企业在初创期过后,都不会简单照搬西方管理理论,中小企业管理者会根据个人出身背景、文化背景,选择最适合自己和所创办企业的方式,来管理企业。在笔者接触过的许许多多中小企业中,管理领域的新概念、新理念、新模式,在热闹过后,都会沉寂下来,其中最重要的原因是:人文背景、人文土壤差异极大,在彼处好的到此处就不一定适应。笔者脚踏着的这两只"船"(管理理论与管理实践),事实上也无法协调。于是,陆续结束在外的一切兼职,开始潜心探索中国本土的营销与管理问题。这期间,前五年跳出语文学科探索中国文化独立性问题,后五年从文化视角进行经济管理本土化思考。

2000 年,在学校合并风潮中,笔者所在学校并入浙江师范大学,先成立商学院,最后更名为"经济与管理学院"(后中非商学院加入),笔者的身份也定位为经济与管理专业教师(先在营销学系,后在管理学系;笔者先提"人心营销",后定"人心管理")。如果说 20 世纪末的这十来年是本土管理文化探索和管理实践的时期,那么 21 世纪至今则是笔者全身心投入中国本土管理研究的时期。

第二阶段:2000—2005 年,心文化管理研究阶段

笔者在探索与思考中发现,中华"心文化"从人文始祖伏羲到东周诸子百家的几千年间就定型了,所以有百经之首的《易经》、老子的《道德经》、孔子的《论语》、上古奇书《尚书》和礼仪之邦经典《礼经》(流传下来的只有《礼记》)等经典,注重洗心、修心、炼心而悟道明德、升华心灵,修身养性不仅仅是深山里修炼,也在红尘中慎独,不在物欲中迷失,而在净心中清明。于是,本土化管理第一个理念——"人心管理"提出。

这个时期的成果主要有专著《人心管理:生产力之新崛起》(中国教育文化出版社,2006;金华市社科联重点课题)。该书正式摒弃"人心营销"概念,提出"人心管理"概念和管理六大法则:欣赏管理、品性管理、感动管理、满意管理、理解管理、心态管理(精神管理与情绪管理是在后来的研究中融入的,从而有从人心管理六大法则到人心管理八大法则的发展过程)。其间,因应总裁培训、总经理培训和精英培训(当时最热门的三种培训)需要,也为赶上学院"经济与管理系列研究丛书"的出版,撰写了实践指导性著作《民企老板管理突围》(上海三联书店,2005;此后的十余年间,该书成为多地民企经营者培训的重要教材)。写这两部书,应该感谢企业兼职、经管实践那一段经历的积累及思考。没有积累,无以薄发。

第三阶段:2006—2010 年,和文化管理思考阶段

人心管理,"管"是基础,"理"是重点,要把人心理出一个怎样的结果来,是笔者当时思考的核心。欣赏管理聚人心、品性管理正人心、感动管理暖人心、满意管理得人心、理解管理顺人心、心态管理悦人心,再增加精神管理振人心、情绪管理稳人心,构成人心管理八法,"人心管理理论"体系基本形成。需要进一步明确的是,人心管理八大法则合成的总目标,或者说人心管理终极目标应该是什么?中国文化除"心文化"外还有什么重要内容与此相关?仔细分析,易理的"阴"与"阳",老子的"道"与"德",孔子的"仁"与"礼",其实都指向"和"。阴阳相荡冲气为和,协和天下谋求世界大同,中庸致和追求天

下一家,小家是"家和万事兴",大家则"国和天下强"。由此,中国"和文化"呼之欲出。国家政体谋共和,组织管理需双和——管理与被管理者双方共同协和。于是,本土化管理第二个理念破茧:双和管理。如果人心管理是理论体系,那么双和管理就是思想体系。理论、思想都有了,还缺少一个平台,一个验证理论、检测思想、传播本土管理的平台。在西方理论强势渗透国内管理学界的背景下,想要获得官方平台,难上加难。于是,在几位学生的参与下,经过 2006 年的筹备,2007 年年初正式成立了"双和经济管理研究所"(以下简称双和研究所)。双和研究所在开展本土管理理论研究的同时,面向机关和企事业单位提供咨询、培训(企业为重点)服务,并与社会各界携手开设论坛、开展课题合作研究。双和研究所开展的业务("以研养所"),凡导入企业的管理模式,开展培训和课题研究的内容,必须是双和研究所关于人心管理理论和双和管理思想方面的研究成果,或者可以为研究提供素材和现实检验的项目。简单说,搭建了平台后,以双和研究所为研究基地,以服务企业为研究实验室,以各类咨询、受训单位为研究的检验机构。

这个阶段的成果主要有:专著《人心管理理论建构与哲学思考》(中国科学文化出版社,2009),《员工管理突围》(黑龙江人民出版社,2008),《中高层管理突围》(黑龙江人民出版社,2007);论文集《创业创新的经济学思考》(黑龙江人民出版社,2008)。至此,培训教材、专著"人心管理突围"三部曲全部完成,融入双和思想的"人心管理理论"体系也基本构成。

第四阶段:2011—2015 年,人心双和管理理论阶段

这个阶段主要涉及两方面的研究工作:一是融合人心管理理论和双和管理思想,形成"人心双和管理理论"(为保证一致性,仍简称人心管理);二是回溯中华文明源头、中国文化起始性成果《易经》,结合易道易理创建阴阳对立统一模型、人才开发管理五行模型、心和管理法则八卦模型等。

这个阶段的主要成果有:专著《人心管理论——基于国学与东方思维的中国管理理论》(经济科学出版社,2013;浙江省哲社规划后期资助课题部分

资助);音像软件《用智慧点亮企业》,包括《老板的管理智慧》12 集、《经理人的经营智慧》12 集、《员工的工作智慧》15 集,由中国教育电视台《东方名家》栏目播出,并于 2012 年由中国科学文化音像出版社出版。至此,"人心管理理论"三部曲全部完成,同时出版了"人心管理智慧"三部曲音像作品。双和研究所成立之目的基本达成,当年一同参与的几位学生(专职)、几位老板培训班学员(兼职)陆续离开研究所,笔者则仍以研究所为基地、以社会咨询培训为实验地进行后续研究。

第五阶段:2016 年至今,心和管理学构建阶段

这是本课题的收尾阶段,重新梳理中国改革开放以来民营企业发展历史和中国企业发展历史,以史为鉴,探索中国管理理论的演变与发展,提出中国经历了从原始管理到粗放管理、从物本管理到人本管理之后,新时代须进入心本管理阶段——以人心为本的管理阶段的观点。这个阶段,至少管理理论的话语权应该在中国,而话语权应该有话语的具体内容。基于这样的考量,中国应该而且必须有自己本土的管理学。如果说中国的心和文化是中国理论自信和文化自信之根,那么,中国的心和管理则是中国管理自信之本;根植中国文化的心和管理,是解决管理问题的良药。为此,笔者在总结了从"人心管理"到"人心双和管理"的发展后,正式定名"心和管理",含"人心管理理论"和"双和管理思想"两大内容。

这个阶段的成果有:专著《中国民营企业改革与发展》(辽宁教育出版社,2016;另有法语版、英语版,浙江师范大学非洲研究院资助出版),《中国企业管理史论——物本、人本、心本管理的演变与中国管理理论的建立》(中国财政经济出版社,2017;浙江省哲社规划后期资助课题部分资助)。前一部著作是改革开放后中国民营企业发展史,后一部著作为改革开放后中国企业管理发展史,加上本书《心和管理论》,构成了本研究的阶段性成果四个系列的最后一个:"心和管理理论"三部曲。

至此,"中国本土管理学基础理论研究:心和管理理论"课题,经历 30 年

坐冷板凳,4套12项阶段性成果("人心管理突围"三部曲、"人心管理理论"三部曲、"人心管理智慧"三部曲、"心和管理理论"三部曲)全部完成并出版。课题研究最终成果《心和管理学》4册书,分别为心和管理学原理篇、理论篇、技法篇、学科篇。总字数约150万字的初稿已陆续在双和研究所的两个微信公众号连载推送(大量编辑工作由研究生陶金鑫完成):"人心管理"公众号首推,每周3期;后由"双和国学堂"公众号重推,每周2~3期。特别说明:微信公众号推送稿,仍是修改中的稿件,定稿与推送稿会有出入。

2020年3月,笔者正式退休。有生之年的唯一愿望是,在有西方商业文化管理学理论的同时,应该而且必须有中国文化下的本土管理学理论。笔者始终坚信:丛林法则(或海盗法则)无法替代协和理念,商业利益不能取代修心炼心;人类共同的美好愿望,应该是管理需要到达的地方。"心和管理学"无论大家接受或认可与否,总是一家之言的提出,希望这块"粗砖"能引出中国自己的管理学"美玉"。"心和管理学"以修身养性之中国"心文化"为内核、协和双赢之中国"和文化"为目标,坚持管理从心开始、达和为要,管人之言行、理心之灵动,进而实现管理目标,并由此构建起承续中国文化基因的本土管理学基础理论。第一册《心和管理学原理篇》(约30万字),主要阐述心和管理学的成因、基因、哲理、理念与人文特性等中国本土管理学的一般原理。第二册《心和管理学理论篇》(约30万字),主要论述心和管理学所构建的心和管理理论体系、心法体系、人才体系(含识别系统)、管理体系和伦理体系。第三册《心和管理学技法篇》(约40万字),把中国传统文化中传承至今的技术与方法,现当代红色管理、改革开放和中西交流中的心和技法等,提炼、归类、整理成心和管理学技法体系。第四册《心和管理学学科篇》(约50万字),从管理学视角设计高校专业学科,主要包括决策韬略之心和宏观管理、人才开发之心和五行管理、生产流通之心和八卦管理、商贸经营之心和智谋管理、信息财税之心和知行管理、文化伦理之心和大道管理。有了本土理论,就需要有相应的学科建设。笔者在针对学科建设进行设计的同时,从历史钩沉、理论论证、现实探索和内涵体系等角度对中国本工管理理论之"心和管理学"进行补充、完善。

从初稿到定稿,从理论到学科,从思想到实践,笔者走了很长的路,并且还在走着。所以,人退休研究"不退休",欢迎大家关注微信公众号"人心管理"和"双和国学堂",留言探讨,或直接加笔者的微信"shyjxjg"进行沟通交流。

徐井岗

2019 年 11 月 9 日于双和研究所完成初稿,

2021 年 2 月 26 日修订